新编21世纪政治学系列教材

政党政治学导论

柴宝勇　石春林　著

An Introduction to
Party Politics

中国人民大学出版社
·北京·

图书在版编目（CIP）数据

政党政治学导论 / 柴宝勇，石春林著. -- 北京 ：中国人民大学出版社，2025. 1. --（新编 21 世纪政治学系列教材）. -- ISBN 978-7-300-33319-9

Ⅰ. D05

中国国家版本馆 CIP 数据核字第 2024KB7186 号

新编 21 世纪政治学系列教材

政党政治学导论

柴宝勇　石春林　著

Zhengdang Zhengzhixue Daolun

出版发行	中国人民大学出版社		
社　　址	北京中关村大街 31 号	**邮政编码**	100080
电　　话	010－62511242（总编室）		010－62511770（质管部）
	010－82501766（邮购部）		010－62514148（门市部）
	010－62515195（发行公司）		010－62515275（盗版举报）
网　　址	http://www.crup.com.cn		
经　　销	新华书店		
印　　刷	北京宏伟双华印刷有限公司		
开　　本	787 mm×1092 mm　1/16	**版　　次**	2025 年 1 月第 1 版
印　　张	14.75 插页 1	**印　　次**	2025 年 1 月第 1 次印刷
字　　数	310 000	**定　　价**	48.00 元

内容简介

本书系统讲解了政党政治学知识，是作者多年开设“政党政治学”课程的教学和研究成果。全书主要阐述了政党政治现象的起源、发展与演变的过程，涉及政党的概念，政党与国家、社会、政府的关系，政党内部结构与要素，政党体制，政党文化，政党功能，政党发展，当代中国政党制度等相关知识。

通过阅读本书，读者可以掌握政党政治学的基本框架与内在逻辑，把握政党政治学各主要领域的前沿知识，领会政党政治的本源与演变，了解现代政党政治运作的基本制度与过程，运用政党政治的视域分析政治和社会问题，等等。

作者简介

柴宝勇　政治学博士，中国社会科学院大学政府管理学院教授、博士生导师，政党政治与党内法规学科带头人。现任中国社会科学院大学党委委员、规划与评估处处长，兼任中国社会科学院大学党内法规与国家监察研究中心主任、校学位评定委员会委员、校教学指导委员会委员等职务。主要从事政治学理论、政党政治、党内法规等领域的教学与科研工作。主持国家社科基金项目5项（含1项重大项目和2项重大项目子课题）、北京哲社规划项目2项（含1项重大项目）、教育部人才项目1项，主持中组部、中联部、退役军人事务部等部委委托项目多项，所做决策咨询报告曾多次获得中央领导批示。在《管理世界》《政治学研究》《马克思主义研究》等报刊上公开发表论文100多篇，出版《政党认同问题研究》《政党政治的概念、框架与实践》等著作多部，合译《新制度主义：理论与争议》等著作多部。入选教育部新世纪优秀人才支持计划（2013）、中国社会科学院首届青年人才“培远计划”（2023），担任国家社科基金重大项目首席专家（2022），享受国务院政府特殊津贴专家（2023）。

石春林　中国社会科学院大学党内法规与国家监察研究中心学术委员会秘书长，中国社会科学院大学政府管理学院、耶鲁大学法学院联合培养博士研究生。主要研究兴趣为比较政党政治与中国共产党党内法规。

总序

改革开放是新中国成立以来的又一次革命，给中国带来了革命性变化。这种革命性变化不仅体现在经济、政治等层面的现实生活上，而且还体现在因现实的变迁而带来的理论上的创新和发展以及由此带来的政治学学科建设上的成就方面。

在我国，计划经济体制已经让位于社会主义市场经济体制，同时由经济变革带来的政治体制上的变化也是有目共睹的。首先，在民主法治建设上，政治的制度化正在加强。其次，在国家结构上，过去在计划经济时期的简单的单一制已经转变为更加复杂的国家结构关系。中央与地方、地方政府与地方政府之间的关系有了更多的市场经济特征。再次，在国家与社会之间的关系上，也发生了方向性变化。最后，在意识形态上，过去那种对待马克思主义、毛泽东思想的封闭、激进而又教条的态度已经转变为开放、理性而又灵活的态度。所有这些变革，都是我们以前所无法想象的。当然，在政治进步的同时，存在的问题也不容回避。那就是迫切需要建立一套约束政府权力、使人民群众的真实意愿和利益诉求能够得到顺畅表达的机制，以便从根本上保证社会的稳定与和谐。这些问题的解决，不仅需要实际工作者在体制创新方面的实践，更需要政治学学科的发展和政治学专业人才的智慧与理论贡献。

我国的政治变革既是对政治学研究工作的挑战，又是促使政治学发展的良好机遇。我国的政治学在这种压力与机遇并存的环境中正在快步前进。首先，在学科分类上，政治学已经从法学中独立出来而成为一级学科。其次，在学科分支上，政治学从马克思主义政治理论、制度史、思想史发展成为学科门类更加丰富、更加有特色的一门学科，诸如新政治经济学、政治社会学、政治心理学、政治文化、政治学方法论等。再次，在研究方法上，从单一的阶级分析法发展成为以历史唯物主义为基础的多元化方法论，诸如行为主义、理性选择主义以及方兴未艾的新制度主义。最后，在问题研究上，无论是深度还是广度，我国政治学界都取得了可喜的成就，为中国的政治发展和政治变革做出了自己应有的贡献。当然，在看到成绩的同时，也不能无视发展中的不足。作为中国政治学学科建设和发展的见证人，我们不能不为政治学发展中的结构性缺失而忧心忡忡。比如，就专业刊物而言，不要说与经济学、法学和历史学比较，就是和政治学的二级学科国际关系比较，政治学专业刊物的数量也是少之又少。这种现象严重制约了我国政治学的发展，很多优秀的研究成果只能散见于综合性学术刊物和大学学报。

中国政治学学科发展的基础是高校政治学专业建设。自 1980 年恢复政治学专业以来，政治学系或政治与行政管理学系已经成为很多高校的普遍性建制。而且在各高校政治学专业竞相发展的过程中，我们很高兴地看到各个高校的政治学学科建设，无不生机勃勃，成就斐然。其中特别值得一提的是中国人民大学。人所共知，中国人民大学一直是中国近代政治制度的研究重镇。同时，中国人民大学在学科发展中非常注重教材建设，经过专业优化组合的“新编 21 世纪政治学系列教材”在全国享有很高的声誉，是我国很多高校政治学专业和行政管理学专业的必备教科书。从已经出版的教材来看，我认为，“新编 21 世纪政治学系列教材”具有如下特点：

第一，体系上的创新性与独特性。教科书固然应该有通用的内容，但是在教材林立的今天，千篇一律而了无特色的教材是难以立足的，也难以为社会所认可和接受。“新编 21 世纪政治学系列教材”中的每一本教材在体系上的创新性与独特性都是很突出的。

第二，内容上的研究性与新颖性。体系上的独特性应该由内容上的研究性与新颖性构成。教科书不但要介绍一般性的概念和理论，还应该容纳最新的理论研究成果以及对有关理论成果的看法与评价。该系列教材的一个重要特征是，这些教材都是作者们基于自己多年的教学与研究心得而撰写的具有新意的研究性作品。一本好的教科书之所以享有盛名，就在于其因体系上的独特性和内容上的研究性而形成的权威性。

第三，观点上的全面性与选择性。教科书是一种通论性的著作，因而包容的学术观点、理论应该尽量全面。但是，在信息爆炸的时代，一本书企图容纳所有的观点是不可能，也是不必要的。因为有的观点不过是个别学者的偶发奇想而不具有普遍性。这就需要撰写者去伪存真，认真取舍。我很高兴地看到，本系列教材在追求观点的全面性时，也没有忘记选择性原则。

第四，方法论上的马克思主义原则性与包容性。我国的社会科学研究离不开马克思主义的基本方法论，尤其离不开历史唯物主义的指导，政治科学更是如此。但是马克思主义并不是凭空产生的，它是在吸纳人类精神文明优秀成果的基础上产生的，马克思主义的发展同样少不了与其他理论流派的碰撞以及对人类文明成果的借鉴与扬弃。封闭的马克思主义是没有生命力的，坚持马克思主义并不排除对其他理论流派的介绍与分析。正是基于这样的指导思想，本套教材在介绍马克思主义政治学的同时，能运用历史唯物主义的基本原理兼容并蓄地介绍和分析其他理论流派。

本套教材的上述特点决定了它们不但是有关专业的教师和学生必备的教学和学习用书，也是政治学研究者的重要参考书籍。虽然具有上述优点和特征，但是十全十美的社会科学著作是不存在的，因此，本套教材中的缺点与不足在所难免。衷心希望专家学者、广大读者积极批评、热情指正！

赵宝煦

目录

第二编

政党政治的存在论问题

第三编

政党政治的运行论问题

导 言

> 对于各种作用于人类的力量来说，没有比政党更少被仔细审视的存在。然而，也没有什么比它更值得审视。
>
> ——亨利·梅因《大众政府》[①]

政治是在一定的经济基础之上的社会公共权力的活动、形式及其关系。政治涉及国家、政党、政府等政治主体及其活动，在更广泛的意义上，政治则包括与社会公共权力相关联的各种权力现象和社会政治关系、行为与活动。早在古希腊，亚里士多德（Aristotle，前384—前322）就曾在《尼各马可伦理学》（*Nicomachean Ethics*）中，设定过政治学。他说，“政治学就是这种科学”——一种什么样的科学呢？——“它似乎是最具支配性的科学和最高统治性的科学”[②]。直到今天，政治学仍是哲学社会科学的基础性学科，是探求公共事务治道、谋求善秩与善治的专门学问。

与政治、政治学的古老起源不同，政党是近现代政治生活中的特有现象。在当代政治舞台上，政党是最主要、最活跃的角色。对我国政治学学科建设做出奠基性贡献的邓初民（1889—1981）先生曾言：“近代的政治活动，一切都是政党的活动。”[③] 可见，要理解政治和政治学，就离不开了解、认识政党。因此，政党一直是现代政治学的重要研究对象。了解政党、学习政党政治学，有助于加深我们对现当代以政党政治为主题的政治生活的理解。

---

① MAINE H S. Popular Government [M]. Indianapolis，IN：Liberty Classics，1976：113.

② ARISTOTLE. Nicomachean Ethics [M]. London：Hackett Publishing，1999：I.2，1094a18 - 22，a125 - 128.

③ 邓初民．政治科学大纲 [M]. 北京：中国社会科学出版社，1984：70.

一、 政党政治学是什么

政党政治学（party politics）是政治学的一个重要分支，它融合了历史学、社会学、经济学、法学等多个哲学社会科学学科的理论与方法，以探究政党作为政治生活中不可或缺的组织形式所展现的复杂性和多样性。政党政治学是一门研究政党组织、政党体制、政党行为以及政党与社会、经济、文化等多方面关系的学科。它既关注政党的内部结构和运作机制，也关注政党在政治系统中的角色和功能，以及政党如何影响政策制定和政治决策过程。政党政治学的研究不仅限于对现存政党的分析，还包括对政党发展历程的历史考察，对政党理论的深入讨论，以及对国际比较政党政治的研究等。

事实上，定义政党政治学是简单且可操作的，但准确理解它则不是一件易事。政党这种政治性存在，对于晚清民国时期被卷入现代世界的中国而言是一个舶来品；而政党政治学这一体系化的知识，对于改革开放以来的中国学界而言亦是如此。如果翻看改革开放之初的权威辞书，那么里面关于“政党政治”的词条可能会令我们感到困惑——“政党政治指资本主义国家政党之间的斗争。平时主要表现为竞选、议会内和政府内的党派斗争，以及代表劳动人民利益的政党同资产阶级政党之间的斗争。”① 一方面，这种困惑来自一种萦绕而又久远的历史情境；另一方面，它也表现在改革开放以来国内学界政党政治研究的具体路径上。长期以来，中国学者们实际上是在“政党与政党制度”的框架内来探讨政党政治问题的②。这一框架自然对译介、了解世界政党政治，初步发展国内的政党政治研究而言是大有裨益的，但它也限制了人们观察政党政治的基本思维方式——先知有其国，再晓其党制，随后才是政党本身。早期的研究者们对于政党和国家、政府关系的重视远远超过对政党自身组织结构、生存方式以及活动形态的关注③。这就使得微观、细节、生动的“政党政治”在“政党”与“政党制度”之间被相对忽视了，因而改革开放以来国内早期的政党政治研究表现得相对单调。

所以，尽管政党政治学名曰“政党政治学”，但政党政治长期以来都不是国内政党政治研究所关注的重点对象，这就为国内政党政治研究的众多独立分野提供了可能。例如，区域研究中的各国政党研究如火如荼，但与政党政治学的范式方法则存在一定区别；科学社会主义和国际共产主义运动研究中关于左翼政党和世界其他国家地区的共产党、社会主义政党的信息介绍与研究也开展得火热，但仍非政党政

---

① 熊复．世界政党辞典［M］．北京：红旗出版社，1986：618.

② 比如，在这方面的早期代表作有：梁琴，钟德涛．中外政党制度比较［M］．北京：商务印书馆，2000；周淑真．政党和政党制度比较研究［M］．北京：人民出版社，2001；刘开寿．现代世界政党和政党制度比较研究［M］．重庆：重庆出版社，2001.

③ 郭定平．政党与政府［M］．杭州：浙江人民出版社，1998.

治学的研究；党史党建研究长期以来形成了独特的研究理路、核心议题和评价标准，但同样与政党政治学有着相当的距离。甚至，关注中国共产党的学者指出要创立“党学”“中共学”“政党学”等。可见，在过去的四十余年中，政党政治学没有很好地完成在政治学的范式方法下组织、开展对政党的研究的核心任务。

那么，明确政党政治的概念界定，特别是政党政治和传统政党制度研究的区别，就成为理解政党政治学的一个前提。虽然政党制度与政党政治存在着一定范围的重合性，但是二者的差异还是相当明显的。“政党政治”落脚在政治，其核心是权力，政治的运作表现为公共权威，政治还是科学、是艺术等；而“政党制度”则关切的是制度，关注的是一定范围内的成员共同遵守的、按一定秩序办事的规程，是在一定历史条件下形成的政治的、经济的及文化的等方面的体系。相对于行为主体来说，制度具有规范行为的职能；相对于制度所揭示的对象来说，制度是表象、是特征，是其本质的外化。因此，政党政治与政党制度在科学内涵、外延范围、活动层次、核心内容、功能实现等方面都有重大差异。前者是属概念，后者是种概念。与政党制度相比，政党政治侧重于政党基本理论内容的阐释，所要回答的是政党政治诸原理的历史性、正当性、必要性、基本内容及其本质等问题，所要解决的是“是什么”“为什么”的问题；而政党制度则侧重于政党在其他政治实体下的活动方式以及存在样态，是政党政治诸原理的部分实现途径、方式、方法等问题，是“怎么做”的一部分。

我们把政党政治的基本含义概括为，在一个政党活动受到法律认可的国家或政治实体中，政党与国家、超国家机构、政党、社会、政府、利益集团等之间相互作用的关系，以及政党对它们产生影响的活动方式和程序的总和。在此基础上，政党政治学就是运用政治学的研究方法去分析政党的起源、发展、运行规律、发展趋势等一般原理以及政党制度比较等具体范畴的学科。政党政治学关注的核心对象是政党政治而非其他对象，政党政治学是一门分属于政治学而非其他学科的分支学科，其研究对象、理论方法更多是政治学的。

对于一门名为“政党政治学”的学科强调其政治学特征似乎有些荒诞，但这是必要的。如果忽视了政党与政党政治是归属于现代政治的现象，那么开展对于政党的研究就会悬置诸多政治学的前提，得出更加歧异乃至荒谬的结论。例如，无论从什么意义上来讲，政党都是现代民主政治的产物，它的产生与代议制的发端、成熟紧密相关。夸张地说，没有现代民主，就没有政党。然而，当我们忽视这一点，仅仅从组织的视角观察政党时，我们就会走向罗伯特·米歇尔斯（Robert Michels，1876—1936）在《政党：现代民主的寡头倾向的社会学研究》（*Political Parties：A Sociological Study of the Oligarchical Tendencies of Modern Democracy*）中所得出的结论——“组织意味着寡头统治”[①]。但同时，政党政治学是一个开放的学

① 这本著作的中译本有两个，较新的是：米歇尔斯．寡头统治铁律：现代民主体制中的政党社会学[M]．杨军，陈秋丰，译．杭州：浙江人民出版社，2022；另一个是：米歇尔斯．寡头统治铁律：现代民主制度中的政党社会学[M]．任军锋，等译．天津：天津人民出版社，2003.

科体系，如果仅仅在政治学的一般框架下开展讨论和研究，那么就会错过如安东尼·唐斯（Anthony Downs，1930—2021）在《民主的经济理论》（*An Economic Theory of Democracy*）中对作为选举机器的政党的精彩分析①。

二、 政党政治学的发展历程

政党政治学的发展历程可以追溯到几个世纪前，当时的政治思想家开始对政党的性质和作用进行系统性的思考和论述②。然而，作为一个独立和成熟的学科领域，政党政治学主要是在 20 世纪初期逐渐形成的。这一时期，随着代议制民主的初步普及和政党体制的日益复杂化，学者们开始专门研究政党的组织结构、功能以及政党在民主政治中的角色。

1. 早期阶段

对政党现象的系统性思考标志着政党政治学早期阶段的开始。在这个时期，政党作为政治研究的对象，开始受到政治思想家和早期政治学家的关注。尽管对政党的引用和讨论可以追溯到更早的文献中，但直到 19 世纪末 20 世纪初，学者们才开始对政党的本质、作用及其在政治体系中的地位进行深入的理论化探讨。在这一阶段，政治思想的发展为政党政治学的形成提供了理论土壤。自由主义、民主主义、共产主义、保守主义乃至法西斯主义等思潮的兴起，为政党的出现和发展提供了哲学基础和政治正当性。政治思想家们在讨论代议制民主、政治竞争和民众参与时，隐含地或显式地触及了政党的作用和必要性。

这个时期的政党政治学研究主要集中在欧洲和美国，特别是在兴起的早期民主国家和工业化社会中。学者们通过历史、哲学和社会学的视角来分析政党，关注的焦点包括政党的形成、组织结构、领导模式以及政党在政治系统中的作用。这一时期的研究为政党政治学的后续发展奠定了坚实的理论基础，同时也提出了关于政党内部权力动态、组织稳定性和政治参与的核心问题。在早期阶段，对政党的研究主要围绕以下核心议题展开：政党的组织结构和领导模式、政党在民主政治中的角色等。在方法的使用上，尽管早期政党政治学的研究方法主要是定性的，侧重于历史分析和个案研究，但它为后续方法论的发展提供了基础。通过对特定政党和政治体系的深入分析，学者们开始认识到比较研究在揭示政党行为和政党体制差异方面的重要性。其中，比较有代表性的学者是莫伊塞·奥斯特罗果尔斯基（Moisei Ostrogorski，1854—1921）、马克斯·韦伯（Max Weber，1864—1920）、罗伯特·米歇尔斯，他们三位后来也被美国著名政治学家西摩·马丁·李普塞特（Seymour Martin

---

① 中译本参见：唐斯. 民主的经济理论［M］. 姚洋，邢予青，赖平耀，译. 上海：上海世纪出版集团，2010.

② 参见第一章。

Lipset，1922—2006）视为政治社会学的创始人①。

莫伊塞·奥斯特罗果尔斯基是俄罗斯政治家、政治学家、历史学家、法学家和社会学家，他于1902年在伦敦出版的《民主与政党组织》（*La Démocratie et l'organisation des partis politiques*）是政党比较研究的开拓性著作。在这本著作中，他通过对美国和英国两个不同政治体系下政党组织的深入研究，提出了关于政党发展、组织结构和其对民主政治影响的重要观点。他认为，政党是"随着民主政体的发展"而出现的"能够自由发挥"的政治力量。然而，他的更多观点是对初生的政党的审视。他认为，随着政党组织的发展，它们趋向于形成一种等级制度，并且，政党通过操控信息和议程设定，以及对选民进行组织和动员，可能会扭曲民意反映的真实性②。总之，奥斯特罗果尔斯基的观点强调了早期政党在维护民主健康和活力方面的双刃剑作用，以及进行制度改革以促进更广泛政治参与和防止政党过度机械化的重要性。他的这些分析和见解，对后来的政党政治学和民主理论研究产生了持久的影响。

马克斯·韦伯是对整个社会科学界有深远影响的德国社会学家、历史学家、法学家和政治经济学家，他是社会学和社会科学发展的核心人物之一，直到今天，他的思想仍然影响着社会理论和社会科学研究。韦伯对政党的理解则侧重于它们作为政治竞争和权力追求工具的角色。在他的经典著作《经济与社会》（*Wirtschaft und Gesellschaft*）③ 中，韦伯详细阐述了政党作为社会组织的一种形式，它们如何通过集结各种资源和支持，争取政治影响力和权力。韦伯将政党视为职业政治家的工具，通过组织和动员支持者，参与政治竞争。在区分了不同政党类型的基础上，韦伯划时代地指出，政党的筹资方式从根本上影响着政党的性质。

罗伯特·米歇尔斯是一位出生于德国的意大利社会学家，他是韦伯的学生。他在1911年出版的《政党社会学》（*Zur Soziologie des Parteiwesens in der modernen Demokratie*）④ 中提出了著名的"寡头统治铁律"（iron law of oligarchy）。米歇尔斯观察到，即使在追求民主和平等目标的政党和组织中，权力也倾向于集中在少数领导者手中，导致组织的寡头化。他的这一理论对后来政党政治学的研究产生了深远的影响，成为理解政党内部动态和权力结构的关键理论框架。

---

① 见李普塞特为奥著写的编者序《导言：奥斯特罗果尔斯基和政党比较研究的分析方法》，详见 LIPSET S M. Introduction：Ostrogorski and the Analytical Approach to the Comparative Study of Political Parties [M] // OSTROGORSKI M. Democracy and the Organization of Political Parties. New Brunswick，NJ：Transaction，1982.

② 中译本参见：奥斯特罗果尔斯基．民主与政党组织 [M]. 黄浩，王漪清，译．杭州：浙江人民出版社，2023.

③ 中译本参见：韦伯．经济与社会：下卷 [M]. 林荣远，译．北京：商务印书馆，1998.

④ 其英文版即前述提到的《政党：现代民主的寡头倾向的社会学研究》。1911年，他以德文出版，书名为《关于现代民主国家中政党的社会学》，1912年意大利文再版。1915年出版英文版，名为《政党：现代民主制度寡头倾向的社会学研究》。参见：MICHELS R. Political Parties：A Sociological Study of the Oligarchic Tendency of Modern Democracy [M]. New York：Free Press，1958；中译本为：米歇尔斯．寡头统治铁律：现代民主制度中的政党社会学 [M]. 任军锋，等译．天津：天津人民出版社，2003.

总的来说，政党政治学的早期阶段是一个理论和方法论尚处初创的时期。从奥斯特罗果尔斯基的开山之作到韦伯对政党作为争夺政治权力工具的观点，再到米歇尔斯对政党组织的寡头化倾向的分析，这一时期的学者们为理解政党的复杂性和多样性奠定了坚实的理论基础。他们的工作不仅深化了对早期政党内部结构和动态的理解，也为研究政党在不同社会政治环境中的作用和影响提供了重要视角。更重要的是，他们将政党这一研究对象带入了社会科学的视野里，使政党不再是政治理论和政治思想家们的专有物。

2. 发展阶段

第二次世界大战后，随着法西斯主义的破灭和战后政治秩序的重建，政党和代议制民主的关系被强化，政党在民主政治中的地位和作用获得了空前的关注。20世纪中叶前后，政党政治学从初步的理论探索转向更加系统化和专业化的研究。大量对政党政治具有基础性影响的著作、观点付梓面世或者被提出，出现了一大批对政党体制、政党行为以及政党与社会结构之间关系的深入分析。可以说，正是在这个时期，政党真正获得了社会科学研究的普遍关注。此外，这一阶段的研究以比较政治学的兴起和实证方法的应用为特点。20 世纪 50—60 年代，比较政治学（comparative politics）成为政治学研究的一个重要分支。在这一背景下，对不同国家政党体制的比较分析成为学者们的重要研究议题。通过比较不同政治体制和文化背景下的政党组织和行为，学者们试图发现政党发展和政党体制差异的普遍规律和因素。这一时期，包括谢茨施耐德（E. E. Schattschneider，1892—1971）、莫里斯·迪韦尔热（Maurice Duverger，1917—2014）、弗朗兹·诺伊曼（Franz Neumann，1900—1954）、西摩·马丁·李普塞特、斯泰因·罗坎（Stein Rokkan，1921—1979）等在内的众多著名政党理论家初步构建了政党政治学的分析框架与理论图景。限于篇幅，这里只对谢茨施耐德和迪韦尔热进行介绍。

谢茨施耐德是美国著名政治学家，曾任教于哈佛大学、耶鲁大学、哥伦比亚大学、密歇根大学等美国政治学重镇，还于 1956—1957 年任美国政治学会的主席。在谢氏所在的时代，政党已经在美国有百余年的历史了，但在当时的美国政治学界和法学界，政党基本没有得到研究者们的关注。1942 年，谢氏所著的《政党政府》（*Party Government*）的出版则打破了这一现状。在《政党政府》的开篇，谢茨施耐德就振聋发聩地指出：“毫无疑问，政党的兴起是现代政府的显著标志之一。实际上，政党主要扮演了政府的缔造者，尤其是现代民主政府的缔造者的角色。我们必须开宗明义地指出，本书的理论核心就是政党创造了民主，保证了现代民主的运行。”① 谢茨施耐德认为，政党是民主政治中最重要的组织形式，它们在民主制度的运作中发挥着核心作用。政党不仅是连接公民与政府的桥梁，也是政治动员、政策制定和政治竞争的主要平台。他强调了政党在形成政府、制定立法议程以及在政策制定过程中的决定性作用。同时，在谢茨施耐德看来，政党政府必须对公众负

① 谢茨施耐德．政党政府［M］．姚尚建，沈洁莹，译．天津：天津人民出版社，2016：44.

责。这意味着，政府的政策和决策应该清晰地反映出执政党的政治立场和选民的意愿。他主张加强政党内部的民主机制并确保政党在公共生活中的透明度，以提高政府的责任性和响应性。由于其重要的历史地位和开创性观点，《政党政府》成了美国政治学和政党政治研究的经典之作。谢茨施耐德所提出的一系列影响深远的观点，特别是关于政党在现代民主政治中的中心作用、政治冲突的组织、政党竞争的价值以及政党政府的责任性等，不仅深化了对政党作用的理解，也对后续的政治学研究和民主理论发展产生了持续的影响。

法国政治学家莫里斯·迪韦尔热是这一时期最具影响力的政党政治学者之一。自 1951 年起，他撰写了一系列关于政党政治的学术专著和具有影响力的论文。在《政党》(*Les Parties Politiques*)① 中，他首次对现代政党类型进行了系统的分类比较。现代政党理论中最经典的两种政党形态“干部党”(cadre party) 和“大众党”(mass party) 就是由迪韦尔热划分的。迪韦尔热认为，这两种类型的政党代表了不同的组织模式和政治参与方式。除此之外，1950—1960 年，他还发现了一种政党体制和选举制度之间的规律性联系。简单来说，迪韦尔热发现，相对多数制选举（也称为单一选区多数制）倾向于产生两党制；而比例代表制选举倾向于产生多党制。这一规律被后来的意大利政治学家乔瓦尼·萨托利 (Giovanni Sartori，1924—2017) 称作“迪韦尔热定律”(Duverger's Law)②。此外，迪韦尔热还探讨了政党与社会结构之间的关系，指出社会的分野（如阶级、宗教、地区等）在很大程度上决定了政党体制的性质。他认为，政党不仅是政治斗争的工具，也是社会分裂和利益冲突的反映。

总的来说，20 世纪中叶是政党政治研究勃兴的关键时期。在这一时期，政党政治学的研究不仅限于分析政党的结构和行为，也深入地探讨了政党在民主政治中的角色和功能。并且，此时的政党政治学研究开始应用实证研究方法，包括统计分析、调查研究和定量数据分析等。这种方法论的转变使得政党政治学的研究更加科学化和客观化，能够提供更为严谨和可验证的结论。这一阶段的研究为政党政治学的未来发展提供了学科资源和理论可能，直接影响了 20 世纪 80 年代以后的现代政党政治学的学科架构和主流议题。

3. 成熟阶段

从 20 世纪 70 年代到 20 世纪末，政党政治学可以说进入了成熟阶段。这一时期的政治变革、经济调整以及社会动荡为政党政治学提供了新的研究议题和挑战。研究者们开始更加深入地探讨政党的组织结构、政党体制的变化，以及政党与选民之间关系的演变。20 世纪 70 年代末到 20 世纪末，环保主义、女权主义以及地方主

---

① 英译版见：DUVERGER M. Political Parties：Their Organization and Activity in the Modern State [M]. London：Methuen，1954.

② 参见：SARTORI G. Comparative Constitutional Engineering：An Inquiry into Structures，Incentives and Outcomes [M]. London：Macmillan，1994.

义等新的社会运动催生了一批新的政党，比较知名的如绿党（green party）等。这些新政党通常强调非传统的政治议题和参与方式，挑战了传统的政党格局。同时，世界范围内的政治转型，特别是东欧和拉丁美洲的“民主化”浪潮使得一大批新兴政党出现，政党政治的转型研究也被提上日程。此外，随着社会的变化和信息技术的发展，选民的信息获取方式和政治参与模式也发生了变化。这一时期的政党政治学研究开始更多地关注选民的认同感、政治信仰以及投票行为的变化。学者们研究了选民对政党的忠诚度下降、选民摇摆性增加以及政治异化现象的原因和后果。与此相对应的是方法论的多样化。这一时期，政党政治学的研究方法也变得更加多样化。除了传统的历史分析和案例研究，更多的研究开始采用调查研究、实验研究以及计量分析等方法，逐渐与政治科学的方法论要求接轨，但传统的政党理论研究则逐渐被忽视。

这一时期，乔瓦尼·萨托利、利昂·D. 爱泼斯坦（Leon D. Epstein，1919—2006）、艾伦·维尔（Alan Ware，1949— ）、让·布隆代尔（Jean Blondel，1929—2022）、毛里齐奥·科塔（Maurizio Cotta，1947— ）、拉里·戴蒙德（Larry Diamond，1951— ）、阿伦·李帕特（Arend Lijphart，1936— ）、亚当·普沃斯基（Adam Przeworski，1940— ）、安格鲁·帕尼比昂科（Angelo Panebianco，1948— ）和彼得·梅尔（Peter Mair，1951—2011）是值得关注的代表性学者。限于篇幅，这里只详细介绍乔瓦尼·萨托利及其关于政党政治的主要观点。

乔瓦尼·萨托利是一位意大利政治学家，专门研究民主、政党和比较政治，是20世纪最具影响力的政治学家之一，曾于2006年获得美国政治学协会终身成就奖。萨托利于1976年出版的《政党与政党体制》（*Parties and Party Systems：A Framework for Analysis*）① 是一本被认为在政党研究方面具有“杰出而持久的意义”② 的著作。在书中，他对政党体制进行了细致的分类，这是他对政党政治学最重要的贡献之一。他区分了“一党制”、两党制、有限多党制和极端多党制等不同类型的政党体制，并讨论了这些体制对民主政治稳定性和效率的影响。正是在萨托利这里，西方政党理论将适当的“竞争性”作为西方政党政治的核心内核确定下来。在这本书中，萨托利对民主的质量和政党竞争之间的关系进行了深入探讨。他认为，民主质量的高低不仅取决于选举的自由和公正，还取决于政治竞争的结构和政党之间的相互作用。值得一提的是，萨托利特别警告了政党体制极端分化和极化对民主健康的潜在威胁。在政党政治研究之外，萨托利还在政治学的研究方法上有着深远影响。当代政治科学方法论研究的重要人物戴维·科利尔（David Collier，1942— ）和约翰·吉尔林（John Gerring，1962— ）曾撰写过一本专著来纪念

---

① 中译本参见：萨托利．政党与政党体制［M］．王明进，译．北京：商务印书馆，2006.

② MAIR P. Introduction［M］// SARTORI G. Parties and Party Systems：A Framework for Analysis. Colchester：ECPR Press，2005：xviii.

这位卓越的政治学家在比较政治中概念的使用上所做的贡献①。

总的来说，20 世纪 70 年代至 20 世纪末的晚近政党政治学研究反映了这一时期政治、社会和技术环境的复杂变化。新政党的崛起、政党体制的变革以及选民行为的演变成了学者们关注的焦点。这一时期的研究不仅丰富了政党政治学的理论框架，也为理解当代政党政治的复杂性提供了重要的视角和工具。随着研究方法的多样化和深化、研究主题和研究议题的成熟，政党政治学为解释和应对 21 世纪的政治挑战做好了准备。

4. 当代政党政治研究与可能的未来

当前，政党政治学正面临着诸多新兴议题的挑战，如跨国政党合作、网络党（cyber party）的兴起，以及民粹主义政党对传统政治格局的挑战等；同时，政党政治学也暗含着既有理论体系适用性的隐忧。我们看到，政党政治学的滥觞、发展与成熟都是在西方政党政治的实践和经验中实现的，当我们不假思索地将这些理论向那些同样拥抱政党政治的国家和政治实体推而广之后，得到的很可能是错误的结论——因为即使是在西方内部，布隆代尔的研究也曾指出，欧洲视角下的政党政府对于美洲和印度而言是不可想象的②。所以，20 世纪以来出现的新政党以及政党体制不能被简单地、不加甄别地直接并入既有的政党理论体系中，这些新政党并非表面上的“非民主政党”，由这些新政党产生的新政党体制也不能简单地被视作“自由民主制度”政党体制类型的某种蜕化或变态，它们因其走向现代的方式而确立自身的存在。因此，这些政党体制首先是一个有着自身历史土壤的存在性主体，其次才是比较视域下被观察者因不同的标准而区分的某种类型③。此外，政党政治学也在不断吸收其他学科的理论与方法，比如运用网络分析研究政党之间的联系，或者利用认知科学的成果来分析选民行为。随着计算方法和大数据分析的兴起，政党政治学研究采用了更多样化的方法论，比如从定性案例研究到定量数据分析，再到混合方法的应用。比较常见的有网络分析和社交媒体研究：研究政党如何利用社交媒体进行政治动员和宣传，以及这些平台如何影响政党与公众的互动。未来，政党政治学将进一步拓宽研究视野，加强跨学科融合，以应对日益复杂的现实。

三、 政党政治学在中国

新中国的政党理论经历了从“世界看中国”——学习、借鉴西方政党政治理论，到“从中国看世界”——构建中国特色政党政治理论的历史进程。从学术研究的角

---

① 参见：COLLIER D，GERRING J. Concepts and Method in Social Science：The Tradition of Giovanni Sartori [M]. New York and London：Routledge，2009.

② 参见：布隆代尔，科塔．政党政府的性质：一种比较性的欧洲视角 [M]. 曾森，林德山，译．北京：北京大学出版社，2006.

③ 柴宝勇，石春林．超越政党多元主义：论霸权党制及其类型学 [J]. 世界社会科学，2023 (3)：45－73.

度而言，长期以来，中国的政党政治学研究实际上在两个较少接触的学科领域中前行。一个是具有浓郁中国特色的传统党史和党建学科，一个是较多带有西方色彩的政治学①。前一个领域是对政党研究较多、成果也较多的领域，但是这个领域中几乎所有分析的理论工具都囿于一定程式范围，使用的是一套特有的话语体系，基本上无法摆脱自身作为知识而存在的一种特殊的"地方性"。后一个领域，在20世纪最后的20年里，经过恢复、补课和重建，作为一门独立的，拥有自己的理论、方法和体系的学科已经建立起来了，但是作为这门学科的子学科——政党政治学，却因为种种原因而没有受到应有的重视。中华人民共和国成立至今，根据政党理论研究自身的发展脉络并结合与世界政党发展、中国政党实践的互动关系，总体而言可以把政党理论研究分为三个相互联系的发展阶段。

1949—1978年，政党理论研究的曲折发展与初步奠基。中华人民共和国成立后，曾经作为独立学科的政治学被撤销，政党理论研究大多是从马克思主义、科学社会主义与国际共产主义运动的学科视野中去研究。因而，这一时期无论是对世界政党的研究还是对中国政党的研究都体现出鲜明的意识形态色彩。从对世界政党研究的角度而言，主要集中于对苏联政党制度的研究的批驳性借鉴和西方国家政党的批判性否定；从对中国政党研究的角度而言，学者们对无产阶级政党的自身性质、历史作用、斗争形式和领导方式等内容进行了较为系统的研究，为马克思主义政党学说实现中国化时代化提供了一定的理论支撑。

1979—2012年，政党理论研究的专业化与深入发展。1979年，邓小平同志的"补课论"提出后，政党理论研究也随之进入了稳定发展的新时期，研究逻辑从抵制排斥的标签式处理到剖析研判、借鉴应用，总体上从感性批判转为理性借鉴。并结合西方政治学研究方法（如早期的政治生态学、结构功能主义等）和本土研究视角，为政党理论的新发展和新成果奠定基础。学者们从党的建设、执政策略、领导体制等角度分析苏联共产党和东欧各政党丧失政权的原因，对西方英、美等国和处于"儒家文化圈"的日本、韩国、新加坡等国的政党历史、实践和特征等内容进行了翔实的阐释和研究。另外，也对中国政治学恢复后触及的现实政治问题，包括废除领导干部职务终身制、政府机构改革和党政关系等过程作动态的理解，对新形势下加强参政党自身建设、提高参政党履职能力、完善民主协商体制等议题进行研究，推动了中国执政党和参政党理论体系的建构。一些系统阐释政党政治学原理和体系的学术成果专著和教材相继问世，一些经典的西方学术译著也相继翻译出版②，同时，政党政治学的研究团队逐步建立——中国的政党政治研究已经形成了以高校、科研院所、党校、社会主义学院、中国共产党和民主党派政策研究机构等为基地的较为稳定的学者群，形成了较为合理的学术研究梯队。这些都为从"补

---

① 这从中国政治学会和党史、党建学会的分立以及近期中共党史党建成为新的独立一级学科可以看出。

② 例如，早期由林勋健主编、北京大学出版社出版的《西方政党政治译丛》和由杨德山主编、商务印书馆出版的《当代西方政党研究译丛》都为国内政党政治研究提供了宝贵财富。

课”阶段转向“创新”阶段奠定了良好基础。

2012 年至今，政党理论研究的方法论自觉与体系性理论创新。党的十八大以来，在以习近平同志为核心的党中央坚强领导下，治国理政的巨大成就和管党治党的丰富实践给予了政党政治学以高度自信和直接素材；习近平总书记关于哲学社会科学“三大体系”建设的重要论述更是为建构中国特色的政党政治学指明了方向。政党理论的研究逻辑从“捕捉—回应—借鉴”西方理论前沿的学习模式逐步过渡到“反思—创新—构建”中国政党理论的建设模式。中国政党政治学界也开始了“从中国看世界”的重新出发。这次重新出发是在吸收、借鉴、理性批判以西方世界为主导的历史叙事和话语体系之上的一种螺旋式上升，即在坚持中国共产党领导的新型政党制度的基础上，认真借鉴国外政党执政议政和兴亡的经验，把握各国政党制度发展的内在机理和普遍规律，加以理论系统总结，建构中国政党政治的学科体系、学术体系与话语体系。具体而言，从认识论的角度，坚持理论的经验性和本土性，对西方政党理论的适用性进行了审慎反思；从价值论的角度，对西方“社会中心主义”或“国家中心主义”的解释路径进行了重构，赋予了“政党中心主义”理论视角以“中国性”。从研究路径而言，实现了由“西方视野＋西方议题＋中国启示”到“中国视野＋西方议题＋中国认识”的转变。从具体理论的层面，“使命型政党”“先锋队逻辑”“干部制”“中心主义”等具有鲜明本土性的标识性概念的提出，为理解中国政党政治发展的历史脉络和中国共产党执政兴国的具体逻辑提供了较为丰富而立体的社会科学解释。

当下，世界各国政党数量持续增加；传统左、右翼政党势弱，新型政党不断出现；以美国为代表的传统西方大国政党政治逐渐异化和蜕变，越来越背离民主制度的内核和制度设计的初衷。从世界政党政治或者比较政党政治的现实和实践来看，世界政党政治不可谓不处于一个“大变局时代”。然而，在当今世界，政党仍是大多数国家政治舞台上的主角，它们决定并反映着国家内政外交的基本走向。从过程来看，政党政治基本上仍是各国国家治理的中心环节；离开政党政治，一国的政治体系就难以运行，政治系统就会分崩离析。从政党与其他政治主体的关系来看，政党组织始终处于政治发展的核心地位；政党在形态、规模、构成和行为方式上的变迁总是反映一国乃至世界政治的发展与变迁；政党的革新、进步往往与一国政治、经济和文化的发展相联系，政党的衰败、解体和蜕化亦离不开一国政治、经济和社会的普遍衰败与下行。总的来看，中国特色社会主义进入新时代，中国共产党也日益走近世界政党舞台的中央。中国共产党需要更加深切地了解认识世界政党政治，从人类命运共同体出发，承担起推进世界进步的政党责任。中国学术界也迫切需要在“从中国看世界，重新出发”的语境下建构中国特色政党政治学的学科体系、学术体系和话语体系，继续填补世界政党政治研究的空白，为学界、政界和社会提供更为详细、严密的知识基础、分析框架和概念理论。让概念源自中国实际、让理论来自本土概念、让制度接受历史和实践检验并在理论的指导下不断完善，正是一名中国政党政治研究者的重要责任。

四、 政党政治学的研究方法

“工欲善其事，必先利其器。”长期以来，中国的政党政治研究存在着“重历史、轻理论”“重规范、轻实证”“重建构、轻解构”“重注解、轻批判”的现象，与一门拥有严格范式和方法的政党政治学之间还存在着较大的差距。那么，开展政党政治学的研究，自然离不开正确地使用政党政治学的研究方法。

谈到方法，首先要明确的是，唯物辩证法和唯物史观是马克思主义世界观和认识论的核心，也是我们进行政党政治学研究的根本方法和指导原则。但在我们对政党政治学中的研究方法进行选择时，不能把马克思主义的世界观层次上的方法论等同于政党政治学研究的具体方法，更不能把马克思主义哲学意义上的方法论当成解决一切问题的灵丹妙药，否则就会把马克思主义的方法论庸俗化和教条化。恩格斯曾说：“马克思的整个世界观不是教义，而是方法。它提供的不是现成的教条，而是进一步研究的出发点和供这种研究使用的方法。”①

其次，在现今这个中国政治学方法论自觉已经比较成熟的时期，强调政党政治学的研究方法，绝不意味着要原原本本地将政党政治学打造成一门科学（science）。我们已经知道，政党政治学是“政党政治”之学，那么它既包括经验形态的政党政治，也包括规范意义上的政党政治。所谓的“科学”拥有着一种唯科学主义、基础主义的知识论，它主要依靠工具性推理和实验性复证，开展“科学研究”的形式主要依靠实验、准实验、数理统计以及调查研究策略。当我们的研究对象和研究问题是经验的问题时，采取“科学”的方式，追寻一种因果解释（explanation），将政党政治学简单地视作政治科学（political science）的对象性分支是不存在太大问题的。但是，当我们关注的问题是规范意义上的“应该”，甚至是“是什么”范畴时，科学主义的方法就不再是帮助我们开展研究的利器，而是影响我们阅读和思考的阻碍。这时，我们就要选择一种人文（humanity）的方法，将我们所要关注的经验现象当作一种理解的对象，从而寻求一种可理解的解释（interpretation）。一个合理的解释就是一种具体情境下的正当性证明，它应当服从于具有内在一致性和以经验约束为基础的正确性之类的认知规范。

总之，政党政治学的方法论体系是开放的。它可以拥抱计算机辅助的仿真和种种数据处理技术，也容得下那种“把理解视为一种认识者（作为主体的研究者）获取关于某一对象的知识（人类行动的意义）的智识过程”② 的解释主义（interpretivism）倾向。至于如何选择方法、怎样选择方法、选择何种方法，则要视研究者的研究主题而定。具体而言，政党政治学所常用的研究方法包括定性分析、定量分

---

① 马克思，恩格斯．马克思恩格斯选集：第4卷［M］．2版．北京：人民出版社，1995：742－743.

② 施瓦特．定性研究的三种认识论取向：解释主义、诠释学和社会建构论［M］// 邓津，林肯．定性研究：解释、评估与描述的艺术及定性研究的未来．风笑天，等译．重庆：重庆大学出版社，2007：204－231.

析、比较研究、案例研究以及更现代的计算方法，每种方法都有其特定的应用场景和优势。

1. 定性分析

定性分析侧重于深入理解政党的内部结构、决策过程、策略选择等方面。这种方法通过文本分析、访谈、参与观察等手段收集数据，强调对政党行为背后的动机、意图和意义的深入解读。定性分析尤其适用于探索新的或复杂的议题，以及在数据难以量化时提供深刻的见解。需要说明的是，定性分析既可以是一种偏科学主义的、追求小样本下因果机制的方法①；也可以是追求用一种客观的方式来理解行动的主观意义的解释主义方案②。

2. 定量分析

定量分析通过数学和统计技术来处理和分析可量化的数据，从而揭示政党行为、选民偏好、政党体制变化等方面的规律和趋势。定量分析的核心在于应用统计模型来测试假设、识别模式和建立变量间的关系。定量研究首先需要收集相关的数字数据。这些数据可以来自多种渠道，如国家统计局、选举委员会、民意调查机构、国际组织发布的数据（库），或者是通过实验、调查研究自行收集的数据。数据的类型涵盖了选举结果、党派属性、民意调查结果、立法行为记录等。定量分析利用一系列的统计技术来处理数据，包括但不限于：描述统计、推断统计、回归分析、因子分析和聚类分析、时间序列分析等。目前，定量分析在政党政治学中有广泛的应用，如：选举预测、政策影响评估、政党体制分析和选民行为研究等。

3. 比较研究

比较研究是政党政治学中一种关键的研究方法，它通过比较不同国家、地区、时期或案例中的政党体制和政党行为，来揭示普遍规律、趋势和差异。这种方法能够帮助学者们理解在不同政治、社会和经济背景下政党如何运作，以及各种因素如何影响政党的策略和其他与政党相关主体的行为。比较研究是我国政党政治研究较早普遍应用的方法和视角。王邦佐（1934—2021）先生曾指出："研究政党和政党制度，应该有多种视角和多种具体方法。我认为在目前乃至今后一段时间内，似可着重从三个方面着力，即：从政党的生态环境的角度进行研究；从政党与国家、社会的关系进行研究；从比较政治的角度进行研究。"③

如果要开展比较研究，一般要遵循案例选择、变量识别、数据收集和分析方法四个环节。首先，案例选择。案例选择对比较研究至关重要。选择可以基于案例的代表性、独特性或为了控制某些变量。案例可以是不同的国家、政党体制、政治时

① COLLIER D，MAHON J E. Conceptual "Stretching" Revisited：Adapting Categories in Comparative Analysis [J]. American Political Science Review，1993，87 (4)：845 - 855.

② GEERTZ C. From the Native's Point of View：On the Nature of Anthropological Understanding [M] // RABINOW P，SULLIVAN W M. Interpretive Social Science：A Reader. Berkeley，CA：University of California Press，1979：225 - 241.

③ 王邦佐．中国政党制度的社会生态分析 [M]. 上海：上海人民出版社，2000：3.

期或特定的政治事件。其次，变量识别。在进行比较时，研究者需要明确哪些是研究的关键变量，包括自变量（影响因素）和因变量（结果或效应）。这些变量需要在所有案例中保持一致，以确保比较的有效性。再次，数据收集。比较研究需要收集跨不同案例的数据，这可能包括定量数据（如选举结果、民意调查）和定性数据（如政党宣言、立法记录）。最后，分析方法。分析可以采取定量、定性或混合方法。比较研究常见的分析方法包括跨国统计分析、历史比较分析和结构功能分析等。可见，比较研究是一种需要结合基础研究方法来使用的方法，这意味着开展比较研究也同样需要遵守社会科学的基本规程。特别是，在定性研究中，比较研究常常会与历史方法相结合。历史研究方法通过对某一政治现象的产生、发展和演变的历史考察来进行研究，从而总结出规律性，并预测政治现象的发展趋势。历史研究方法是一种传统的研究方法，但并不意味着是一种过时的方法，掌握过去者支配未来，“以史为鉴”的研究方法在任何时候都具有强大的生命力。通常，有机地使用历史研究和比较研究有助于政党理论的生成和批判①。

然而，比较研究本身也面临着一定的方法论挑战，包括案例的选择性偏差、不同政治文化背景下概念和测量的等价性问题，以及从特定案例中归纳出普遍规律的复杂性。为了克服这些挑战，需要仔细设计研究方案、选择案例，并在分析时考虑到文化和制度的多样性。因此，在运用比较分析的方法时，需要明确三点。第一，要正确处理可比性的问题。科学的比较应该是层次、标准的统一。“关公战秦琼”的问题应该最大程度地避免，减少比较的任意性。第二，比较政党政治的研究领域应从单纯的描述（观察一个个政治制度的整体或其各个部分，诸如不同时期、不同国家的政府机构、政党制度以及其他的政治设施）向探求各种可变因素中的关系和发现政党政治现象的一般性规律转变。第三，要明确比较的目的，正确处理普遍性与特殊性的问题。

4. 案例研究

案例研究是政党政治学中一种重要的研究方法，它通过深入分析一个或几个特定案例来探究复杂的政治现象、过程和关系。这种方法特别适用于理解特定的政治事件、政策决策过程、政党发展历史或政党体制的独特性。

同样，如果要开展案例研究，也要遵循一定的程序。首先是案例选择。案例选择是案例研究方法的关键。选择案例可以基于其独特性、代表性或是因为它们提供了理解或测试某一理论的机会。案例可以是特定的政党、选举事件、政治危机、政策变革过程等。其次是数据收集。案例研究通常需要收集广泛的数据，包括文献回顾、档案研究、访谈、观察、政党文件、媒体报道等。多样化的数据来源有助于提

---

① 比如国内学者王邦佐先生等率先运用社会生态分析的方法来研究政党制度问题。这种研究方法注重对政党制度的动态研究，注重对政党制度与社会环境之间互动关系的考察。参见：王邦佐，李惠康．西方政党制度社会生态分析［M］．上海：学林出版社，1997；王邦佐，等．中国政党制度的社会生态分析［M］．上海：上海人民出版社，2000.

供对案例全面和深入的理解。再次是理论框架。在案例研究中，理论框架指导着对案例的理解和解释。研究者使用理论来构建对案例的解释，或者用案例来检验、修正或发展现有理论。最后是分析方法。案例研究的分析通常是定性的，重在理解和解释。分析可能涉及对事件的叙述、对决策过程的重建、对政治行为者意图的推断等①。当然，案例研究也面临着一定的方法论挑战，包括案例的选择性偏差、一般化的困难以及解释的主观性。为了克服这些挑战，需要仔细选择案例，确保分析的系统性和全面性，并在可能的情况下使用多个案例或与其他方法结合使用以增强研究的稳健性和可信度。

5. 计算方法、仿真技术和网络分析

在政党政治学的研究中，计算方法、仿真技术和网络分析成为越来越重要的工具，它们使研究者能够处理大量数据、模拟复杂的政治过程，并分析政党、政治行为者和选民之间的复杂互动关系。第一，计算方法在政党政治学中主要应用于数据的收集、处理和分析。这包括文本挖掘、内容分析和情感分析等技术，它们可以从政党宣言、政治演讲、社交媒体帖子和新闻报道中提取有用信息。此外，机器学习和人工智能技术被用于识别模式、预测选举结果和分析政党策略。第二，仿真方法通过建立计算模型来模拟政治过程和行为，这些模型可以基于现实世界的数据构建，也可以基于理论假设。ABM（agent-based model）是一种常见的仿真技术，它允许研究者模拟个体行为者（如选民、政党或政治领导人）如何在特定规则下作出决策，并观察这些决策如何影响整个政治系统的动态。第三，网络分析在政党政治学中用于研究政党、政治行为者之间以及它们与选民之间的关系网络。通过构建政党关系图、社交网络或合作与竞争网络，研究者可以揭示政党内部和跨党派的互动模式、影响力的分布以及政治联盟的结构。网络分析有助于理解政党体制的稳定性、政治动员的策略以及政治议程的形成过程。目前，政党宣言分析、选举预测模型、政党竞争的仿真模型以及政党合作网络分析等议题已经广泛使用计算方法、仿真技术和网络分析。

五、 本书的安排

在当下这个互联网蓬勃发展的信息时代，相信从各种渠道获取关于政党政治的信息绝非一件难事，甚至网络信息相较于印刷成铅字的教材而言更具有时效性。与此同时，国内已有数本具有开拓性意义的政党政治学教材投入使用②；一些手册、

① 当然，根据吉尔林的观点，案例研究在大样本时也可以是定量的，只不过这些样本要被理解为一系列单次观察（observation）所构成的集合。详见：GERRING J. Case Study Research: Principles and Practices [M]. Cambridge: Cambridge University Press, 2007: 172, 176 - 179.

② 例如：周淑真．政党政治学［M］. 北京：人民出版社，2011；王韶兴．政党政治论［M］. 济南：山东人民出版社，2011；等等。

研究指南性国外佳作的中译本也已付梓[①]。因此，期待《政党政治学导论》这本书成为一部包罗万象的“世界政党政治地图”似乎不太现实，也许将这本《政党政治学导论》视作一个初入政党政治学门槛的新人指南可能比较合适。本书的写作就试图达成这个目标：为政治学的新人说明何谓政党、何谓政党政治，将政党及政党政治的关注者和感兴趣的读者引向政治学的大门，为有志从事政党政治研究的社会科学研习者提供一扇小窗。如果本书能切实地实现上述三个目标，那么其任务也就算完成了。根据这个目标，全书的安排如下：

全书分三编。第一编讨论政党政治的本体论问题，着重于政党的基本概念、起源、发展历程以及生存与运作机制。通过深入探讨政党从古至今的演变过程，揭示了现代政党形成的社会历史条件，并从组织结构、成员构成和资金来源等方面，分析了政党的内部运作机制。第一章“政党的起源”，围绕政党的起源，从早期的 *pars*（党、黨）概念发展到现代政党的形成，探讨了现代政党诞生的背景及其对政治发展的影响。第二章“政党的发展”，描述了政党发展的主要模式，包括干部党、大众党、全方位党与卡特尔党以及晚近政党政治研究中出现的政党新形态等。第三章“政党的生存与运作”，讨论了政党的生存与运作，深入分析了政党的组织结构、成员动员以及资金来源的重要性及其对政党活动的影响。

第二编讨论政党政治的存在论问题，聚焦于政党体制的构建、政党与其他政治主体间的相互关系，以及政党在现代政治体系中的蜕变和转型。这一部分旨在从更广泛的角度探讨政党作为政治制度一部分的角色和功能。第四章“政党体制”，涵盖了政党体制的分析框架，从萨托利的类型学到对传统政党体制的批判和超越，提供了对政党体制多样性的理解。第五章“政党关系”，深入探讨了政党与国家、政府、社会及政党之间的关系，揭示了这些关系对政治稳定和发展的影响。第六章“政党的蜕变与转型”，关注政党的蜕变与转型，从政党的卡特尔化到政党极化和衰败的现象，探讨了政党面临的挑战和适应策略。

第三编讨论政党政治的运行论问题，着眼于政党的具体功能、政党文化的形成以及中国新型政党制度，旨在解释政党如何影响政治过程和社会发展。第七章“政党功能”，从政党的基本功能出发，探讨了政党在代表民意、组织政府、政治社会化以及履行其他功能方面的作用。第八章“政党文化”，分析了政党文化的构成要素，包括政党的意识形态、政策倾向和形象塑造，以及这些文化要素如何影响政党的政策制定和公众形象。第九章“中国新型政党制度与当代中国政党政治”，讨论了中国新型政党制度的历史与语义、结构与功能、比较与挑战，以及话语建构。

最后有一个简单的结语，尤其是对建构中国特色的政党政治学的概念基础提出重点提醒。

---

① 如：戈定，波瓦克斯，斯托克斯．牛津比较政治学手册［M］．唐士其，等译．北京：人民出版社，2016；卡茨，克罗蒂．政党政治研究指南［M］．吴辉，译．南京：江苏人民出版社，2020.

阅读与思考

一、阅读

1. 奥斯特罗果尔斯基. 民主与政党组织 [M]. 黄浩，王漪清，译. 杭州：浙江人民出版社，2023：前言 1－7.

2. 戈定，波瓦克斯，斯托克斯. 牛津比较政治学手册 [M]. 唐士其，译. 北京：人民出版社，2016：495－515.

3. 景跃进. 将政党带进来：国家与社会关系范畴的反思与重构 [J]. 探索与争鸣，2019 (8)：85－100.

二、思考

1. 政党政治何以成为一门学问?

2. 为什么说政党政治学是政治学的一个分支?

3. 如何理解“政党政治学不仅仅是一门科学”?

第一编

政党政治的本体论问题

在政党政治学的研究中，本体论问题占据着至关重要的地位，它是我们理解政党本质、功能与演化规律的基石。探讨“政党政治的本体论问题”，实质上是在追问政党的存在意义是什么，它们是如何形成并发挥其核心作用的，以及它们在社会结构和政治生活中的基本属性和地位如何。

政党作为现代政治体系的核心要素，不仅承载着整合社会利益诉求、代表民众意愿的重要使命，还在政策制定、政治领导和国家治理等方面扮演着不可或缺的角色。从本体论角度深入剖析政党政治，我们需要探究政党的起源与发展逻辑，揭示其组织特性与运行机制背后的深层动因，同时关注政党如何在不同历史阶段和社会环境中适应变迁，从而更好地服务于民主政治的进程和国家建设的目标。

第一章
政党的起源

今者中国之存亡，一系于政党之发生与否，是政党问题者，实今日最重要之问题也。

——梁启超《论中国现在之党派及将来之政党》①

提起政党，我们可能会当然地想起其英文对译 political party。然而，与诸多现代汉语中所使用的语词一样，政党的现代意义，是在西学东渐的大背景下于晚清民国时期逐步确立的。这意味着，对于中国政治以及具有中国历史文化背景的读者而言，政党首先是一个舶来品。因而，回答“政党为何物”这一问题，离不开对层层历史文化环境的抽丝剥茧，更离不开对政党进入中国时具体情境的考析，是为政党的“东西之别”一面。除“东西之别”外，政党亦有其“古今之贯”的一面，这种“贯”表现为：所有时代都存在着关于政治和社会团体在权力斗争中的称谓，且这种称谓通常都具有一定负面色彩。因此，为了整全地说明政党及其概念的起源，我们有必要明确三个问题：第一，何谓 party？在概念漂流中，party 的前身及其相近概念是什么？第二，何谓“党”（黨）？“党”（黨）是如何在近代中国一步步走向现代意义上的“政党”的？第三，理解并区别政党的古与今、东与西何以必要？

第一节　*pars* 与“党”

严格来说，party 一词源自拉丁语词根 *pars*，意为“部分”。在中世纪拉丁语

① 与之．论中国现在之党派及将来之政党［N］．新民丛报，1906，4（20）：23-44.

中，它演变为 *partita* 或 *partes*，表示一群有共同目标、利益或行动的人；后被引入了法语（*partie*）、意大利语（*partita*）以及德语（*Partei*）和英语（party）。在最原始的意义上，party 是指参与到某个事件、合同或者行动中的一方。随着时间的推移，它的含义逐渐扩展到政治领域，指代拥有相同政见或目标的政治团体。此外，party 还广泛应用于社交场合，指代聚会、派对等集体活动。然而，要准确理解现代的 party，我们还需要将目光聚焦在更久远的历史上，至少在一定程度上必须考虑到在早期政治体系中 party 的前身（或言“原初形态”）。

1. 古希腊与古罗马的派系观念

party 可能是现代语词中少有的仅仅只能追溯到拉丁语词的一个重要概念。虽然 party（*pars*）是古罗马人的发明，但这并不意味着政治纷争背景下的政治团体在西方历史上直到古罗马才出现。在古希腊，这种事情并不鲜见，古希腊语 *στάσις*（stasis）就有着拉丁语 *pars* 的意义。但是，与 *pars* 作为一个可单独指称的实体不同，*στάσις* 通常和某人或某群体的所有格连用，表示一种围绕某人或某群体而形成的小集体。显然，对于强调 *polis*（城邦）的希腊人而言，背离集体的一小部分人并不会受到欢迎。在《伯罗奔尼撒战争史》中，修昔底德（Thucydides，约前460—前 400/396）就曾悲观地看待科西拉（Corcyraean，一译科基拉）的“山党”与“城党”（民主党）的党派斗争。似乎，只有当通过暴力恢复了同质性，以致其中一方已经不复存在时，党派斗争这种“异常现象”才会结束，政治生活才会重归“正常”：

> 科西拉民主党的领袖们恐怕将这些人运到雅典后，雅典人不杀掉他们。于是民主党人采取了下面的计划：……等到天明，科西拉人把死尸堆起来，捆在一起，送上货车，运往城外。……山中的科西拉人都被城中的民主党用这种方法消灭了。这是一个巨大的革命斗争；但是就这次战争的时期而论，这场斗争算是完结了，因为两个党派中有一个党派差不多完全消灭了。……①

尽管古希腊人发现了政治生活中可能存在着小团体，甚至专门为这种小团体提供了言说方式，但是古希腊人似乎并不擅长处理小团体之间的关系，古希腊人思想中城邦理念的规范力太过强大，以至于作为部分的整体必须以某种方式重归于部分，或者被整体性地驱逐。然而，到了古罗马时期，社会现实和观念都发生了巨大变化。如果说现代意义上的政党（political party）是由埃德蒙·伯克（Edmund Burke，1729—1797）及其论战者发明的，那么一般意义上的 party（*pars*）则是由区分 *partes* 和 *factiones*（*factio*）的罗马人所发明的。

在 *factio* 的用法与传播上，与提图斯·李维（Titus Livius，前 59—17）、普布利乌斯·科尔涅利乌斯·塔西陀（Publius Cornelius Tacitus，约 56—120）并称为“罗马三大史学家”的盖乌斯·撒路斯提乌斯·克里斯普斯（Gaius Sallusttius Crispus，

① 修昔底德. 伯罗奔尼撒战争史：上［M］. 谢德风，译. 北京：商务印书馆，1985：294－295.

前 86—前 35）做出了巨大贡献。在撒路斯提乌斯的两部著作《喀提林阴谋》（*Catilina*）和《朱古达战争》（*Jugurthinischen Kriege*）中，他多次使用 *factio* 来描述盖乌斯·尤利乌斯·恺撒（Gaius Julius Caesar，前 100—前 44）的贵族敌人，以至于后来奥古斯丁（Augustine of Hippo，354—430）在《上帝之城》（*De Civitate Dei*）中也沿用了这个用法，他说："不公正的贵族形成一致观点就是一种派系（*factionem*）"[①]。可见，*factio* 被视作贵族政体的一种变态。在奥古斯丁那里，某些贵族由于他们的行为或立场不公正，这些人组成的具有共识的集团实际上构成了一个具有分裂性和对立性的派系。这里的 *factionem*（派系）特指的是那些出于个人利益、家族利益或特定政治目的而形成的、与国家（人民的事业）整体利益可能相冲突的政治集团。

与 *factiones*（*factio*）不同，*partes* 这个词有着更为中立的语调。这既是由于 *partes* 本身所指的部分之意，也跟罗马法中该词与诉讼各方的积极或中性价值联系在一起有关。就 *partes* 而言，恺撒有一句名言："人民被划分为两个部分，他们既无法凭借自身的判断，也无法通过各自的力量分辨出哪一方的主张更为正义；而这两个派别的领导者分别是庞培和恺撒。"[②] 可见，在罗马人那里，贵族（且通常被视作不正义的贵族）所结成的政治团体被视作一种 *factio*，而平民的力量则往往分散在多数中——因为他们无法像贵族那样行动一致[③]。当然，古罗马时期还有一些其他的针对特定政治团体的称呼[④]，但总的来说，在撒路斯提乌斯、乌尔库斯·图利乌斯·西塞罗（Marcus Tullius Cicero，前 106—前 43）等人的影响下，党派的概念在罗马共和国衰落时逐渐形成并确立，甚至我们可以将恺撒所言的党派与 17—18 世纪英国的政党相提并论。这些围绕特定贵族家族或政治领袖形成的政治集团通常基于共同的政治利益、社会地位或个人忠诚而形成。它们通过互相竞争和合作，在"人民的事业"中寻求影响力和权力，但缺乏现代政党所具有的组织化程度和明确的政策议程。因此，仍须注意的是，这时的 *pars* 和 *factio* 不是现代意义上的政党，在

---

① 该句出自奥古斯丁在讨论国家的正义问题时，引述普布利乌斯·科尔内利乌斯·西庇阿的观点，原文为 *injusti optimates quorum consensum dixit esse factionem*。中译本译文为"当国王行事不公正，西庇阿按希腊习惯称其为僭主，或者贵族们行事不公正，他称其协调一致为集团，或者人民本身行事不公正，他对此没有找到通行的称呼，因而也称其为僭主，那么国家……已经被败坏"。详见：奥古斯丁．上帝之城［M］．王晓朝，译．北京：人民出版社，2006：76.

② CAESAR，BELL. CIV. 1，35。原文为 *intellegere se divisum esse populum Romanum in partes duas. neque sui iudicii neque suarum esse virium discernere，utra pars iustiorem habeat causam. principes vero esse earum partium Cn. Pompeium et C. Caesarem*。详见：C. JULIUS CAESAR. C Iuli Caesaris Commentariorum，Pars Posterior［M］．RENATUS DU PONTET（ed）．Oxford：Scriptorum Classicorum Bibliotheca Oxoniensis，1901.

③ SALLUST，JUG. 41，6。原文为 *plebis vis solute atque dispersa in multitudine minus poterat*。详见：SALLUST. The Jugurthine War［M］．Rev. JOHN SELBY WATSON，M. A. New York and London：Harper & Brothers，1899.

④ 如 *optimates*（贵族党）和西塞罗所特指的 *populares*（平民党）等，这些罗马内部的权力竞争团体也经常被提及。详见：SEAGER R. Cicero and the Word Popularis［J］．The Classical Quarterly，1972，22（2）：328－338.

罗马人的语用中我们可以很清晰地看到，党派这个词的使用暗示了关于争夺国家权力的对抗性群体之间的社会定位，并且党派基本上仍是一种与政治秩序和公共利益相抵触的存在，古罗马史学家们对于共和国党争的现实性描述始终带有一种悲观的伦理意味——党派是政治衰败的表现，是一种可悲而具有破坏性的政治道德。

2. 中世纪以来的派系观念

中世纪时期，人们关于党派的认识在古罗马的基础上得到了长足的发展。一方面，关涉党派（派系）的观念和词语用法被保留下来；另一方面，意大利地区城市经济的发展与城邦的繁荣使得早期意大利城邦中党派现象的出现成为可能。众所周知，中世纪政治的底色是神学政治与宗教政治。在世俗政治中难以落脚的党派自然在中世纪受到几乎所有理论和实践的一致排斥。哲罗姆（Hieronymus，约 347—420）曾言："在党派纷争（*occasione partium*）之下，那位最仁慈的君主却成为了所有暴君中最残暴的一个"①；甚至对于托马斯·阿奎那（Thomas Aquinas，约 1225—1274）而言，他害怕党派分歧胜过害怕暴君："无论是人们起来反抗暴君时，还是在推翻暴君之后，民众的内部往往会出现极其严重的分歧（*separatur in partes*）"②；因此，"当一个暴君在受他支配的臣民中间制造倾轧和纷争，以便更容易地统治他们的时候，他本人就犯了远为严重的叛乱的罪行"③。可见，在中世纪，*partes* 常常意味着一种分裂主义，这种分裂主义对于追求至高权的神权与王权来说是不可接受的。

13 世纪初，意大利地区出现了一些可以合理地被视为党派的团体，这些事实上的党派机构赋予了 *partes*（*pars*）新的生机。在当时的背景下，一些商品经济十分发达的城市已经出现了截然对立的两派：如著名的归尔甫派（*Guelfen*）和吉伯林派（*Ghibellinen*）、维罗纳（Verona）的蒙特奇亚派（*pars Montecchia*）和康提姆派（*pars Comitum*）、克雷莫纳（Cremona）的卡佩莱蒂家族派（*Cappelletti*）和特龙凯乌菲家族派（*Troncaciuffi*）等。这些派别不仅代表了家族或贵族群体的利益，也承载着不同的政治理念。甚至，托迪（Todi）等城市已经依据党派分野在官员任命上实行了一定的比例制度④。可见，意大利中世纪时期各个城市中不同的家族或贵族集团形成对立的派别，并且这些派别的名称通常与当地的主要家族或者

---

① HIERONYMUS，EPISTULAE，4，130。原文为 *qui sub occasione partium clementissimi principis saevissimus omnium extitit tyrannorum*。详见：SAINT JEROME. Delphi Collected Works of Saint Jerome [M]. East Sussex：Delphi Classics，2022.

② 原文为 *quod si praevalere quis possit adversus tyrannum，ex hoc ipso proveniunt multoties gravissimae dissensiones in populo，sive dum in tyrannum insurgitur，sive post dejectionem tyranni；erga ordinationem regiminis multitudo separatur in partes*。详见：PTOLEMY OF LUCCA，AQUINAS T，BLYTHE J M. On the Government of Rulers：De Regimine Principum [M]. University of Pennsylvania Press，1997：66.

③ 阿奎那．阿奎那政治著作选 [M]. 马清槐，译．北京：商务印书馆，1982：136.

④ BEYME K. Partei，Faktion [C] // BRUNNER O. Geschichtliche Grundbegriffe：Historisches Lexikon zur politisch-sozialen Sprache in Deutschland. Stuttgart，1978：681.

支持者相关联。这种现象在意大利的多个城市都有所体现，反映了当时城市国家内部权力斗争和家族势力分割的政治格局。

大约 1308 年，一位名为巴托鲁斯（Bartolus de Saxoferrato，1314—1357）的意大利民法学者撰写了一篇短文《论归尔甫派与吉伯林派：问题与论述集》（*Tractatus de Guelphis et Ghibellinis. Questiones et tractatus*）①。文章专注于探讨归尔甫派和吉伯林派这两个对立的政治派系②。这篇专论是中世纪系统性研究党派现象的关键文献，它通过对归尔甫派和吉伯林派的历史、冲突及其对意大利城邦和社会的影响进行深入分析，为后来学者理解中世纪政治组织结构和派系纷争提供了理论基础。同时，这一论文也反映了当时人们对党派、派系概念的认知及其与社会秩序和政治稳定之间关系的思考。这篇文章发表后，归尔甫派和吉伯林派以及文中提到的英国“白玫瑰党”（约克家徽）和“红玫瑰党”（兰开斯特家徽）（参见图 1－1）在此后长达几个世纪的时间里一直被视为“派系”或“党派”的典型代表。

图 1－1 “白玫瑰”（左）和“红玫瑰”（右）

① QUAGLIONI DIEGO. Politica e diritto nel Trecento Italiano：con l'edizione critica dei trattati “De Guelphis et Gebellinis”，“De regimine civitatis” e “De tyranno” [M]. Florence：Leo S. Olschki，1983：137.

② 归尔甫派和吉伯林派是中世纪意大利城市国家政治格局中的两个主要对立派别，它们的历史渊源可以追溯至 12 世纪末期神圣罗马帝国与教皇之间的冲突。这两派的名称最初并未有明显的政治含义，而是随着历史发展逐渐形成鲜明的政治立场。归尔甫派起源于对教皇权威的支持者，他们在伦巴第城市的冲突中选择站在教皇一边，对抗皇帝势力。这一派别通常被视为支持教皇权力、城市自治以及反帝制力量的象征。随着时间的推移，归尔甫派内部也出现了分歧，但总体上在意大利北部和中部的城市中，他们维护了反对神圣罗马帝国中央集权统治的立场，并倾向于通过加强地方贵族和市民阶层的力量来保护自身利益。吉伯林派则相反，他们起初代表着拥护神圣罗马帝国皇帝的势力，尤其是支持霍亨斯陶芬王朝（Hohenstaufen）的君主，如弗雷德里克二世等。吉伯林派倾向于强化帝国权威，减少教会对世俗事务的干预，并力图实现统一而强大的帝国统治。然而，在实际的政治斗争中，吉伯林派的身份也并非一成不变，有时也会反映特定地区或家族的利益诉求。这两个派别的争斗不仅限于意大利本土，而且影响到了整个欧洲的封建关系网络和权力结构。它们的存在持续数百年，直至文艺复兴时期，虽然其原始意义逐渐淡化，但仍被用作表达不同政治倾向和党派纷争的符号。其间，两派的对抗深刻塑造了意大利乃至西欧的政治文化和社会变迁。

文艺复兴以来，*pars* 这一概念经历了从古代希腊罗马时期的初步形态到中世纪直至近代早期新形态的演变。在中世纪，*pars* 一词开始被常用于政治领域，但其含义并未像现代那样明确指向代表制民主和议会机构中的政党。16—18 世纪，在意大利城市国家以及随后的欧洲各国，尤其是在宗教冲突激烈的三十年战争期间，宗教和世俗领域中“派别分裂”（*itio in partes*）① 问题凸显，党派分化现象逐渐与社会、经济困境及宗教分歧紧密相关，成为导致国家分裂和内部冲突的重要因素。直到 16 世纪末，当各种宗教信仰的追随者明确意识到分裂是不可逆转的时候，党派概念才在阿尔卑斯山以北地区作为宗教团体的称呼开始流行起来。随着 17 世纪英国的政治发展，*pars* 或 *party* 的概念开始带有更加积极的内涵，尽管起初仍保留着负面含义，但在绝对君主制向混合政体转变的过程中，政治党派被视为防止革命并维护宪政稳定的一种必要机制。到了 18 世纪末期，德意志地区对 *Partei* 的使用也变得更加普遍，并且其意义变得更为宽泛，涵盖同样信念的群体。这不仅作为“宗派”“派系”等贬义词的温和替代，也开始体现在对英国内部如辉格党（Whigs，苏格兰强盗）和托利党（Torys，爱尔兰歹徒）等政治运行层面政党结构的认识上。18 世纪末，一种“基于派系的权利”（parteienrecht）在德国国家和封建法中被确立。在帝国法律中，派系概念在先议会时期已经以平等的“宗教党派”的意义被采纳，因此在这一领域，“党派”不再是有负面含义的，而是被正式承认的制度性概念。在政治启蒙和自然法的语境下，这些“宗教党派”除了在宪法上的纳入之外，还被视为减少冲突因素的自然法规定，并被视为在公共领域中的“党派”，与政治行为完全不同。加入这些党派是人们根据人类的本性，对待自己的邻居、社会和国家所必尽的义务。

总体而言，这段时间见证了 *pars* 概念由模糊至逐步清晰的过程，它从最初指代政治纷争中的对立集团，逐渐转变为现代意义上的具有一定组织结构和目标导向的政治实体，并在确保国家统一和社会秩序的同时，参与到立法过程和议会活动之中②。同时，*factio* 被描述为社会中的分裂，当人们分成派别时，会导致动荡和内战；而 *pars* 则被视作对 secte、faction、rotte 等词的一种温和表达。这些表达反映了 18 世纪末出现的议会党派概念，而这种概念的转变与最终确立离不开对现代政党的发源地——英国的进一步观察。

---

① *itio in partes* 是拉丁语短语，直译为“走向各个部分”或“分裂成各个派别”，在历史和政治语境中，它指的是一个整体社会、国家或政治实体内部由于宗教、政治观念或其他深层次分歧而导致的分裂过程。在本节的背景下，特别是在三十年战争期间及之后签订的《威斯特伐利亚和约》中，它特指因宗教冲突而产生的不同信仰团体（所谓的“宗派”）之间的分离状态，并且这一现象最终促使国际法律对信仰自由问题进行了规定，允许各地区根据其宗教信仰分为不同的政治实体，并通过和平协商来解决彼此间的争端，而不是依靠武力决定信仰的一致性。

② 本节仅能在有限的篇幅中梳理出概念演变的主要脉络。事实上，包括马基雅维利（Machiavelli）和博丹（Bodin）在内的著名政治思想家都曾对派系问题做出过深入讨论。博丹甚至还开创了 *factio* 与 *seditio* 等语词的关系讨论，这种讨论进一步强化了世人与理论界对于 *factio* 的贬义理解，从而为 *pars* 的中性乃至积极价值提供了现代可能。限于篇幅，本节不对这些问题深入讨论。

第二节 现代政党的诞生

现代政党制度起源于17世纪末的英格兰，辉格党和托利党的对立与竞争不仅构成了英国政治的核心，而且它们的组织形式、运作机制以及基于理论和实践原则的组合方式为全世界其他国家采纳和演变提供了原型。辉格党和托利党的政治实践为政党刻下了难以磨灭的威斯敏斯特印记。在这一过程中，党派不再仅仅是松散的政治联盟或派系，而是开始形成具有一定组织结构、明确政策议程和广泛社会基础的团体。可以说，党派走向政党，并在法律和政治理论中得到认可的过程就是博林布鲁克（Henry St. John，1st Viscount Bolingbroke，1678—1751）、哈利法克斯（George Savile，3rd Marquess of Halifax，1633—1695）、大卫·休谟（David Hume，1711—1776）以及我们所熟知的埃德蒙·伯克的论战过程和早期英国两党的政治实践过程。正是在这个过程中，那些我们所熟悉的对于政党政治的现代观念得以诞生。

1. 政党的威斯敏斯特烙印

在斯图亚特王朝复辟危机期间（1678—1683年），英国议会内部显著分化为两大阵营。这一分野在1679年5月围绕国王之弟詹姆斯公爵的王位继承权问题达到高潮，议会中展开了一场激烈的辩论。反对詹姆斯公爵拥有合法继承权的议员遭到了对手的贬称，他们被贴上了“辉格”的标签；而支持其继承权的一方则被对方贬称为“托利”。长此以往，这两派不仅接受了这些称谓作为自身标识，而且“党”一词在议会政治中的使用日益普遍，标志着党派意识与身份的强化。具体来说，party和faction是两个来源于拉丁语的英语词汇，因此，这两个词当然包含了之前欧洲大陆上的惯常含义，但17—18世纪的英国人在一系列论战和政治实践中赋予了它们新的含义。早在光荣革命前的英格兰，party和faction这两个词就被政治理论家们频繁使用。例如，大约在1668年完成的托马斯·霍布斯（Thomas Hobbes，1588—1679）的《贝西摩斯》（*Behemoth*）中，就有关于“王党”（King's party）和“议会党”（Parliament's party）的描述①；同时，霍布斯用faction指称长期议会（Long Parliament）中的长老会派（Presbyterian）和独立派（Independent）②。这种用法似乎继承了意大利地区的核心：将party视作更为中性的部分，而将faction视作致力于获取权力和影响力的小团体，或者用今天的政治学语词来说——压力集团（pressure group）。

这种情感态度上的差异能够从著名的辉格党人博林布鲁克的墓志铭看出：非任何国家党派之敌，亦非任何派系之友（The enemy of no national party，the friend of no

---

① HOBBES T. Behemoth Or The Long Parliament [M]. London：Simpkin，Marshall，1889：53.

② 同①155.

faction)。正是在博林布鲁克这里，party 第一次有了反党派性（anti-partisanship）[①] 的意味，并具有超越“部分”本意的特性。在进一步说明博林布鲁克的观点之前，我们有必要了解哈利法克斯具有首创性的政党观。哈利法克斯伯爵以其深思熟虑的政治手腕著称，在辉格党中有着显著地位，并且他在长期议会和之后的政府中担任过多个高级职务，因而其观点和行为对当时的政治格局有着深远影响。

哈利法克斯首先指出，政党不是两个截然对立的“过家家”团体，尽管党派造成了分化，但在党派之间的相互攻讦之外，有着更为重要且值得追求的政治要素。“就像男孩们互掷雪球一样，辉格党和托利党之间也在相互攻击对方”（Throwing whig and tory at one another，as boys do snow-balls）的格局不应是英国政党政治的可欲图景，因为在任何政治体中，“人们总会倾向于那些秉持某种原则的人，而非那些基于不同基础行事的人”[②]。哈利法克斯在此表达的观点是，在政治生活中，个体和群体在支持或联合某一派别时，往往受到该派别所主张的原则、理念或政策的影响，这些原则成为团结和支持的基础，使得人们自然地对某一类政客或者政治集团产生偏好。但是，尽管存在这种倾向，人们不应完全沉浸于某一个政党之中，因为过度的党派归属可能导致国家和社会内部的分裂与冲突，而保持某种程度的超然和灵活是明智之举。所以，哈利法克斯认为“最好的党派也不过是对国家其他部分的一种阴谋”[③]；对此，他认为唯一的解决方式是选择爱国主义的进路走向全体英国人，而非某个党派。

需要注意的是，哈利法克斯对于政党的批评是与传统政党观截然不同的。因为尽管这些观点是对政党的负面评价，但它们不是规范性的，而是来自哈利法克斯长期的政治实践。哈利法克斯十分清楚，党派这种政治现实是无可避免的，在规范的意义上一味地否定党派只能造成施政理念与英格兰政治现状的脱节：“如果存在两个党派，一个人应该选择他最不反感的那个，即使他对整体并不完全认同。因为如果他不加入任何一方，他就会被视为一个游离者，受到双方的攻击。”[④]

博林布鲁克在哈利法克斯的政党理论基础上做了进一步的区分，强调了“派系”（faction）和“政党”（party）之间的差异。在他看来，“派系”是政党的堕落，

---

① 曼斯菲尔德．政治家才能与政党政府［M］．朱欣，译．北京：生活·读书·新知三联书店，2022：97．

② 原文为 There must in every body be a leaning to that sort of men who profess some principles，more than to others who go upon a different foundation。见 SAVILE GEORGE MARQUESS OF HALIFAX. The Character of A Trimmer［C］// The Complete Works of George Savile，First Marquess of Halifax. Oxford：Clarendon，1912：48．

③ 原文为 The best party is but a kind of a conspiracy against the rest of the nation。见 SAVILE GEORGE MARQUESS OF HALIFAX. Political Thoughts and Reflections［C］// The Complete Works of George Savile，First Marquess of Halifax. Oxford：Clarendon，1912：225．

④ 原文为 If there are two parties，a man ought to adhere to that which he disliketh least，though in the whole he doth not approve it：for whilst he doth not list himself in one or the party，he is looked upon as such a straggler that he is fallen upon by both. 见 SAVILE GEORGE MARQUESS OF HALIFAX. Political Thoughts and Reflections［C］// The Complete Works of George Savile，First Marquess of Halifax. Oxford：Clarendon，1912：227．

英国政党应该避免在派系之路上继续堕落下去，从而走向真正的国家利益捍卫者。更具体一些，对于博林布鲁克来说，在国家利益（the sake of the nation）面前，“党”（party）和“派”（faction）都是次佳的，而就“党”和“派”自身而言，“派”是“党”的退化和堕落。1752年，博林布鲁克正式地对“党”和“派”进行了区分：“党”来源于一种不指涉事务管理的情感或话语（sentiment or discourse without interfering with the management of affairs），而“派”则诞生于对权力的渴望（thirst of power）和政治介入①。在此基础上，博林布鲁克认为，应该建立一个“最终政党”（last party），这个政党是一种“反政党”的政党，依靠完全的非派系性开展活动，而其他的反对者（无论是党还是派）都没有了存在的必要②。博林布鲁克饱含激情的工作尽管近乎天真地忽略了政党对于掌握公共权力的渴望，但他对政党的纯化使得现代政党以一种近乎“背水一战”的方式在伯克那里得以确立。

在此之后，以休谟为代表的政党批评者围绕着“政党是一种向着少数人利益的多数人疯狂”（Party is madness of many, for the gain of a few）向长期腐败的辉格党统治发起了进攻。休谟本人则指出：“没有什么比看到那些起初因真正分歧而形成的派系，在分歧消失后仍能继续存在更为常见的了。”③ 休谟认为，那些起初因真实分歧而形成的政党，即使当初导致它们分立的实质性差异已经消失，这些政党仍然会继续存在。换言之，休谟指出在政治现实中，政党往往超越了原始争论点，形成了一种惯性或传统，并且基于自身的利益、组织结构和成员忠诚度等因素持续运作和发展，而不是简单地随着最初争议的解决而解散。随后，休谟通过区分原则党派、利益党派和情感党派，预示了现代政党的一种有趣的类型学。休谟观察到即使在当时英国代议制发展还很初级的阶段，辉格党和托利党所表现的党派斗争的功能性意义也不再显著，与其说这些政党是在为着博林布鲁克所说的“国家利益”而相互争斗，倒不如说政党已经进入了一种组织化的时代——政党不再简单地意味着观点和清议的集团，其有着延续自身的组织性特征。

1770年，埃德蒙·伯克对“宫廷派系”（court faction）的猛烈批评逐步表露了其政党观。哈维·曼斯菲尔德（H. Mansfield）认为，伯克是现代政党政府的创始人，是对政党的捍卫者，也是使得政党受尊重的第一人④。在下面的讨论中，我们将会看到伯克以何种智慧赋予政党以现代性。首先，伯克认为，政党存在的必要性不是一个可供讨论的纸上命题，而是政治实践中的必然选择：“当坏人联合起来时，

---

① BOLINGBROKE H. A Dissertation upon Parties [C] // HART C. The Works of Lord Bolingbroke, Volume II. New York: Frank Cass and Company Limited, 1967: 50.

② MANSFIELD H. Statemanshio and Party Government: A Study of Bruke and Bolingbroke [M]. Chicago: The University of Chicago Press, 1965: 112 - 117.

③ 原文为 Nothing is more ususal than to see parties, which have begun upon a real difference, continue even after that difference is lost. 见 HUME D. Of the Coalition of Parties [C] // Essays, I, 472; 转引自 HARRINGTON J. The Commonwealth of Oceana [M]. New York: Kessinger Publishing, 2007: 135, 171.

④ MANSFIELD H. Statemanshio and Party Government: A Study of Bruke and Bolingbroke [M]. Chicago: The University of Chicago Press, 1965: 19.

好人也必须结合。"[①] 其次，伯克第一次为政党作出了意味深远的限定："政党是建立在一些人集体认同的特别的原则之上、以共同努力促进国家利益的联合起来的实体"[②]，是使这些人能够"利用国家的全部力量和权威实施他们共同的计划"的"恰当手段"。因此，政党不是派系，因为真正的政党在追求自己的目标时不排斥他人，并且允许执政党容忍反对派的合理反对。

正是从伯克开始，政党作为"另一种政府"（alternative government）的基础得到了理论上的认可。博林布鲁克等人过于受到权力分立学说的影响，因此他们通常将政府和议会视为对立面，整个议会应该是反对派。只有伯克看到，政府和反对派的支持者在议会程序框架内相互角力，政体内部并不相互反对。如此，一种摆脱宗派、强调共和性的政党概念就产生了。当然，历史本身是多元且复杂的，在思想和观念上，现代政党的成熟自然离不开政治现实，但脑海中的现代政党的成熟与确立却绝不意味着现实中政党政治也走向了现代。据说，直到 1784 年，英王乔治三世仍对政党表现出了不解："这个党，那个党：但我从未能理解什么是党；我试图去了解，但我从未发现党除了德文郡公爵、他的儿子和老沃波尔之外还有什么。"[③]

2. 欧洲大陆的政党

自光荣革命以来，英国的政党发展走了一条独特的道路，可以说，正是英国特有的政治生态孕育了现代意义上的政党，无论是在理论上还是实践中。这一特性直至 19 世纪仍体现在诸多新闻出版物中，表现为英国的政党可以通过诸如"辉格党"和"托利党"这类名称，被冷静、公正且中立地讨论。至于欧洲大陆，法国堪称所有欧洲民族国家中初步形成政党现象的核心地带。即使是革命的拥护者，对政党概念的运用也倾向于消极，并认为它与人民的公意相抵触。在欧洲大陆范围内，即使是在 19 世纪的自由立宪主义思潮中——类似于 18 世纪英国博林布鲁克时代对政党概念的部分肯定——对政党的接纳也只是暂时性的，直到立宪原则和爱国主义精神成为全体民众共享的价值资源，那时才不再特别依赖政党这样的组织形式。

法国及其他欧洲大陆国家的政治分化及俱乐部活动与英国模式存在显著差异。在法国，政治党派的概念具有争议性和不确定性。在大革命的任何阶段，"党派"都不是一个被明确的法律允许的内在于政治体制内的概念。法国大革命期间，政党这一概念在法国政治生活中的演变十分复杂。虽然法国革命者最初并未采用传统的

① 原文为 When bad men combine, the good must associate. 见 BURKE E. Thoughts on the Cause of the Present Discontents [C] // BURKE E. The Works of Edmund Burke, Volume I, Boston: Little Brown, 1839: 372.

② 原文为 Party is a body of men united, for promoting by their joint endeavours the national interest, upon some particular principle in which they are all agreed. 见 BURKE E. Thoughts on the Cause of the Present Discontents [C] // BURKE E. The Works of Edmund Burke, Volume I, Boston: Little Brown, 1839: 375.

③ 原文为 The party this, and the party that: but I could never understand what the party was; I have endeavoured to learn, and I could never find, that the party was anything else, but the Duke of Devonshire and his son, and old Walpole. 见 BEYME K. Partei, Faktion [C] // BRUNNER O. Geschichtliche Grundbegriffe: Historisches Lexikon zur politisch-sozialen Sprache in Deutschland. Stuttgart, 1978: 691.

“党派”划分，但随着革命的推进和对结社自由的追求，各种社团（sociétés）和俱乐部（clubs）涌现，逐渐形成了具有组织性和目的性的团体，这些团体在一定程度上借鉴了英国的政党模式。然而，受让-雅克·卢梭（Jean-Jacques Rousseau，1712—1778）公意（general will）理念影响的雅各宾派（Jakobinern）等革命力量对此持保留态度，他们倾向于强调公意的统一性和道德义务，而非多元化的党派意愿。大革命中，参议院（la Chambre haute）被描绘为对抗反革命势力的堡垒，旨在维护自由和平等的原则。同时，尽管人们对“党派”一词持有争议，但在实践中，包括雅各宾派在内的团体也开始接受并使用这一概念来标识自身的组织身份。然而，法国政治党派并未形成类似英国那样的稳定结构，其内部冲突激烈，时常伴随着对“党派”和“派系”等词语的贬抑和禁用。此外，在政治动荡的德意志地区，对党派统治和党派精神的贬损也逐渐根深蒂固。

总之，政党概念的历史发展在很大程度上受到了带有歧视色彩的认知影响。诸如混合政体理论、分权法治国家和有机国家理论等崇尚和谐、秩序与平衡的理念，几乎没有为政党制度提供多少正面评价的空间。因此，在许多情况下，对于“党”（party）与“派”（faction）等相近词汇，政治理论并不像对待其他政治概念那样予以明确区分。然而，我们依然可以观察到这样一种趋势：“党”在政治体系中已逐步被赋予积极作用，但“派”或“系”仍常常遭到负面评判。

第三节　政党进入中国：从“党”到“政党”

西方政治体系中党派现象的渊源可追溯至千年前，然而现代政党作为制度化的政治组织，则是在18、19世纪后才成形。尤其是在19世纪，政党理论历经深度演化，渐趋成熟，伴随着大量现代政党的涌现。应当指出的是，对于“党”的界定与认知，往往因观察者的个体差异、世界观差异以及政治立场差异而呈现多元性。总体来看，“党”是一个内涵丰富且评价多元的概念，其含义随历史进程、社会变迁及政治环境的不同而有所变化。尽管至19世纪，西方的政党理念已高度发达，但仍处于持续发展与变革的状态之中。这就是当中国开始深度融入世界时，“党”这一概念所承载的西方历史文化背景。政党作为一个政治概念和组织形式进入中国，经历了从传统的“党”概念到现代“政党”体系的转变。这一转变不仅体现了中国政治体系和社会结构的深刻变化，也反映了西方对晚清民国时期中国的影响。

1. 中文“党”的古典理解

在中国古典政治文化中，“党”通常具有贬义，指代私相授受、结党营私的行为。古代中国强调“党争”是政治秩序中的一种不稳定因素，是导致政治腐败和社会动荡的根源。“党”字在中国古代历史上承载了丰富的含义，并在中国古代政治和社会生活中发挥了重要的作用。从汉字的构造来看，“党”字的简化前原有两种写法：“党”和“黨”，分别代表了不同的含义，但在简化后统一为今天的“党”

字。在简化前，“党”即“尚儿”，主要表示姓氏或民族（党项）；而“黨”则为“尚黑”，即有“无明”和团体之义。“党”字在古汉语中的用法及其词义丰富多样，反映了中国传统文化中社会关系与政治组织的不同层面。在古代文献中，“党”字的含义根据上下文和历史背景有所变化。

（1）地方基层组织。古代中国的行政划分中，“党”曾被用来指代社会基层单位，与“邻”“里”“州”“鄙”属于同一用法。当然，在不同朝代，“党”的级别也有所不同。例如，《周礼》中有“令五家为比，使之相保；五比为闾，使之相受；四闾为族，使之相葬；五族为党，使之相救；五党为州，使之相赒；五州为乡，使之相宾”一说；而《南齐书》记载，“初令邻里党各置一长，五家为邻，五邻为里，五里为党”。可见，此处的“党”是指古代的一种行政编制，是由若干家庭组成的基本社群单位。党之上有乡、县等更高级别的行政区划，因此“乡党”一词往往联用，意指同一地区的居民共同体。

（2）亲族、派系与偏私。“党”还可以指代亲族关系密切的群体，即由血缘关系维系的宗族、家族组织。在封建社会中，家族结党现象常见，亲戚朋友间相互扶持、共同进退，有时也可能形成狭隘的利益集团。如李白（701—762）《门有车马客行》：“借问宗党间，多为泉下人。”反映到政治领域，“党”字就更多地体现了负面的含义，用来形容因个人利益、观念相同而形成的非正式联盟或小集团，即“朋党”。如《淮南子·氾论训》曰：“将相摄威擅势，私门成党，而公道不行。”据考，“掩翳、遮蔽”之义表现在人与人的关系上，便产生了“偏私”的动词义①。

（3）正义与正直。虽然古汉语中“党”字的正面含义后来演化为“谠”，但在某些特定语境中，也可引申出正直之义。如《荀子》：“文而致实，博而党正，是士君子之辩者也。”

总之，在中文的古典理解中，“党”的概念带有明显的贬义，与现代政党的概念相去甚远。宋代欧阳修（1007—1072）的《朋党论》② 就是体现中国古代“党”观的代表之作。《朋党论》论述了“朋党”现象自古即存的事实，核心在于辨别其中的“君子”与“小人”之别。文中明确提出了“君子有朋而小人无朋”的论断，其依据在于小人所热衷者乃利禄，所贪婪者为财货。当小人因共享利益而暂时结为朋党之时，此种关系本质上乃虚伪之交。一旦面对利益争夺，或利益消逝导致关系疏离，小人间往往会相互倾轧乃至伤害，即使是亲如兄弟、亲戚亦难以维持和睦。与此相反，君子坚守道义，践行忠信，珍视名节。以此修身，君子因志同道合而彼此增益；以此事国，君子能同心协力，共赴国事，始终如一。因此，君子之间的结合实为真正的朋党。如此一来，似乎将君子的结社定性为“朋”，而将小人的结社视为“党”的观念导致长期以来国人对“党”字的理解普遍陷入误区。

可见，确如谢彬（1887—1948）之言“吾国古无所谓政党也，披览史乘，只有

① 徐山．释“黨”[J]．高等函授学报（哲学社会科学版），2013，28（2）：54-55．

② 包括后引文见：欧阳修．欧阳修全集［M］．北京：中国书店，1992：124．

朋党之可稽"①，也无怪乎孙中山（1866—1925）感叹道："中国人普遍之心理，对党字之意义，不甚明了，以为古书上对于党字的解释不甚良美，有所谓'君子群而不党'之说，不知今日之政党的党字，在英文名为 party，在中国文字别无与 party 相当之字，只有此党字较为近似，并无别字较党字确当者，故用此党字，究竟与古时所用之党字大有区别。"②

2. 近代中国的"党"与"政党"

随着 19 世纪末 20 世纪初西方政治、经济和文化的输入，以及中国社会结构的变化，西方的政党概念和组织形式开始对中国产生影响。清末民初，随着戊戌变法、辛亥革命等一系列社会政治变革的发生，"政党"作为一种新的政治组织形式被引入并逐渐在中国政治生活中扮演重要角色。这一时期，一些政治团体和组织，如同盟会、国民党、共产党等，开始以现代政党的形式出现。它们不再是基于个人关系或家族利益的松散联盟（尽管有些还带着很强的个人或家族色彩），而是基于特定政治纲领、意识形态和组织纪律的稳定组织。

据考③，以"党"字对译现代政党意义上 party 概念的第一人有可能是在华英国伦敦传道会牧师慕维廉（William Muirhead，1822—1900）。他在早期维新派代表人物王韬（1828—1897）推荐的国人蒋敦复（1808—1867）的协助下完成了英著《大英国志》（*The History of England: From the Invasion of Julius Caesar to the Year A. D.* 1852）翻译并加以译文润色。从西方政党概念在中国早期传播的角度看，《大英国志》作为首部系统介绍英国自起源至维多利亚时代历史的译著，具有无可替代的历史地位。尽管此书屡次重印，成为 19 世纪后半叶国人了解英国历史的首选读物，但在其初版年代，书中所载的"政党"概念对于当时的读者而言，尚难以清晰理解其与传统意义上的"党"现象之间的关联。诚如潘光哲（1965—　）所言，"'党'不证自明地等同于现代意义的 party，确实具体地显示了在近代中国思想的变迁里，某个词汇/概念的现代认知，乃是跨语际实践的产物"④，而这种现代认知的建构，既非初使泰西的旅西外交使团所能完成的⑤，也非彼时国内的舆论界所能实现的。实际上，国人对 party 这一概念的真正认知，要追至甲午战败后对制度进行的深刻反思。

"当甲午丧师后，国人敌忾心颇盛，而全瞢于世界大势。……彼时同人固不知各国有所谓政党，但知欲改良国政，不可无此种团体耳。"⑥ 士人结社行为历来为清廷所严禁，但在甲午战争引发的民族危机感驱使下，士人群体试图打破禁锢，纷

---

① 谢彬．民国政党史［M］// 谢彬，戴天仇．民国政党史·政党与民初政治．北京：中华书局，2007：5.

② 孙中山．孙中山全集：第 3 卷［M］．北京：中华书局，1981：36.

③ 方维规．西方"政党"概念在中国的早期传播［J］．人文论丛，2007：18 - 48；潘光哲．晚清中国"政党"的知识系谱：思想脉络的考察（1856—1895）［J］．中国文化研究所学报，2008，48：241 - 278.

④ 潘光哲．晚清中国"政党"的知识系谱：思想脉络的考察（1856—1895）［J］．中国文化研究所学报，2008，48：274.

⑤ 见郭嵩焘、薛福成等旅西札记。

⑥ 梁启超．饮冰室文集（二十九）［M］．林志钧，编．北京：中华书局，1936：1.

纷组建社团。北京强学会的成立，即为此类行动的标志性事件。甲午次年，北京强学会就因杨崇伊的弹劾而遭到查封。然而，此后的结社潮流已无法遏制，全国各地学社迅速兴起。士人们往往从自身的知识储备中汲取有关政党的知识资源，将其转化为理论武器，以论证创建“社”“会”“团”等群体的必要性[①]。更有一些进步报刊直接讨论了现代意义上的政党：“盖政党者，本欲藉手于国家之政治，以宣发其志愿；故同其意见者，相与协力以出于一途。约而言之，政党者，欲把握国家权力，而遂行其志意，故联合同人为一党也。政党之本志，欲主持国家之机轴，一旦入坐庙堂，身案国钧，邱其志满之秋。”[②] 此外，一些超越“清议”的政治组织也开始成立，诸如“政闻社”“宪友会”（后来的“民党”）等，这些政治组织中不乏包括张謇（1853—1926）、汤寿潜（1856—1917）、雷奋（1871—1919）、孟昭常（1871—1918）、许鼎霖（1857—1915）等在内的清末资政院中的核心成员以及社会中著名的进步人士。因而谢彬指出：“中国政党之正式组织，实滥觞于此。”[③]

辛亥年间，革命军在武汉率先起义，随后全国 17 个省份先后响应，临时政府在南京成立，至此共和国政体得以确立。与此同时，原本秘密运作的中国同盟会与章炳麟（章太炎，1869—1936）领导的光复会，开始公开采用政党形式参与政治活动。前者仍沿用中国同盟会之名，后者则更名为中华民国联合会，与武昌地区的民社呈现出三足鼎立之势。随后，章炳麟又与预备立宪公会合并改组为统一党。预备立宪公会内部的另一分支——宪友会不久也改组为共和建设讨论会。此外，自由党、社会党、共和统一党、国民公党等众多政治团体接踵成立。据统计，这一时期政党总数超过三百[④]，标志着民国初期政党林立的时代特征。此后，中国同盟会、统一党、民社、共和建设讨论会这四大主要政治团体，各自凭借其核心力量，整合了与其系统特色相近的小党。最终，在南京参议院任期结束，直至北京政府成立及第一次国会召集之际，中国同盟会的后续组织国民党，与以民社、统一党为核心的第五个政团合并而组成的共和党，以共和建设讨论会为主体的民主党，以及章炳麟派系的统一党，形成了国内四党并峙的局面。待第一次国会正式开幕，面对国民党这一强大对手，袁世凯（1859—1916）图谋联合共和、民主、统一三党以抗衡，至民国二年（1913 年）五月，三党合并顺利完成，即为世人所知的进步党。此时政坛格局清晰划分为国民党和进步党两大阵营，标志着小党成功整合，民国的政党政治进入全盛时期。

然而，宋教仁（1882—1913）案后，民国的共和体制岌岌可危，民国初年的政治演变以保守派重新建立起独裁专制统治而告终，新兴政治势力遭遇全面挫败。回溯这段历史，议会民主理念在新兴力量中虽获得实践机遇，但因缺乏深厚的社会根

---

① 如 1897—1898 年间湖南成立的“南学会”等。

② 时务报：第 17 册 [M]. 北京：中华书局，1991：1145 - 1146.

③ 谢彬．民国政党史 [M] // 谢彬，戴天仇．民国政党史·政党与民初政治．北京：中华书局，2007：8.

④ 张永．民国初年的进步党与议会政党政治 [M]. 北京：北京大学出版社，2008：9 - 30.

基而轻易遭到颠覆。同时，梁启超（1873—1929）所倡导的开明专制思想亦在现实中得到检验，然而事实证明，这只是脱离实际的一厢情愿。直到民国十四年（1925年）段祺瑞临时执政府宣布取消法统、取缔国会，唯有孙中山提出的党政模式尚未付诸实施。此后，革命派决心构建自身的军事力量，力图依照孙中山“军政”“训政”“宪政”的路线，探索民国时期的政党政治进路。至于后来的国共数次合作以及中国共产党和以蒋、汪为首的中国国民党的社会中心力量之争①，则是中国共产党百年党史所昭示的党领导下的中国式现代化之路了，相信已为读者所广为熟知。

我们看到，中国近现代史中的“政党”尽管与西方民主制度中“党”的本来面目存在较大差异，但它们已摆脱了中国历史上对“党”认知的既有阴影，迈出了走向现实政治实践的步伐。“政党”作为一种经过转化的理论武器，从传统中国文化中备受鄙夷的“坏政治”，经甲午后的救亡图存一跃转为拯救中国于危难的重要组织力量——各“社”“团”“会”不再意味着结党营私误国的“朋党”，而成为改良国政、开风气之先的“政党”。在此过程中，中国的“政党”绝非西式 party 的简单舶来，它更代表着近现代中国对于“政党”的一种自我形塑。

3. 从“党”到“政党”意味着什么？

恩格斯曾指出：“迄今为止在历史著作中根本不起作用或者只起极小作用的经济事实，至少在现代世界中是一个决定性的历史力量；这些经济事实形成了产生现代阶级对立的基础；这些阶级对立，在它们因大工业而得到充分发展的国家里，因而特别是在英国，又是政党形成的基础，党派斗争的基础，因而也是全部政治史的基础。”② 结合恩格斯的论述，考虑从“党”到“政党”的历史过程，我们可以发现：

第一，政党是现代的产物。政党的前身是派系，甚至政党内部也无可避免地会拥有派系——“党内有派，乃世界各国大党所不免”③——但政党的出现意味着一种以反派系为本性的组织性政治力量登上历史舞台。20 世纪中叶，迪韦尔热宣称：“事实上，真正的政党存在至今还不足一个世纪。在 1850 年，（除美国外）还没有一个国家有现代意义上的政党。我们可以找到各种思潮、大众俱乐部、学术团体、议员集团等，但找不到真正的政党。到了 1950 年，政党却已在大部分文明国家中活动了。”④ 这里，迪韦尔热对政党做出一种区分，而这种区分引出了一个判断“真正的政党”与“虚假的政党”的标准问题。无论是作为概念的政党还是现实中活跃在政治体系中的政党，它们都是现代的产物。这意味着，不具备某些特征，很

---

① 王续添，辛松峰．中心主义国家现代化的历史逻辑：以近代中国社会中心力量转换为中心的考察［J］．政治学研究，2021（6）：97－115．

② 马克思，恩格斯．马克思恩格斯选集：第 4 卷［M］．2 版．北京：人民出版社，1995：196．

③ 陈独秀．陈独秀文集：第 4 卷［M］．北京：人民出版社，2013：139．

④ DUVERGER M. Political Parties：Their Organization and Activity in the Modern State［M］．New York：Wiley，1954：xxx－xxxi．

多组织就称不上为政党组织①。因此，政党或者说“真正的政党”，应该区别于古代和中世纪的宗派。具体来说，宗派因政治共同体权威的集中和合理化得以对政治决策施加影响，一种古典保守主义意义上的威斯敏斯特政党政府出现了。随之而来的是一种摆脱宗派，强调共和性的政党概念。对这一概念做出基础性贡献的是伯克和博林布鲁克，伯克认为，“政党是建立在一些人们集体认同的特别的原则之上、以共同努力促进国家利益的联合起来的实体”，是使这些人能够“利用国家的全部力量和权威实施他们共同的计划”的“恰当手段”②；博林布鲁克则区分了一种反映“原则和路线真正区别”的“民族政党”和“不再关心民族利益”而“屈从于个人利益”的宗派③。这种区别构成了政党概念最基础的价值规范，也即政党概念的规范层面是由历史中的宗派走向自己的反面所填充的。更具体一些来说，价值层面的政党，即“好政党”“真正的政党”是政党理论家们面对17—19世纪欧洲政党的萌芽、形成、发展和成熟所抽象出来的。甚至，后来美国的两党制也无法摆脱这一圭臬：美国政党体制要么作为现代世界中的“16世纪都铎政体”④ 而存在；要么作为“美国例外论”⑤ 而存在。

第二，关于政党起源的解释。关于政党的起源，经典的理论可以用爱泼斯坦的一句话来概括：“选举权的扩大解释了现代政党的发展。”⑥ 萨托利对此有过非常详细的解释，他认为，立法机构逐步承担起更大的职责，随之而来的是政党的角色愈发凸显。紧接着，政党间的竞争驱使它们寻求通过赋予新近且预期会对赋予其投票权心怀感激的选民群体以选举权，以此来获取选举优势。最终，对动员更广大选民群体的需求促使政党进一步发展和完善其正式组织架构。“收集选票的政党可能还没有多大的区别，但是寻求选票的党则有不同寻常的意义。如果选票可以寻求，则需要倾听选民的疾苦，在某种程度上也要满足选民的要求。”⑦ 这种强调政治权力向立法机构转移与选民的扩大的议会解释构成了经典的政党起源解释，然而，这种解释似乎遮蔽了政党起源的实质。

---

① 例如，拉帕隆巴拉（J. LaPalombara）和韦纳（M. Weinei）对“现代意义的政党”必须具备的四个组织特征进行了突出的强调，即组织的延续性、组织的联系性、政党决策的独立性和组织支持的大众性。见 LAPALOMBARA J，WEINEI M. Political Parties and Political Development [M]. Princeton：Princeton University Press，1966：6.

② BURKE E. Thoughts on The Cause of The Present Discontents [M] // BURKE E. The Works of Edmund Burke，Volume I. Boston：Little Brown，1839：425 - 426.

③ BOLINGBROKE H. A Dissertation upon Parties [C] // HART C. The Works of Lord Bolingbroke，Volume II. New York：Frank Cass and Company Limited，1967：50.

④ POLLARD A F. Factors in American History [M]. New York：Macmillan，1925：39 - 73；另见亨廷顿．变化社会中的政治秩序 [M]. 王冠华，刘为，等译．上海：上海人民出版社，2008：78 - 105.

⑤ 见 RANNEY A. The Political Parties：Reform and Decline [M] //KING A. The New American Political System. Washington：American Enterprise Institute，1978；另见 SCHIER S. By Invitation Only：The Rise of Exclusive Politics in the United States [M]. Pittsburgh：University of Pittsburgh Press，2000.

⑥ EPSTEIN L. Political Parties in Western Democracies [M]. New Brunswick，NJ：Transaction，1980：23.

⑦ 萨托利．政党与政党体制 [M]. 王明进，译．北京：商务印书馆，2006：44 - 46.

显然，当我们考虑历史上更多政党的发生学后，这种解释的视角就显得狭隘了。首先，每一个政党乃至政党体制都是一个有着自身历史土壤的存在性主体，相对而言，尽管政党及其体制的建立有着合理的、可通约的图式性解释，但每一个政党都有其历史发展的独特性。选举制度的形成和投票权的扩大只能够解释英美的早期政党，将这种解释在欧洲扩大一步都有可能是错误的。其次，当我们把近代中国政党的起源模式纳入进来，我们会发现一种观察政党起源的全新视角——政党是"革命的产物"①，它是社会裂解的结果。当一个社会进入"现代"与"传统"相对立的变革时期时，政党就作为一种有组织的、正式的、公开化的政治团体活跃在社会中，政党及其相似组织是建立在社会断裂点（breaking points）上的实体②，它们将传统社会的"传统性"和相对而言表现为"现代"的经济与文化现代化进程相联系。因而，政党在诞生之初发挥着社会结构中相关角色的替代功能，其本质是对建立在古老关系基础上的社会进行更为现代的制度整合③。从这个意义上讲，政党就是一种在社会断裂点上，试图以自身的方案（政纲）弥合社会，从而将自身的社会身份转化为政治身份的组织性力量。

总之，对政党起源的简单回顾显示，政党与政党政治的兴起，是 18、19 世纪政治现代化进程中一个意料之外，甚至并不受欢迎的产物。虽然不同国家进入现代政党时代的路径各不相同，但到了 20 世纪初，公认的现代政党已经走向现代政治体系的中心。特别是，对于中国的政党与政党政治而言，政党的舶来与中国政党政治的实践之间是互构的：一方面，政党对于近代中国而言是救亡图存的工具；另一方面，清末民初的政党政治实践与随后的政党局势也赋予了政党乃至政党政治更加深刻的意涵。要体会这种意涵，则要进一步深入政党的发展之中。

阅读与思考

一、阅读

1. 萨托利．政党与政党体制［M］．王明进，译．北京：商务印书馆，2006：11－59.

2. 帕尼比昂科．政党：组织与权力［M］．周建勇，译．上海：上海世纪出版集团，2013：57－77.

3. 周淑真．政党政治学［M］．北京：人民出版社，2011：365－411.

---

① DAALDER H. Parties, Elites and Political Development in Western Europe ［M］// LAPALOMBARA J, WEINER M. Political Parties and Political Development. Princeton, NJ: Princeton University Press, 1966: 52；另见：DAALDER H, MAIR P. Western European Party Systems: Continuity and Change ［M］. London: Sage, 1983.

② 参见：LIPSET S M, ROKKAN S. Cleavages Structures, Party Systems and Voter Alignments: Cross National Perspectives ［M］. New York: The Free Press, 1967.

③ LAPALOMBARA J, WEINER M. Political Parties and Political Development ［M］. Princeton, NJ: Princeton University Press, 1966: 3－42.

4. 斯凯瑞．现代政党的19世纪起源：政党政治的形成［M］// 卡茨，克罗蒂．政党政治研究指南. 吴辉，译．南京：江苏人民出版社，2020：32－48.

二、思考

1. 政党的前身是什么？政党和它的前身有什么区别和联系？

2. 近代中国的政党发展历程对于政党起源的解释有什么贡献？

3. 如何从起源的角度理解政党的本质？怎样评价李普塞特和罗坎的社会裂解论？

第二章
政党的发展

现代政党一直在政治共同体内稳步地扩大其范围和权力，并且改变其功能和特征。

——西格蒙德·纽曼《现代政党》①

细心的读者可能会发现，甚至是疑问，目前为止，似乎我们仍不知道什么是政党。特别是关于“政党”这个学术概念的定义，本书还没有介绍。通过本章的学习，或许读者可以明白，我们当然可以为政党下一个通则式的定义，来尽可能地统合现实中的政党，就像周淑真在其经典之作《政党政治学》中那样做的：“政党，是一部分政治主张相同的人所结合的，以争取民众或控制政府的活动为手段，以谋促进国家利益实现共同理想的有目标、有纪律的政治团体。”② 然而，现实中的政党是实践的产物，政党理论家们依托现实中的不同政党所提炼出的政党概念也是不同的。因此，没有最优的概念，只有最合适的概念。对社会科学的对象进行定义，本身就是一项规范性（normative）任务。我们不能说安东尼·唐斯③或者利昂·爱

① NEUMANN S. Modern Political Parties: Approaches to Comparative Politics [M]. Chicago: University of Chicago Press, 1956: 404.

② 周淑真．政党政治学［M］．北京：人民出版社，2011：6.

③ 唐斯认为“在最广泛的意义上，一个政党就是一个由一些谋求通过合法手段控制国家机器的人组成的联盟。所谓联盟，我们指由个人组成的集团，这些个人具有共同的目的，并相互合作以实现他们的目的。所谓国家机器，我们指政府在执行它在劳动分工中的专业化任务时能运用的物质的、法律的和制度的工具。所谓合法手段，我们指按时举行的选举或合法的影响力。”见 DOWNS A. An Economic Theory of Democracy [M]. New York: Haper, 1957: 24-25.

泼斯坦[①]等政党理论家们所提出的政党概念是错误的；同样，我们也不应该将伯克的判断奉为圭臬。对“政党是什么”问题的回答，应该以一种动态而发展的视角展开。

第一节 发展的政党

在政治学的概念和理论体系中，政治发展（political development）是理解政治学的重要范式和内容。政治发展通常指一个国家或地区政治体系、制度、过程和功能的成熟、复杂化和优化，包括政治制度的稳定性、政府的效能、法治的建立以及政治文化的成熟等多个方面。亨廷顿对政治发展作出了最为精妙的判断，他将政治发展视为政治组织、程序和机构适应社会力量变化的过程，特别是在处理社会和经济变革产生的新需求和压力方面。亨廷顿的理论特别关注政治体系的稳定性和制度化程度，认为有效的政治制度和结构是社会稳定和秩序的关键[②]。此外，他还探讨了政治参与的扩大、政治不稳定与政治秩序之间的关系，以及政治体系适应社会变化的能力[③]。在政党政治学中，政党发展（party development）也有着与政治发展在政治学体系中的类似地位，政党发展揭示着政党的过去，并预示着政党的未来。具体来说，政党发展通常指的是政党作为政治组织在结构、功能、策略等方面的成熟和进步[④]。这个过程涉及政党的组织建设、意识形态的形成、成员和支持者基础的扩展，以及政党在政治系统中作用的增强[⑤]。一般来说，政党发展明确指向的是一个有效、适应性强的政党组织的成长过程，这个过程不仅关乎政党自身的变革和强化，也涉及其在更广泛的政治系统中角色的演化。理查德·卡茨（Richard S. Katz）与彼得·梅尔（Peter Mair）将政党的发展视为一个辩证演进的过程，在这一过程中，每一种新型政党形态的出现都会引发相应的反作用，这种反作用又会催生新的政党模式，并进一步触发连锁反应。他们依据政党与社会、国家之间关系的变化，辨析了不同历史阶段中各具特色的政党[⑥]。可见，政党转型是一个持续不断的适应过程，政党必须顺应其特定的社会与政治情境。因而，有政党发展，就有

---

① 爱泼斯坦认为：“政党意味着任何群体，不论这些群体的组织多么松散，只要它们在一个特定标签下参加竞选政府公职。”（EPSTEIN L. Political Parties in Western Democracies [M]. New Brunswick, NJ: Transaction, 1980: 9)

② HUNTINGTON S P. Political Development and Political Decay [J]. World Politics, 1965, 17 (3): 386-430.

③ 参见：亨廷顿．变化社会中的政治秩序 [M]. 王冠华，刘为，等译．上海：上海人民出版社，2008.

④ 参见：LAPALOMBARA J, WEINEI M. Political Parties and Political Development [M]. Princeton: Princeton University Press, 1966.

⑤ HARMEL R, SVASAND L. Party Leadership and Party Institutionalisation: Three Phases of Development [J]. West European Politics, 1993, 16 (2): 67-88.

⑥ KATZ R S, MAIR P. Changing Models of Party Organization and Party Democracy: the Emergence of the Cartel Party [J]. Party Politics, 1995, 1 (1): 5-28.

政党衰败（party decline）①。

尽管如此，政党发展和政党衰败并非只有方向上的差别，它们关注的核心问题也有所不同。政党发展是一种以政党为主体视角，根据政党的起源和发展历程进行类型学评估乃至未来形态展望的政党政治研究内容；而政党衰败则是从政党政治的运行过程中考虑政党适应性以及其他与政党类似的政治组织与政党这种政治组织关系的研究视野。因此，读者可以看到，在本书的章节安排中，政党的发展属于政党政治的本体论问题；而政党的蜕变与转型则属于政党政治的运行论问题。迄今为止，关于政党发展的理论都主要聚焦于那些区分各类政党模式（model）的互斥特征。例如，奥斯特罗果尔斯基的《民主与政党组织》通过对英、美两国政党全面系统的考察，试图阐述政党与民主政治发展的关系；米歇尔斯的《寡头统治铁律——现代民主制度中的政党社会学》则主要在探讨任何一个政党——哪怕是奉民主为圭臬的政党——都会产生寡头统治的倾向；萨托利的《政党与政党制度》强调政党与宗派的区分，并将政党大致分为三个类型和三个发展阶段，在他看来，政党发展就是从较低阶段的政党类型向高一阶段的政党类型演进的过程；亨廷顿的《变化社会中的政治秩序》则认为，政党发展的过程就是从宗派期到两极化阶段、扩展阶段，再到制度化的阶段。

可见，在政党理论的历史上，政党发展的讨论很大程度上就是政党类型学的讨论，接下来，我们将主要介绍韦伯、迪韦尔热、奥托·基希海默（Otto Kirchheimer，1905—1965）与卡茨的政党类型学。

1. 韦伯的政党类型学

20世纪初，韦伯对不同政治体系中的政党进行了分类归纳②。韦伯的政党类型学旨在解答“政党代表的是什么”这一问题。据此，他将政党大致划分为两类：第一种是精英党（party of elites），也叫酬金党（party of honoraruims）；第二种是大众党（party of masses）。精英党是前现代时期的政治实体，其组织原则基于韦伯所说的“前政治原则”（pre-political principles），由公认的杰出人士构成，包括但不限于律师、记者、医生、官员、校长、教师、商人等。这些成员在特定社群中有着不俗的权威与影响力，因而，为了巩固其社会地位，他们不得不将参与政治视为一种必需的“第二活动”（secondary activity），而精英党就是他们开展这种活动的场域。精英党的组织结构较为松散，成员主要为筹备选举而偶尔集会，其组织基础更多地依赖于个人在社会等级中的威望和领导角色。随着选举权的扩大，出现了与精英党迥异的新型政党组织——大众党。大众党以其强大的组织结构、明确的分工以及能够培养专职政治家的特点为标志，这些政治家将毕生精力投入政治事业。韦伯认为，大众党才是现代政党的原型（prototype），它有助于实现“理性官僚制”（rational bureaucracy），构建民主的现代国家。与此同时，大众党的崛起对精英党

① 关于政党衰败，见第六章。

② 韦伯．经济与社会：下卷［M］．林荣远，译．北京：商务印书馆，1998：750－820.

构成了挑战，迫使后者进行现代化改造，扩大政治基础以应对变化。

在精英党和大众党的基础上，韦伯进一步细化了政党类型划分，其主要依据是政党领导层的目标诉求及权力欲望。据此，他将政党细分为恩庇党（patronage party）、阶层党（class party）与意识形态党（ideology party）。恩庇党旨在为其领导层及特定客户群体争取权力与决策地位；阶层党代表某一社会阶层并致力于维护该阶层利益；意识形态党则以其理论、世界观及对未来愿景的构想为基础，其组织与活动往往超越具体实践过程。需要指出的是，在韦伯的分类中，恩庇党与意识形态党是韦伯理想型的一部分，而对阶层党，韦伯则认为它"可能代表由'阶层状况'所制约的利益，或者由'等级状况'所制约的利益，并且相应地招募它们的追随者。然而，它们既不必是纯粹的'阶层'政党，也不必是纯'等级'的政党，往往只有部分如此，或者常常根本就不是这样"①。

值得注意的是，韦伯是较早强调政党筹资方式重要性的学者之一。他指出，政党的筹资方式从根本上塑造其性质，遵循"谁出资，谁掌权"的逻辑。时至今日，这一观点仍为许多研究政党理论与政党资金问题的学者所回顾。当选举资金主要来源于候选人自身时，他们将在党内握有重大权力，政党可能沦为富有候选人的"财阀"工具，即资本家权力的延伸。反之，若资金主要来自外部赞助人（如地主、金融资本家、工业资本家），政党的性质将反映出这些利益集团的诉求，成为其在政治舞台上的"代理"组织。

2. 迪韦尔热的政党类型学

迪韦尔热是对现代政党类型进行系统性分类与对比的第一人②。迪韦尔热从组织结构与党员关系两个维度对政党进行了类型划分。

在组织结构层面，他通过对 20 世纪 50 年代之前活跃在政治舞台上的典型政党的观察，区分出四个"基本成分"（basic component）：党的细胞/小组（party cell）、民兵组织（party militia）、党团/干部核心小组（party caucus）和党的分部/支部（party branch）。以党的细胞/小组为主要组织形式的政党被称作"基层组织政党"，这类政党通过严格的政党纪律和较为集中的领导体制将细小的社会细胞严密地组织起来，禁止内部派别活动，共产党就是这类政党的代表，当时活跃的布尔什维克就是迪韦尔热观察的范本；以民兵组织为主要组织形式的政党被称为"准军事性（民兵性）政党"，这类政党具有高度的纪律性，组织结构也表现得军事化，这种政党常见于法西斯组织中；以党团/干部核心小组为主要组织形式的政党被称为"权贵党"（caucus party）③，这类政党组织松散，以党团会议和议会活动为核

---

① 韦伯．经济与社会：下卷［M］．林荣远，译．北京：商务印书馆，1998：261.

② DUVERGER M. Political Parties：Their Organization and Activity in the Modern State［M］. London：Methuen，1954：23－65.

③ 这里直译应该为"议会党团党"，但学界长期以来结合了这种政党的起源，将 caucus party 译作"权贵型政党"或"权贵党"。至于 caucus，则一般译为"党团会议"或"议会党团"，是指政党支持者或成员间举行的会议，其准确定义在各国稍有不同。

心，整个政党的活动也主要围绕选举而展开。英、美的主要政党等都属于此类政党；以党的分部/支部为主要组织形式的政党被称作“支部型政党”，这类政党根据地域建立自上而下的支部化组织，广泛招募成员，实行相对集中的职业化领导，议会党团在议会中具有高度的纪律性，第二国际的社会党即这类政党的典型代表。在区分这四种政党的基础上，迪韦尔热也受到了韦伯的影响，他认为，从组织层面，可以再将政党划分为精英型（elite type）和分部型（branch type）。具体来说，他将精英型组织定义为规模有限、成员精挑细选，不追求大规模扩员，不做招募宣传，且成员资格相对宽松，但更具排他性的政党组织。加入精英型组织需通过特殊途径推荐或选拔，尽管人数不多，但成员凭借其影响力（关系、声望）而非数量享有较大的权力。相比之下，支部型政党明确追求党员数量的增长，积极进行宣传推广。

在党员关系层面，迪韦尔热继承韦伯，区分了“干部党”与“大众党”。与党团和党的分部/支部的区分依据类似，这两类党派的区别在于党员规模。干部党由经挑选的活跃分子构成，主要负责组织竞选活动并与候选人沟通；大众党则拥有庞大的党员基数，财力雄厚，能从多渠道为竞选活动提供资金支持。干部党类似“权贵党”，组织结构相对松散；而大众党则需要更强的集中化领导以及紧密的内部联系。然而，迪韦尔热的分类并非绝对，干部党与大众党更像是一个连续体的两端，而非截然分明的两类。

除组织结构与党员关系外，迪韦尔热还注意到了政党的产生方式——确切地说，是政党相对于议会的产生方式——对于政党的影响。在迪韦尔热的分析中，政党被划分为“内生的”（internally created）与“外生的”（externally created）两类。对于那些在仍遵循人口统计限制进行选举的立法机构中已占有一席之地的“内生党”而言，它们更倾向于倚重恩庇主义作为维系支持的基础。与此相反，得到被排除在选举权利之外群体拥护的“外生党”，则更多地凭借鲜明的政策理念与行动纲领来吸引公众。迪韦尔热明确预期，外部政党在程序性（programmaticness）层面的表现应高于内部政党。同时，他观察到社会主义、工人主义等左翼政党所特有的程序性特征伴随着左翼政党普遍采用的大规模组织模式正在整个政党体制内逐渐蔓延。因而，迪韦尔热还认为，由于干部党在动员选民方面表现乏力，所以它或者消失，或者必须转型为大众党。但是，迪韦尔热的这一预测并没有实现，20世纪50年代以后，一些新的干部党仍然存在并表现出了较强的活力。

3. 基希海默与卡茨的政党类型学

干部党（精英党）与大众党（群众党）的区分得到了广泛讨论。然而，一些政党理论家也发现，随着第二次世界大战后各国政治体系的重建，一些新的政党政治现象出现了。基希海默提出的“全方位党”（catch-all party，也称兼容型政党）和卡茨与梅尔一同提出的“卡特尔党”（cartel party）就反映了20世纪后期政党的发展。

1966年，基希海默发表了一份具有深远影响的关于西欧政党体制变革的研究报告①。报告的核心观点指出，二战后，西欧政党的性质发生了转变：传统政党鲜明的意识形态特征被“全方位”（catch-all）的特性所取代，获得了更广泛的影响力。对意识形态不甚敏感的普通人以及专注于消费的公民数量的快速增长，使得传统西欧社会阶层矛盾得以缓和。这些变化使得西欧的保守党、自由党和社会民主党逐渐丧失原有的意识形态色彩，转而呈现出更为实用主义的包容性特征。“全方位”的特性具体体现在以下几个方面：第一，政党的意识形态特征明显减弱；第二，政党领导层的权力得到强化；第三，党员个体的作用相对削弱；第四，政党力求在更广泛的全体社会成员中吸纳支持者，减少对特定社会阶层或宗教组织的过度依赖；第五，政党的整合能力显著提升。基希海默认为，“全方位党”能够在大众传播、塑造政党形象、快速响应社会变革及代表多个社会群体方面表现出更高的效能，因而在选举竞争中更具优势。

进入20世纪90年代中期，面对政党组织类型的新动态与变化，在基希海默50年代研究的基础上②，卡茨与梅尔共同提出了“卡特尔党”这一全新的概念。卡特尔党的核心特征包括③：第一，政党作为连接国家与社会的桥梁，逐渐疏离社会而深度嵌入国家体系，成为“准”国家机构的一部分；第二，在争夺国家权力的各政党之间，政策主张的差异日益缩小，竞选活动更多聚焦于挑选更为胜任的公职人员，而非具体政策内容的较量；第三，政党的运营经费主要依赖于国家财政的拨款，而非以往对党员个人资助的依赖；第四，主要政党在竞争关系中，同时形成某种程度的共识与默契，旨在确保自身生存稳定，同时对新兴政治力量形成排他性壁垒，防止其介入。卡特尔党被视作政党的国家化，它成为国家的一部分，其成员成为代理人。

第二节　政党发展的一般模式

从第一节的讨论中可见，20世纪政党理论家的思想有一个共同的特点，即他们关于政党类型的分类是最新的、最现代的，而且是唯一的、独一无二的未来之路。例如，迪韦尔热认为，未来掌握在他所描述的拥有强大组织的大众型政党手中，并且，其他非大众党的政党也必须向这一组织形态转化，否则等待其他政党的结局就是灭亡。再如，基希海默也在“全方位党”中看到了大众型政党和理念型政

---

① KIRCHHEIMER O. The Transformation of Western European Party Systems [M] // LAPALOMBRA J G, WEINER M. Political Parties and Political Development. Princeton, NJ: Princeton University Press, 1966: 177-200.

② KIRCHHEIMER O. The Waning of Opposition in Parliamentary Regimes [J]. Social Research, 1957: 127-156.

③ KATZ R S, MAIR P. Changing Models of Party Organization and Party Democracy: the Emergence of the Cartel Party [J]. Party Politics, 1995, 1 (1): 5-28.

党的终结，认为他的"全方位党"开启了政党发展的全新阶段。总之，既有的政党类型学提出者们无一例外地都认为他们发现了政党发展的某种规律性，并且他们将这种规律性视作一个政党发展阶段的结束。然而，我们看到每种新类型学的提出的确标志着政党理论的深入和成熟，但这些努力并不意味着旧理论的过时，很大程度上，不同类型的政党同时存在着。在世界政党政治的实践中，"旧党"并不一味地追逐"新党"，也不试图将自己重置为"新党"，而是稍作改动，保留自己的基本特征。特别是，在竞争性政党体制中，一些党经常扮演失败者或从属者的角色（如果从取得执政地位的角度来看，甚至从来就没有成功过），而在其他时候，现实进程对他们有利，他们又再次成为赢家，获得主导或者优势地位。因此，随着时间的推移，在政党发展的谱系上，政党的调色板变得更加丰富多彩。比如，近在21世纪初的欧洲，就同时存在着各种政党类型以及它们各自的继承者。我们可以看到精英党（如法国中右翼政党）、保留了传统结构和仪式的政党（如北欧国家的社会民主党、英国工党）、具有强烈民族特色的政党（如加泰罗尼亚和巴斯克民族党）、建立在宗教基础上的政党（如基督教民主党）、全方位党（如法国共产党）、卡特尔党（如丹麦的政党联盟）的痕迹。

可见，也许我们需要寻找一个可通约的解释图景。安德烈·克罗维尔（André Krouwel，1964—　）① 在卡茨和梅尔1994年研究②的基础上提出的政党发展模式就值得我们关注。

1. 克罗维尔模型：一个政党发展的综合理论

克罗维尔首先将纷繁复杂的政党理论中为数众多的政党类型概括为五种：精英党、大众党、全方位党、卡特尔党和商业公司党。随后，他把这五个模式按时间顺序联系起来，就得到了一个关于政党主要特征的历史概述，形成了关于20世纪政党转型的一般理论。简单来说，克罗维尔模型指出，19世纪末20世纪初，大众党在原生民主国家中的兴起，是由当时占主导地位的精英阶层及其所属的精英（干部）党对广大公民政治参与的排斥所催生的。基希海默认为，这些大众党在20世纪50年代末60年代初正经历向他所谓的全方位党转型的过程。这一过程中，大众党逐步实现组织的专业化，对社会与政治变革的要求趋于温和，并开始吸引其原有核心选民群体之外的选民。随着其党纲内容延展性增强，与昔日政敌的合作成为常态而非例外，政治卡特尔（political cartel）就逐渐形成了。卡特尔党逐渐垄断国家资源，并通过制定有利于执政党而不利于新竞争者的法律环境，形成排他性壁垒。面对此种情况，那些无法轻易获取国家资源的政治家开始利用私人部门资源与策略，特别是商业性大众媒体，以争取选区支持和行政权力。表2-1展示了克罗维尔模型。

① 克罗维尔．政党的模式［M］// 卡茨，克罗蒂．政党政治研究指南．吴辉，译．南京：江苏人民出版社，2020：451-484.

② 参见：KATZ R S，MAIR P. How Parties Organize：Change and Adaptation in Party Organizations in Western Democracies［M］. London：Sage，1994；KATZ R S，MAIR P. Cadre，Catch-all or Cartel? A Rejoinder［J］. Party Politics，1996，2（4）：525-534.

表 2-1 克罗维尔模型

特征		精英党、核心小组党或干部党	大众党	全方位党、选举党	卡特尔党	商业公司党
时期		19 世纪 60 年代—20 世纪 70 年代	19 世纪 80 年代—20 世纪 50 年代	20 世纪 50 年代至今	20 世纪 50 年代至今	20 世纪 90 年代至今
起源		议会起源	议会外起源	源于大众党，与利益集团相联系或结合	议会党与国家机构（及利益集团）的融合	源于政治企业家的个人倡议
选举方面	1. 选举诉求与社会支持	上层社会的有限选民，他们之间个别接触	吸引基于阶级和宗教等社会分歧的特殊社会群体、宗教群体或种族群体的支持	吸引除核心支持群体之外的广泛中产阶级的支持	为换取有利政策而提供支持的“固定客户”	“选举市场”高度波动，选民的身份是消费者
	2. 社会基础与精英录用类型	自我录用，个人倡议；候选人主要来自上层社会	以阶级或宗教为基础的内部录用；它建立在意识形态和组织保证的基础上，并经过党内的教育体系	来自各种利益集团的外部录用	录用主要来自国家机构内部（公务员）	自我录用，个人倡议
意识形态方面	1. 政党竞争的基础	独立候选人的传统地位	社会群体的意识形态和代表	公共部门的管理质量	通过分享行政职位维持既得权力	议题和人品（作为政治产品）
	2. 政党竞争的范围	基于个人地位和财富的极为有限的竞争	极化的意识形态的竞争（离心式的竞争）	基于技术的向心式竞争	政治分歧扩散，“冲突”成为象征性的：对议题的人为竞争	为媒体关注的长期斗争

续表

特征		精英党、核心小组党或干部党	大众党	全方位党、选举党	卡特尔党	商业公司党
组织方面	1. 党员组织（党的基层）的重要性	不存在或极少	党员志愿组织是党的核心	党员边缘化	党员成为录用政治人员的“蓄水池”	极少或无关
	2. 党的中央的地位	党的中央组织极少，隶属于政府中的党	党的中央与党的基层共生	隶属于政府中的党	党的中央与党的基层共生	极少或无关
	3. 政府中党的地位	党组织的核心	受议会外领袖的管制	权力和资源集中在议会党团	权力集中在议会党领袖和政府（政府中的党）	高度独立，个别政治企业家在党内“提拔”他们自己
	4. 资源结构	个人财富	党员捐献，附属组织和党的媒体	利益集团和国家补贴	国家补贴	公司和社会利益及商业行为
	5. 政治竞选类型	个人契约	劳动密集型的群众动员	职业化及更多资金密集型组织	职业化的长期组织	临时和短期地利用专家：“承包”。更多地运用市场手段

资料来源：卡茨，克罗蒂．政党政治研究指南［M］．吴辉，译．南京：江苏人民出版社，2020：473－474.

2. 精英党模式

在19世纪末，大规模选举制度尚未普及之前，一批具有现代政党特征的政治组织已然出现。诸多研究者在探讨这类政党时，尽管使用了各异的概念表述，但实质上都指向同一类现象，即由卓越领袖主导、结构松散、以精英为骨干的干部党，其组织基础通常为紧密的地方核心小组会议/党团会议，而在议会之外的组织架构则相对稀疏。鉴于此类政党的特征高度一致，克罗维尔将它们归为第一类政党。

西方政党的产生和发展一直与资本主义工业化进程紧密关联。18世纪七八十年代，政党首先出现在工业化的故乡——英国。工业化初期的政党基本都是出于议会政治斗争的需要，属于在议会政治中活动的内生型政党。这些政党由地位相近、政见相近的议员乃至地方社会精英联合而成，所以也称为权贵型政党、核心型政党。因其党员大多是议员，多数又拥有贵族身份和地位，他们组织政党、控制政党、发挥政党的应有政治影响和政治功用，也大多与其身份和经济、政治地位有关。精英党的党员是议会成员及其亲信好友，政党组织及其活动的主要方式是依托议员、党员私人的社交群体网络，通过权贵精英实际控制的地方选举将权贵或其代理人送入议会和政府以实现自己的政治、经济利益。

就组织形态和组织结构而言，这种政党结构简单，中央组织与地方组织缺乏密切联系，甚至可以说就没有地方组织，至多不过是议员加上一些社会名流和乡绅，选举时临时招募几个组织工作人员。在组织形式和活动方式上，也显得非常不规范。英美两国的政党在刚刚出现时，都没有正式的地方组织，只是议会中的议员为谋求连任而形成的联合。在英国，无论宫廷党、乡村党，还是托利党、辉格党，最初指的是议会议员出于维护自己的地位和利益的需要而组成的议会内的小集团。在美国，联邦党人和共和党人都经常利用地方上的各种组织来为自己拉选票。1789年建立的坦慕尼协会（Tammany Hall），也称哥伦比亚团（the Columbian Order），就是民主党人经常利用的力量。但是这些政治团体本身就是独立的，不存在领导与被领导的关系，更不是党的地方组织，只不过政党跟它建立了一种友好的互相合作关系。早期政党组织很不成熟，以至于后来的学者对于当时是否存在政党都表示怀疑。例如研究政治史的教授刘易斯·纳米尔（Lewis B. Namier，1888—1960）认为，17世纪末18世纪初的辉格党、托利党与其他的社会组织没有明确的界限划分，因此，“无须使用政党名词也能对该时期的政治生活作出完整的描述”①。

3. 大众党模式

克罗维尔讨论的第二类政党涵盖了所有大众党模式。这类政党的核心要素在于，具备明确的组织架构与意识形态，以及对政治上被边缘化社会群体进行议会外动员的能力。

19世纪中后期以来，一种新型的政党——大众党逐渐发展起来。这类政党的出现是工业化中期资本主义社会矛盾深刻化，阶级冲突尖锐化，并且伴随而来的选

---

① 程汉大．英国政治制度史［M］．北京：中国社会科学出版社，1995：312.

举权扩大化的结果。19 世纪末 20 世纪初，欧洲国家的社会主义政党作为最早一批既具有群众性基础又具有明确且永久性组织的政党出现在政治舞台。在 100 多年中出现过的大众党有社会主义政党、国家主义政党和宗教政党①。大众党一般有两种生成方式，一种在议会内生成，一种在体制外生成，但它们都宣称代表社会某一阶级或群体的利益并将其作为自己的社会基础。由于需要对公众进行有效的动员和组织，大众党体现了同工业化造就的社会结构相一致的组织严密性和结构完整性。大众党首先最明显的标志在于它们有明确的党章和党纲，其中对党员的义务和权利、对党组织以及党员参与决策和党内选举的程序、对党的目标包括实现目标的主要手段都有正式的规定。它们由党员和领袖构成，领袖通过制度化渠道推举产生，并对党员负责。同时，由于入党程序的特殊安排和党费的缴纳，以及广泛的基础组织的建立等，普通党员与政党高度认同且积极参与党内生活。大众党的组织也建立了较为严密的地方组织，配备专业或业余的党务人员，维持各机关、部门的运转。群众性政党还发展起了包括党报、消遣性俱乐部在内的辅助性组织系统，除平常用作政治动员外，还可用以满足党员交往、休闲等需要。因此，在大众党中，“组织中的政党”的认同度较高。

就“选民中的政党”而言，由于选民普选权的扩大和阶级斗争的尖锐，政党同选民的关系也趋于密切，普通民众同政党的认同度也比较高。这些政党还经常与商会、工会、教会等各种社团、集团结盟，既可实现对社会的渗透，壮大自己的党员队伍，巩固、扩大自己的社会基础，又可以通过它们实现自己包括选举在内的广泛的政治与社会性策略、战略目的。此外，这种组织形式在动员特定的选民群体和组织竞选方面的长处，使得其他非社会主义政党也纷纷采用了这一组织模式，即迪韦尔热所说的“自左向右的蔓延”②；这样就使得在相当长的一个时期内，大众党成为占主导地位的政治组织形式。

政党是阶级斗争和阶级矛盾发展到一定程度的产物。在政党产生初期，西方国家的阶级阵营分化较为明显，社会明显是一个“两头大、中间小”的哑铃型结构。在这种社会结构下，政党只要获得了上层阶级（资产阶级）或下层阶级（工农阶级）中的某种固定支持即可。因此，各个政党之间的意识形态差距明显，政纲差异巨大，政党之间的矛盾冲突较为激烈。一些社会主义政党、左翼政党甚至以打破旧制度建立新制度为其主要的信念。

但是，二战后，西方社会由资产阶级和工人阶级构成的哑铃型社会结构逐步向以中产阶级为基础的橄榄型社会结构过渡。这意味着选民分布的均匀，也意味着中产阶级的价值观和意识形态对政党产生了重要影响，为适应社会经济、政治和文化

① GUNTHER R，DIAMOND L. Species of Political Parties：A New Typology [J]. Party Politics，2003，9 (2)：167－199.

② DUVERGER M. Political Parties：Their Organization and Activity in the Modern State [M]. London：Methuen，1954：25.

发展的新变化，很多政党都被迫用执政党理念思考问题。在过去，处于非执政地位的政党，总是想方设法地寻找执政党的毛病，抨击执政党的政策和主张。把自己定位在推翻现存制度上的左翼政党尤其如此。但是，随着时代的变迁，这种做法也出现了很大的改变。一方面，政党一般很难通过革命或暴力等非常规手段获取执政地位，因而必须遵循共同的制度以及游戏规则；另一方面，社会发展中出现的大量难题不再只是由于政党执政不力带来的难题，而是人类社会面临的共同难题，其他政党仅靠指责执政党的失误而提不出建设性的政策主张，很难吸引民众。正是从这个意义上说，执政党思维正在成为具有普遍性的政党思维方式。因此，国家内部各个政党之间的政纲也愈加接近，他们之间的冲突愈少，共识愈多，这就为全方位党的出现提供了土壤。

4. 全方位党模式

克罗维尔讨论的第三类政党是全方位党。并且，他认为，全方位党起源于大众党，通过专业化组织，降低党派意识形态色彩，以吸引超越原有阶层或核心社会基础的更广泛选民。

20 世纪 60 年代以来，随着经济和社会的发展，西方发达国家工业化初期以来的那种传统的社会界限开始淡化，这意味着以往高度分明的社会群体间集体认同的弱化。同时，随着经济增长和福利国家的日益扩大，国家或者执政党对各阶层的政策调和、利益兼顾有了更为深厚的基础。再者，随着大众媒体的发展，政党领袖的个人魅力在竞选中的作用凸显，其也开始能够向广大选民直接发出呼吁和召唤而不必依靠严密的政党组织。因此，那种在选举中广泛动员、依靠人数的优势进行竞争的大众党模式逐步走向式微，全方位党就出现了。

全方位党的特征首先在于政党的意识形态色彩大大减弱，政党之间的分歧与对立开始淡化。其次，其组织目标不是有针对性地维护社会某些群体的利益，而是要充当社会与国家之间的掮客、经纪人，更好地管理国家和服务公益，因此政党的阶级界限日益模糊。在组织结构上，这些党基本延续了大众党模式，由全国、地方组织和各类辅助系统组成，但又有所不同。第一，组织对党员的要求下降，党比较强调党员的权利，但不大提及义务。第二，相对于大众党，全方位党党员的地位和作用下降，党员和领袖、组织的关系比较疏离，政党认同度下降。同时，党的领袖与组织间的关系也很微妙，有的领袖与党若即若离，有的根本就只是在借用党的招牌来实现自己的政治目的。其最终造成的后果是，不仅党员无法对领袖、政党形成约束，领袖、政党组织也无法对党员形成约束，政党组织对领袖和党员都不形成强有力的制约，造成了政党组织的弱化。美国的共和党和民主党在这方面就比较典型，除了初选产生各自的领袖外，两党的组织和党员基本都在充当大选吹鼓手的角色，为大选造势和拉票。

5. 卡特尔党模式

克罗维尔讨论的第四类政党为卡特尔党。这类政党本质上是以占据公职的政党与若干利益集团融合为特点，形成旨在维护政权的政治卡特尔。它们是高度职业化的组织，严重依赖国家生存，逐渐从社会中抽离，通过精简职能专注于行政管理。

20世纪70年代之后，西方各国相继进入后工业社会。在后工业社会，工业化阶段板块式的社会结构被解构，社会碎片化趋势加剧，政治生活的地位和作用更为凸显，社会生活中决定性的影响属于政府和经济部门中的技术人员。于是，社会上越来越多的集团、群体试图通过制度规则来确立自己群体的社会权利和参政渠道。在这场权力结构调整的竞逐中，西方政党组织形态的演化也出现了新的动向。随着政治活动越来越职业化和专业化，面对新的社会形势和时代变迁，特别是面对来自其他社会团体的竞争，西方国家的各个政党开始逐渐脱离社会而融入国家，实际上是变成了一种"准国家机构"。按照卡茨和梅尔的论述，"卡特尔党"是指在当时的社会政治发展条件下所形成的一种新的政党类型：各派政治力量的目标不再是主张或反对大规模的社会改革，甚或不再是有限的微调改良，政治本身也日益变得更加专业化，政党之间有限竞争的着眼点变成争论究竟谁能提供更有效和更有利的管理而已；在选举竞争层面表现为，政党之间不再为争夺选民支持或瓜分支持基础而争斗不休，而是在有限度的范围内并且在有控制的条件下以有利于保证相互之间组织生存为前提分享自己的那一份。在这样一种境况下，政党意识形态以及政治纲领已经变得越来越次要。政党不再依靠党员的财政支持和人力支持，不再谋求独立的政治传播组织和手段，相反却是依赖国家补贴进行资本密集型的政治活动，依赖国家所提供的特权而分享大众传播媒体进行政治宣传，政党组织更加松散，党的地方组织和基层组织失去原初的作用，党员与非党员的界限愈加模糊，判断标准更多的是在选举时投谁的票而已。

总之，理解卡特尔党的关键在于："与更多具有企业取向的全方位党相比，卡特尔党寻求更广泛或更分散的选民的支持，主要参与资金密集型的竞选，强调其管理技能和效率，组织松散，且远离其党员。更重要的是，卡特尔党不为赢得竞选而竞争，不为获得到处可见的支持而努力，而满足于通过与其他政党分享权力，确保其进入国家。"①

第三节 政党发展的新形态

通过克罗维尔模型，可以发现，在漫长的20世纪，政党发展一共走过了四个时代：精英党时代、大众党时代、全方位党时代和卡特尔党时代。在世纪之交，一

① GUNTHER R, MONTERO J, LINZ J. Political Parties: Old Concepts and New Challenges [M]. Oxford: Oxford University Press, 2002: 148.

种由霍普金（Jonathan Hopkin）和保卢奇（Caterina Paolucci）发现的“商业公司党”① 也已经出现，而随着社会变革、技术进步以及全球化进程的变迁，政党面临着前所未有的挑战和机遇，促使它们逐渐形成一些新的发展形态。在这些“新形态”中，有些是从诸如“商业公司党”这样崭新的政治实践中所升华的，而有些则是被既有政党理论所忽视，但早已存在于政党实践中的。无论如何，它们都反映了政党为适应复杂多变的政治环境而做出的创新和调整。

1. 商业公司党

在克罗维尔模型中，最后一类可辨识的政党类型是商业公司党（business firm party），其出现相对较晚。这类政党源自政治企业家（political entrepreneur）的个人创新精神，通常具有商业公司的组织架构。政党领袖的形象连同一些迎合民意的观点，由专门团队推向更为变幻不定的选举市场。公司型政党的兴起，在很大程度上是对卡特尔党所引发政党危机的回应。传统主流政党的保守僵化与腐败现象，不仅严重削弱了公众对政党的信任，还激化了社会的不满情绪，为新型政党形态的孕育提供了深厚的情感土壤。故而，21 世纪初，欧洲各新兴参选者在创建政党时均高举反腐旗帜，其动机不难理解。与此同时，鉴于主要政党通过相互勾结或合作方式对国家财政补贴形成垄断，新兴政党若欲崭露头角，就必须另辟蹊径寻求资源支撑。因国家资助之路受阻，加之大众党影响力的衰退，新型政党很难直接从社会汲取资源，如此，资本和市场领域适时显现为一条可行之道，商业公司党就登上了历史舞台。

意大利的“五星运动”（Five Star Movement，意大利语：Movimento 5 Stelle）是商业公司党的一个典型代表。该党由喜剧演员贝佩·格里洛（Beppe Grillo）和网络企业家吉安罗伯托·卡萨莱乔（Gianroberto Casaleggio）于 2009 年创立（图 2-1 为“五星运动”的标志）。“五星运动”最初通过互联网和社交媒体平台动员支持者，强调直接民主和公民参与。党的组织和宣传策略很大程度上借鉴了商业营销的方法，特别是在利用网络媒体和数字工具方面表现突出。在 2013 年大选中，“五星运动”是第二受欢迎的单一政党和第三大最受欢迎的团体，仅次于中左翼联盟和中右翼联盟。2016 年，“五星运动”成员基娅拉·阿彭迪诺（Chiara Appendino）和维吉尼亚·拉吉（Virginia Raggi）分别当选为都灵市市长和罗马市市长。甚至，在 2018 年大选中，“五星运动”成为意大利议会中最大的政党，此后成为右翼和左翼联盟政府的一部分。此外，21 世纪以来的历届美国大选中的美国两党也都表现出了极强的商业公司特征，最有代表性和戏剧性的莫过于 2016 年大选中唐纳德·特朗普（Donald John Trump，1946—　）所代表的共和党。

总之，商业公司党通常以政治企业家或领袖为中心，强调高度的中心化和个人领导，其组织结构和运作模式类似于商业公司——这也是霍普金和保卢奇称它为商

① HOPKIN J，PAOLUCCI C. The Business Firm Model of Party Organisation：Cases from Spain and Italy [J]. European Journal of Political Research，1999，35（3）：307-339.

图 2－1　“五星运动”的标志

业公司党的直接原因。它的核心特征如下：第一，政治企业家精神。商业公司党通常由具有创新精神的政治企业家创立，他们利用自己在商业、媒体或其他领域的成功经验来构建和运营政党。第二，中心化的领导。这类政党往往围绕一个鲜明的领导人形象建立，领导人的个人魅力、政治立场和公众形象对党的影响力至关重要。第三，专业化的营销策略。商业公司党借鉴商业营销的手段，通过专业团队来包装政党形象、推广政策观点，并根据市场研究来调整政治信息，以迎合选民的需求和偏好。第四，灵活的组织结构。这种政党的组织结构通常较为扁平和灵活，能够快速适应政治环境的变化，并有效地响应选举市场的需求。通过将商业管理理念和营销策略应用于政治组织和活动中，这类政党能够在竞争激烈的选举市场中脱颖而出。然而，这种以领袖个人魅力和市场营销为核心的政党也引起我们对政治深度和政策连贯性的深思。

2. 网络党

随着互联网和社交媒体的普及，一些政党开始采用更加开放、去中心化的组织结构，这种结构类似于网络；除了结构与网络相似，这些政党还善于利用数字平台进行政策讨论、成员动员和选民沟通，强调透明度和参与度，使政党的运作更加灵活和响应迅速。这类政党就是网络党，作为一种新型的政党形态，其特点是利用互联网和数字技术来组织活动、动员支持者，并参与政治过程。此外，它们利用先进的数据分析、人工智能和算法来优化政党的决策过程、选民分析和竞选策略。这种政党在技术创新方面领先，能够更精准地识别和响应选民需求，提高政治营销的效率和效果。

网络党的出现离不开众多数字技术的支撑。第一，投票应用程序（voting advice application，VAA），即投票建议应用，是一种在线工具，旨在帮助选民在选举中做出决定。用户通过回答一系列关于政策和政治立场的问题，VAA 根据用户的回答与不同政党或候选人的已知立场进行匹配，从而提供给用户与其政治偏好最为接近的政党或候选人的建议。研究显示，VAA 已经超越了传统的电视、报纸等媒介手段，是西方选民更加青睐的选举工具①。用户在使用 VAA 时，首先需要回答一系列预设的问题，这些问题覆盖了政治、经济、社会等多个领域。每个问题都提供了几种可能的答案选项。在用户完成答题后，VAA 通过算法将用户的答案与各政党或候选人的公开立场进行比对，然后展示与用户政治偏好最匹配的政党或候选人。VAA 在许多国家和地区的选举中被广泛使用，尤其在欧洲。例如，“欧洲选举罗盘”（EU Profiler）就是一个针对欧洲议会选举的 VAA，帮助欧盟各国的选民了解自己与各欧洲政党的匹配程度。第二，网络平台。如脸书（Facebook）、照片墙（Instagram）等，它们成为政党传播信息、动员支持者和与选民直接互动的重要工具，也为党员和支持者提供了一个讨论政策议题、分享观点和组织活动的空间；而很多众筹平台，则允许政党通过小额捐款的方式直接从支持者那里筹集资金，增加了财务透明度和公众参与感。

西班牙的“波德莫斯”（Podemos，英文：We Can，即“我们能”）是网络党的一个典型代表。作为西班牙反紧缩运动的一部分，它于 2014 年 1 月由西班牙政治学者巴勃罗·伊格莱西亚斯·图里昂（Pablo Iglesias Turrión）和其他学者在抗议不平等和腐败之后创立。在 2014 年西班牙欧洲议会选举中，“波德莫斯”赢得了 8.0%的选票，在 54 个席位中获得了 5 个席位②。到 2014 年 10 月，“波德莫斯”声称它是仅次于人民党的西班牙第二大政党③。在 2015 年西班牙大选中，“波德莫斯”赢得 69 个席位，成为该国第三大政治力量，落后于西班牙主要左翼政党——西班牙社会主义工人党。2016 年 5 月 9 日，“波德莫斯”与联合左翼、Equo（西班牙绿党）和区域主义左翼政党组成了 Unidos Podemos（“我们可以团结起来”）选举联盟。当下，“波德莫斯”是西班牙乃至欧洲议会中不可忽视的一股力量。我们看到，“波德莫斯”通过在线平台和社交媒体迅速获得了广泛关注和支持。该党利用网络工具来组织活动、进行政策讨论和参与选举，成功地将线上动员转化为线下的政治影响力。在短短的数月中，就使得一个新成立的政党成为西班牙政坛中的“相关者”。

网络党代表了政党组织和活动的一种现代化转型，其核心在于充分利用数字技术来促进政治参与进程。通过提高透明度、降低参与门槛和增强互动性，网络党能够吸引更多的年轻人和技术熟练者参与政治。此外，网络党也从一个侧面证明，当代政党将不得不被卷入数字化的过程中——随着对压力做出回应的各类组织在网络技术上投入时间和资源，那些不效仿的政党可能会发现它们自己与支持者之间日益隔绝。当然，网络党也面临着如何维持组织的凝聚力、确保在线参与质量以及防止

---

① ENYEDI Z. The Influence of Voting Advice Applications on Preferences, Loyalties and Turnout: An Experimental Study [J]. Political Studies, 2016, 64 (4): 1000-1015.

② CITYA M. Major Victories for Anti-EU and Left Wing Blocs [EB/OL]. (2014-05-27) [2024-04-02]. https://www.cityam.com/major-victories-anti-eu-and-left-wing-blocs/.

③ Podemos ya tiene más ‘militantes’ que el PSOE [EB/OL]. (2014-10-28) [2024-04-02]. https://www.elboletin.com/nacional-106784-podemos-psoe-segunda-fuerza-militantes-html/.

信息泡沫等挑战。

3. 革命党

克罗维尔模型在时间上不是包罗万象的——它没能预测到网络党的出现；同样，它在空间上也不是包罗万象的。正如理查德·冈瑟和拉里·戴蒙德所指出的，“所有现存的政党类型学都是在过去一个半世纪内从西欧政党研究中得出的。相对而言，这些研究没能从世界其他地区获取重要而又有别以往的政党特征。那些在发展中国家出现的政党，的确存在不同的特点。这些发展中国家的人口呈现相当大的种族、宗教，或者语言上的多样性，而这些多样性正是绝大多数发展中国家的竞争性政党建立的基础……因而，尽管我们承认这些建立在传统西欧政党模式上的经验主义研究作出的许多贡献，但是我们仍然坚信，通过对政党类型学的重新评估和扩展，对世界其他地区政党研究的价值将会得到很大提升”①。可见，对于非西方国家的政党而言，作为一个指代具体实体和代理（与“宗派”相区别）的具体名词的“party”，实际上是一种“分析性的分割”（analytic partition），而非经验上的“具体的集团”（concrete group）②。当我们再仔细梳理从宗派到现代政党的政党形态变迁及其主要贡献者后，就会看到，现有的政党理论几乎都是沿着宗派—精英（干部）党的路径展开的，而革命党路径相比较而言则被忽视了（图 2－2 显示了政党的形态变迁路径）。所以，一脉相承的由欧美土壤所诞生出的政党含义甚至不能完全贴切地规定和描述与单一政治共同体内部的议会化③、选举权扩大④和政治自由⑤实现等要素紧密相连的大众党、全方位党乃至卡特尔党，那又有什么理由将这种厘定延续到 20 世纪以来以更强大的组织面貌出现的（体制）外生党或革命党呢?

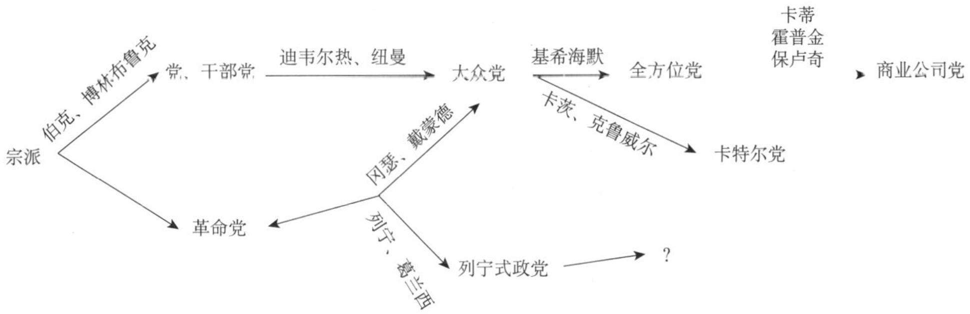

图 2－2 政党的形态变迁路径

可见，不变革的政党终将失败，因而政党需要自我调适；而不变革的政党理

① 冈瑟，戴蒙德．政党与民主［M］．徐琳，译．上海：上海人民出版社，2012：5.

② 萨托利．政党与政党体制［M］．王明进，译．北京：商务印书馆，2006：11－30.

③ COX G. The Efficient Secret［M］. Cambridge：Cambridge University Press，1987：68－69.

④ EPSTEIN L. Political Parties in Western Democracies［M］. New Brunswick，NJ：Transaction，1980：23.

⑤ FAIRBAIRN B. Political Mobilization［M］//CHICKERING R. Imperial Germany：A Historiographical Companion. Westport：Greenwood Press，1996：303－342.

论，应该也不会有太强的适用性。道尔顿（Russell J. Dalton）和麦克阿里斯特（Ian McAllister）就承认，“如今，我们对政党和政治发展的印象已经改变了。发展中国家的政党制度很少遵循这一预期的制度化进程，这一进程强调加强选民基础，增加组织成员，扩展组织结构，这在组建政府方面已变得日益重要。拉丁美洲的发展中民主国家似乎陷入了一种软弱的政党模式。东欧和东亚的第三波民主国家也没有提供充分证据，表明政党正在按照先前的政党研究文献中所设想的那样发展。简言之，这些新兴的民主国家似乎很少遵循过去一个世纪里西方民主国家发展过程中所出现的制度化和群众性政党的发展趋势。……我们发现政党和政党制度如何在新兴民主国家中出现和运作存在着巨大的多样性。事实上并不存在一个单一的模型，新兴民主国家似乎时常遵循和西方民主国家不同的政党发展轨迹。大体上，这种多样性可以追溯至政治发展的差异、政治文化和民主转型的不同经验”①。

在此基础上，我们重新审视毛泽东的判断“革命不是请客吃饭，不是做文章，不是绘画绣花，不能那样雅致，那样从容不迫，文质彬彬，那样温良恭俭让。革命是暴动，是一个阶级推翻一个阶级的暴烈的行动”② 或许会有不同的体会。因而，革命党（revolutionary party）是一种特殊类型的政治组织，它的主要目标是通过根本性的社会和政治变革来彻底改变现有的政治和社会秩序。革命党通常在那些存在深刻社会矛盾、政治压迫或经济危机的国家和地区出现，它们通过提倡和推动革命来寻求解决这些问题。一般来说，革命党有以下核心特征：第一，意识形态驱动。革命党通常基于一套明确的意识形态框架，如马克思列宁主义、民族主义或其他形式，这套意识形态不仅指导党的政策和策略，也是动员和团结党员及支持者的基础。第二，根本变革目标。与其他类型的政党不同，革命党的最终目标是彻底改变现有的社会和政治结构，而不是仅仅在现有体制内争取权力或推动改革。第三，积极的动员策略。革命党通常采取积极的动员策略，包括组织示威、罢工、政治教育活动等，以提高公众对其政治目标的认识并争取更广泛的支持。第四，高度组织化和纪律性。革命党往往具有严密的组织结构和强烈的纪律性，以保证在面对压迫和可能的政治斗争中保持团结和效率。

革命党在政治发展的特定阶段扮演了关键角色，它们通过推动深刻的社会和政治变革来响应社会矛盾和不公。然而，革命党的激进目标和方法也常常引发激烈的政治冲突，甚至可能导致暴力和不稳定，这种不稳定受到后来的历史社会学的全面讨论③。因此，革命党的活动和影响力在很大程度上取决于其所在社会的具体历史和政治条件。

---

① DALTON R J，MCALLISTER I. Political Parties and Political Development：A New Perspective [J]. Party Politics，2007，13（2）：139－140.

② 毛泽东．毛泽东选集：第1卷 [M]. 2版．北京：人民出版社，1991：17.

③ 例如，最经典的就是斯考切波（Skocpol）的讨论。详见：SKOCPOL T. States and Social Revolutions：A Comparative Analysis of France，Russia，and China [M]. Cambridge：Cambridge University Press，1979.

《阅读与思考》

一、阅读

1. 克罗维尔．政党的模式［M］//卡茨，克罗蒂．政党政治研究指南．吴辉，译．南京：江苏人民出版社，2020：451－484.

2. KATZ R S，MAIR P. Cadre，Catch-all or Cartel? A Rejoinder［J］. Party Politics，1996，2（4）：525－534.

3. 冈瑟，戴蒙德．政党与民主［M］．徐琳，译．上海：上海人民出版社，2012.

4. HARTLEB F. Anti-elitist Cyber Parties［J］. Journal of Public Affairs，2013，13（4）：355－369.

二、思考

1. 简述克罗维尔模型。

2. 除了本章所学的政党类型，是否还有其他有代表性的政党类型？试举例说明。

3. 网络党的进一步发展可能会带来什么？

4. 结合其他材料，试梳理列宁和葛兰西对革命党的内涵塑造。

第三章
政党的生存与运作

党应当是组织的总和（并且不是什么简单的算术式的总和，而是一个整体）。

——列宁《进一步，退两步》[①]

“组织是通向政治权力之路，也是政治稳定的基础，因而也就是政治自由的前提。在那么多处于现代化之中的国家里存在着的权力和权威的真空，……只有政治组织才足以永久地填补这一真空。身处正在实现现代化之中的当今世界，谁能组织政治，谁就能掌握未来。”[②] 亨廷顿的这段论述发人深省，几乎从来没有哪个政治学家如此强调组织。因而，深入了解政党这个政治组织如何维持其存在、如何组织其内部结构，以及如何动员资源和人员以实现其政治和社会目标，对于我们理解“作为组织的政党”具有重要作用。政党要成为一个组织，必须具备相应结构要素，一般意义上，需要以下五个主要要素：一是要有一个完备的理论纲领；二是要有一个相对稳定的领袖或领袖集团；三是要有由各级骨干组成的层级节制的组织体系；四是要有一个上通下达的信息传输渠道；五是要有相对稳定的组织成员[③]。从政党这个组织自身而言，政党的组织结构（体系）、组织成员和组织经费是最重要的核心要素。

---

① 列宁．进一步，退两步［M］// 列宁选集：第1卷．3版修订版．北京：人民出版社，2012：471.

② 亨廷顿．变化社会中的政治秩序［M］．王冠华，刘为，等译．上海：上海人民出版社，2008：427.

③ 周淑真．政党政治学［M］．北京：人民出版社，2011：78.

第一节　政党的组织结构

政党的组织结构是其运作和实现目标的基础框架，它决定了政党如何在内部管理和协调活动，以及如何与外部世界（包括社会、其他政党和政府机构）互动。一个有效的组织结构能够增强政党的凝聚力、提高决策效率并优化资源分配。从政党基层到中央，每一层级都承担着不同但又相互联系的职责和功能。具体而言，无论何种政党，无论其通过和平竞选的方式取得政权还是通过武装斗争、暴力革命的方式夺取政权，无论其活动方式为公开还是选择秘密、地下途径，都不可或缺地需要拥有中枢指挥系统，即中央组织，以及在各地建立的基层组织，并通过中间组织（地方组织）来实现中央与基层之间的沟通与协调。特别是，对于以议会活动为中心的政党而言，为了确保该党议员言论与行动的一致性，有效地进行议会斗争，还需设立议会内部的政党组织。总之，这些组织层面的细节和机制是理解政党作为一个整体的运作方式的关键。一个政党的组织结构是否适用，很大程度上不取决于其强度和刚性，而取决于该政党所处环境的政党政治类型以及政党所实际发挥的功能。

1. 党的基层组织

党的基层组织是政党组织结构的基础，它们通常在社区、乡镇、街道或其他类似的最低行政单位内运作。基层组织的主要职能是动员和组织党员及支持者、传递党的政策和理念，以及在选举和其他政治活动中代表党的利益。基层组织的有效运作对于政党的整体健康和成功至关重要。因而，基层组织是开展党务工作、训练党员、组织民众、社会调查、参与选举或其他党务斗争的实际行动的基本单位。2022年新修订的《中国共产党章程》明确规定，党的基层组织是党在社会基层组织中的战斗堡垒，是党的全部工作和战斗力的基础。企业、农村、机关、学校、医院、科研院所、街道社区、社会组织、人民解放军连队和其他基层单位，凡是有正式党员三人以上的，都应当成立党的基层组织。党的基层组织，根据工作需要和党员人数，经上级党组织批准，分别设立党的基层委员会、总支部委员会、支部委员会。基层委员会由党员大会或代表大会选举产生，总支部委员会和支部委员会由党员大会选举产生，提出委员候选人要广泛征求党员和群众的意见①。

在党的基层组织中，国外比较有代表性的是美国两党的投票区委员会（precinct committee）、德国绿党（Bündnis 90/Die Grünen）的地方小组（Ortsgruppen）以及巴西劳工党（Partido dos Trabalhadores）的基层委员会（comissões de base）。

美国两党的投票区委员会，也被称为选区委员会或小区委员会，是政党在最基层行政区划单位（precinct，通常相当于一个投票站的服务范围）设立的组织结构，是政党与当地选民直接接触、组织选举活动和推广政党政策的核心载体。投票区委

① 中国共产党章程［M］. 北京：人民出版社，2022：43-44.

员会是两党架构中最底层的组织单元，通常涵盖一个具体的投票区，即选举日当天选民前往投票的特定区域。每个投票区委员会由该区域内注册为该党党员的活跃成员组成，他们自愿担任党内职务，负责在最微观层面推动党的工作。一般来说，投票区委员会承担五种职能：第一，基层动员与组织。投票区委员会成员负责联系和动员本区内注册为该党的选民，鼓励他们积极参与党内活动、选举投票，并为本党候选人拉票。他们通过电话、邮件、家访、社区活动等方式与选民保持联系，确保选民了解党的政策和候选人信息。第二，选举准备与执行。在选举周期内，投票区委员会负责组织本区内的选举准备工作，如协助选民登记、提供选举信息、布置投票站、招募和培训选举日工作人员等。在选举日，他们确保投票站顺利运行，处理可能出现的问题，并协助选民顺利完成投票。第三，候选人提名与支持。在党内初选中，投票区委员会成员可能参与或影响本区候选人的提名过程。他们可能通过组织或参加预选会议（caucus）、参与邮寄或在线初选投票来支持心仪的候选人。在大选阶段，他们全力支持本党提名的候选人，通过筹款、组织竞选活动、制作和分发宣传材料等方式助力候选人赢得选民支持。第四，政策反馈与意见收集。投票区委员会作为党与选民之间的桥梁，收集本区选民对政策、社区问题的意见和建议，将其反馈至上级党组织或直接传达给候选人。这些信息有助于政党了解基层民意，调整政策立场，制定更贴近选民需求的竞选纲领。第五，党员发展与教育。投票区委员会鼓励本区居民注册成为该党党员，举办党员教育活动，解释党的理念、政策和工作重点，增强党员的归属感和参与度。他们还负责监督和执行党的纪律，维护党内团结。

德国绿党的地方小组是该党在基层社区层面开展活动的重要组织单元，它们构成了绿党所认定的自下而上参与政治、推动环保和社会正义议程的基础架构。地方小组是德国绿党最基层的组织形式，通常覆盖一个城市、乡镇或社区的具体区域。它们是绿党与当地居民直接互动的平台，旨在将绿党的价值观、政策主张和行动倡议在地方层面落地生根，同时收集并反映社区民众的意见和需求，为党的政策制定和决策提供基层视角。一般来说，德国绿党的地方小组承担以下四个职能：第一，宣传教育活动。地方小组定期举办讲座、研讨会、专题讨论会等活动，邀请专家、学者、社区领袖或党内成员就环保议题、可持续发展、社会公正、民主参与等主题进行讲解与讨论，提高公众意识，促进知识传播和观念更新。第二，社区动员与行动。组织各类环保行动，如植树造林、清理垃圾、节能宣传、绿色出行倡导等，动员社区居民积极参与，共同改善本地环境。同时，地方小组也会组织或参与公共示威、游行、静坐等抗议活动，针对特定环保项目、政策或社会不公现象发声，表达绿党的立场和诉求。第三，政策倡导与影响。地方小组密切关注地方政策制定与执行，就与绿党理念相关的议题提交建议、批评或提案，通过参与地方议会听证、公听会或直接与地方官员对话，推动地方政策向更加公正的方向发展。第四，选举动员与支持。在地方选举中，地方小组扮演着关键的组织和动员角色。它们不仅为绿党候选人提供地面支持，如组织竞选活动、散发宣传材料、动员志愿者等，还负责在社区内推广绿党的选举纲领，动员选民为绿党候选人投票。地方小组的活动对提升绿党在基层的知名度、塑造良好形象以及赢得选民支持至关重要。

巴西劳工党的基层委员会是该党在最基层社区层面的组织结构，它们构成了劳工党与普通民众直接互动、传播党的理念、组织社会活动和参与地方政治的核心载体。基层委员会是劳工党架构中最底层的组织单元，通常覆盖一个街区、村庄、工会或其他具有特定社会凝聚力的社区。每个基层委员会由党内的活跃成员和志愿者组成，它们是劳工党与当地居民接触的最前线，负责将党的政策主张、社会运动理念以及对社会问题的关注落实到日常生活中。与美国两党的投票区委员会类似，巴西劳工党的基层委员会也主要承担以下五种职能：第一，宣传教育。基层委员会定期举办讲座、研讨会、读书会等活动，讨论劳工党的政策、社会主义思想、工人权益、社会公正等议题，提高社区居民的政治意识和参与积极性。同时，通过制作和分发宣传材料、利用社交媒体等方式传播党的信息和立场。第二，社会动员与服务。组织各类社区服务活动，如免费法律咨询、健康检查、文化活动、教育支持等，以满足社区居民的实际需求，展现劳工党的社会关怀。同时，基层委员会也会发起或参与社会运动，如反对削减公共服务、争取劳动权益、反对种族歧视等，通过街头抗议、签名征集、公众集会等形式表达民众呼声。第三，选举动员与组织。在地方选举中，基层委员会是劳工党竞选活动的基石。它们负责组织和支持劳工党候选人的竞选活动，包括动员志愿者、安排竞选集会、挨家挨户拜访选民、发放宣传资料等，以确保劳工党的政治主张能够深入社区，争取选民支持。第四，意见收集与反馈。基层委员会作为党与社区的桥梁，收集当地居民对于政策、社会问题的意见和建议，将其整理上报至上级党组织，以便党在制定政策时能更好地反映基层声音。同时，基层委员会也会将党的决策和信息向下传递，确保社区居民了解党的动态和立场。第五，党员发展与管理。基层委员会负责在当地发展新党员，进行党员教育和培训，监督党员遵守党纪，维护党的团结和纪律。同时，通过定期召开党员大会、组织党内讨论等方式，鼓励党员积极参与党内事务，提高党的凝聚力。

可见，党的基层组织通常由当地党员组成，由选举产生的领导小组负责管理日常事务。这些领导小组负责制定组织计划、管理资源和协调上级党组织的指示。在一些政党中，基层组织还可能有专门的委员会或小组，负责教育、妇女事务、青年活动等特定领域的工作。从职能上来说，党的基层组织一般离不开三种职能：第一，动员和组织。基层组织的核心任务之一是动员社区内的党员和潜在支持者参与党的活动和政治过程。这包括组织政治集会、教育研讨会、筹款活动和选举运动等。通过这些活动，基层组织帮助增强党与社区成员之间的联系，增加党的可见度和影响力。第二，传递政策和理念。基层组织是党的政策和理念向普通公民传播的主要渠道。它们通过组织小型会议、发放传单、社区对话等方式，向社区成员介绍党的政策立场和政治目标。基层组织的这一职能对于建立和维持党的公众形象和政策认同至关重要。第三，开展包括选举在内的政治活动。在选举期间，基层组织扮演着至关重要的角色。它们负责组织选举运动，包括敲门活动、电话银行、选民登记和选举日的动员工作。基层组织的工作对于确保党的候选人获得选民的支持和提高选举参与度至关重要。

2. 党的中间组织

党的中间组织（对于那些地域较为广阔的国家以及依地理区划建设分部的政党而言，也常被称作地方组织）是连接政党基层组织和中央组织的关键枢纽。这一层级的组织通常覆盖更广的地理区域，如城市、县（市）或省（州）。地方组织承担着协调不同基层组织活动、实施中央党组织政策以及在更宽广地区内动员支持的任务。地方组织的结构通常包括一个领导委员会和若干专门委员会，负责不同方面的工作，如财务、宣传、组织等。领导人通常由党员选举产生，而专门委员会由领导委员会根据专业技能和职责分配成员。然而，不同政党的中间组织（地方组织）的形态和结构差别很大，不能一概而论。对于一些具有高度组织性的政党来说，中间组织（地方组织）有着很强的科层制特征；而对于大多数以选举为中心的政党而言，中间组织（地方组织）是它们政党组织结构中最弱的一环。例如，《中国共产党章程》规定，党的地方各级委员会在代表大会闭会期间，执行上级党组织的指示和同级党代表大会的决议，领导本地方的工作，定期向上级党的委员会报告工作。党的地方各级代表大会的职权是：（1）听取和审查同级委员会的报告；（2）听取和审查同级纪律检查委员会的报告；（3）讨论本地区范围内的重大问题并作出决议；（4）选举同级党的委员会，选举同级党的纪律检查委员会。党的地方各级委员会的常务委员会定期向委员会全体会议报告工作，接受监督。此外，党的地区委员会和相当于地区委员会的组织，是党的省、自治区委员会在几个县、自治县、市范围内派出的代表机关。它根据授权领导本地区的工作①。

图 3-1 展示了中国共产党的中间组织（地方组织）结构。

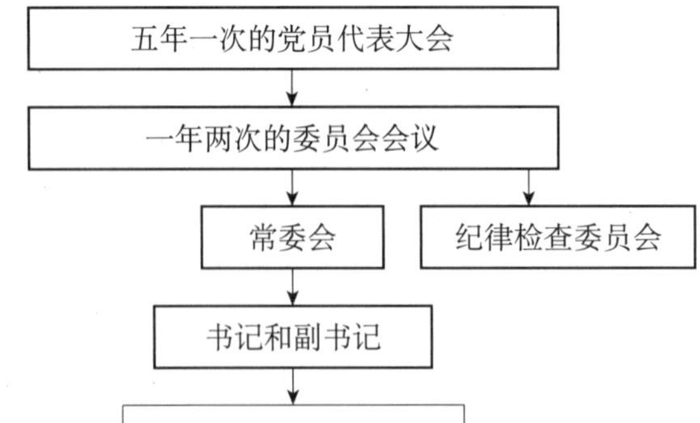

图 3-1　中国共产党的中间组织（地方组织）结构

① 中国共产党章程［M］. 北京：人民出版社，2022：41-42.

在国外政党的中间组织（地方组织）中，英国保守党（Conservative Party）的地方协会（conservative associations）、德国社会民主党（Sozialdemokratische Partei Deutschlands）的地区协会（Regionale Vereinigungen）以及印度人民党（印地语：भारतीय जनता पार्टी；英语：Bharatiya Janata Party）的地方单元（unit）的实际运作则各具特色。

英国保守党的地方协会是该党在地方层面的核心组织机构，它们在各个选区（constituency）内运作，负责党的基层组织、选举动员、政策宣传、会员管理等工作。地方协会是保守党在英国选区层次的基层组织，覆盖整个选区范围，通常与国会下院选区相对应。每个地方协会由该选区内注册为保守党成员的党员和志愿者组成，设有选举产生的执行委员会负责日常管理和决策。地方协会遵循保守党的民主原则运作，执行委员会成员通过选举产生，负责协会的日常管理和决策。重要事项通常由全体成员大会或特别大会决定，确保党员的广泛参与和意见表达。协会还需定期向上级党组织汇报工作，接受审计和评估，以保证其运作透明、有效。一般来看，英国保守党的地方协会履行以下五个职能：第一，选举准备与动员。地方协会在选举周期内承担至关重要的任务，包括提名保守党候选人、组织竞选活动、动员选民投票。他们负责筹集竞选资金，制作和分发宣传材料，组织竞选集会、辩论和上门访问，确保选民了解保守党的政策和候选人信息。第二，会员管理与发展。地方协会负责管理本选区内的保守党党员，处理党员注册、会费收取、党员服务等工作。他们通过举办各类活动吸引新党员加入，如政策研讨会、社交活动、志愿服务等，同时通过定期通信、会员大会等方式保持与党员的沟通，增强党员的归属感和参与度。第三，政策讨论与反馈。地方协会作为党与地方选民之间的桥梁，收集并反映选民对政策、社区问题的意见和建议，将其提交至上级党组织或直接传达给国会议员。这些信息有助于保守党了解基层民意，调整政策立场，制定更符合选民期望的政策方案。第四，国会议员支持与监督。对于已当选的保守党国会议员，地方协会提供必要的支持，包括协助处理选民事务、组织选区内的活动等。同时，地方协会也有权监督国会议员的表现，在一定程度上监督其履行对选民的承诺，并在必要时通过适当的程序对国会议员的未来提名施加影响。第五，社区服务与联络。地方协会成员积极参与社区服务项目，与当地社区团体、企业、学校等建立合作关系，通过公益活动提升保守党的公众形象，同时了解社区需求，为政策制定提供参考。

德国社会民主党的地区协会是该党在地方层面的主要组织形式，它们在德国的各联邦州及以下行政区域（如行政区、县、市等）内运作，负责党的基层组织、选举动员、政策宣传、会员管理等工作。地区协会是社会民主党在德国各州及以下行政区域层次的基层组织，覆盖整个特定行政区域。每个地区协会由该区域内注册为社会民主党成员的党员和志愿者组成，设有选举产生的执行委员会负责日常管理和决策。地区协会通常下设更基层的组织单元，如前面提到的地方小组和基层组织，以实现更精细化的组织覆盖。地区协会遵循社会民主党的民主原则运作，执行委员会成员通过选举产生，负责协会的日常管理和决策。重要事项通常由全体成员大会或特别大会决定，确保党员的广泛参与和意见表达。协会还需定期向上级党组织汇报工作，接受审计和评估，以保证其运作透明、有效。相较而言，德国社会民主党的地区协会与英国保守党的地方协会职能类似，包括选举准备与动员、会员管理与发展、政策讨论与反馈、议员支持与监督以及社区服务与联络等。不过，相较于英国保守党的地方协会，德国社会民主党的地区协会隶属于其所在的城市、县或州级别的社会民主党党组织（如州党部、县党部等），接受上级组织的指导和监督。上级组织为地区协会提供政策指导、资源支持以及协调跨区域活动。其代表可以参加上级党组织的会议，参与讨论和制定党的政策、战略和行动计划，确保基层关切在党的决策中得到体现。在需要时，地区协会可以从上级党组织获取资金、物资、培训等支持，以开展各类活动。同时，不同地区协会在上级的组织协调下，可以跨区域合作，共同应对涉及广泛利益的社会问题或政治活动。

印度人民党的地方单元构成了该党在全国范围内深入基层、联系选民、组织活动、推动政策和动员选举支持的重要组织架构。在印度的联邦制体系下，各邦，也包括直辖区是印度人民党的首要地方组织层级。邦级单位通常设有邦执行委员会，由邦主席、秘书长及其他重要职务人员组成，负责整个邦的党务管理和决策。邦下设若干分区，每个分区作为更精细的地理和行政单元，设有分区委员会，由分区主席领导，负责分区内的党务工作和选举动员。在某些邦，分区下还进一步划分为区块，区块级单位负责更小区域内的党员组织、政策宣传和选举活动。地方支部或地方小组是最基层的组织单元，通常覆盖一个村庄、城镇街区或特定社区，直接与当地选民接触，开展日常党务工作和选民服务。在职能上，地方单元同样主要负责本地区的选举策略和候选人选拔，组织结构比较灵活且松散。

可见，以选举为中心的政党中间组织（地方组织）几乎就是一个地区性的大号基层组织。它们主要承担着五个职能：第一，协调与整合。地方组织负责协调其辖区内多个基层组织的活动，确保各基层组织的工作相互衔接且与党的总体方针和政策保持一致。这包括组织区域性活动、统筹资源分配和解决基层组织间的冲突。第二，政策实施。地方组织是中央党组织政策在地方层面的执行者。它们负责将党的政策和决策传达给基层组织，并监督这些政策的实施情况。第三，动员与宣传。在选举和其他重大政治活动期间，地方组织动员其管辖区域内的党员和支持者参与竞选活动。它们还负责在较宽广的地区内宣传党的理念和政策，提高党的影响力。第四，人才培养与选拔。地方组织是党内人才的重要筛选和培养平台。它们负责识别有潜力的党员，为其提供发展机会，并向中央组织推荐优秀人才。第五，反馈与沟通。地方组织向中央党组织反馈地方选民和党员的意见和需求，帮助中央组织更好地理解地方情况，并调整政策以适应地方需求。

3. 党的中央组织

党的中央组织是政党内部层级结构的最高层，它对党的整体方向、策略和政策制定起着决定性作用。中央组织通常由党的最高决策机构、执行机构和行政机构组成，负责统筹党的全国性活动，确保党的政策和行动的一致性，以及维护党的组织纪律。党的中央组织是政党的核心机构，负责制定政党的总体方向和政策，保证组织的统一和协调，并代表党与外界进行交流。一个有效运作的中央组织是确保政党在复杂多变的政治环境中保持竞争力和影响力的关键。一般来说，党的中央组织通常包括党的大会或代表大会、全国委员会或中央委员会、秘书处或执行委员会，在一些组织性更强的政党中，还会设有常务委员会或权力更为集中的核心机构（如政治局）。党的大会或代表大会作为党的最高权力机构，通常每几年召开一次，负责制定党的基本政策和方针，选举中央领导机构；在党的大会的基础上，绝大多数政党通常还设有由党的大会产生的全国委员会或中央委员会，中央委员会承担党的最高领导和决策职能，负责日常的政策制定和组织管理；秘书处或执行委员会则通常由党的高级领导人组成，负责执行中央委员会的决策，管理党的日常工作和行政事务；而常务委员会等机构则作为中央委员会的常设机构，负责处理更紧急、更具体的事务。

对于中国共产党而言，党的中央组织主要包括党的全国代表大会、党的中央委员会、中央政治局及其常务委员会、中央委员会总书记、中央纪律检查委员会、中央军事委员会。具体来说，党的全国代表大会每五年举行一次，由中央委员会召集。党的全国代表大会的职权是：（1）听取和审查中央委员会的报告；（2）审查中央纪律检查委员会的报告；（3）讨论并决定党的重大问题；（4）修改党的章程；（5）选举中央委员会；（6）选举中央纪律检查委员会。党的全国代表会议的职权是：讨论和决定重大问题；调整和增选中央委员会、中央纪律检查委员会的部分成员。调整和增选中央委员及候补中央委员的数额，不得超过党的全国代表大会选出的中央委员及候补中央委员各自总数的五分之一。此外，中央委员会全体会议由中央政治局召集，每年至少举行一次。中央政治局向中央委员会全体会议报告工作，接受监督。在全国代表大会闭会期间，中央委员会执行全国代表大会的决议，领导党的全部工作，对外代表中国共产党。党的中央政治局、中央政治局常务委员会和中央委员会总书记，由中央委员会全体会议选举。中央委员会总书记必须从中央政治局常务委员会委员中产生。中央政治局和它的常务委员会在中央委员会全体会议闭会期间，行使中央委员会的职权。中央书记处是中央政治局和它的常务委员会的办事机构；成员由中央政治局常务委员会提名，中央委员会全体会议通过。中央委员会总书记负责召集中央政治局会议和中央政治局常务委员会会议，并主持中央书记处的工作。党的中央军事委员会组成人员由中央委员会决定，中央军事委员会实行主席负责制①。图 3－2 展示了中国共产党的中央组织结构。

当然，一些其他的老党、大党的中央组织也值得我们关注，比如美国民主党全国委员会（Democratic National Committee）和印度国民大会党（简称印度国大党。印地语：भारतीय राष्ट्रीय कांग्रेस；英语：Indian National Congress）的工作委员会（Congress Working Committee）。

---

① 中国共产党章程［M］. 北京：人民出版社，2022：37－40.

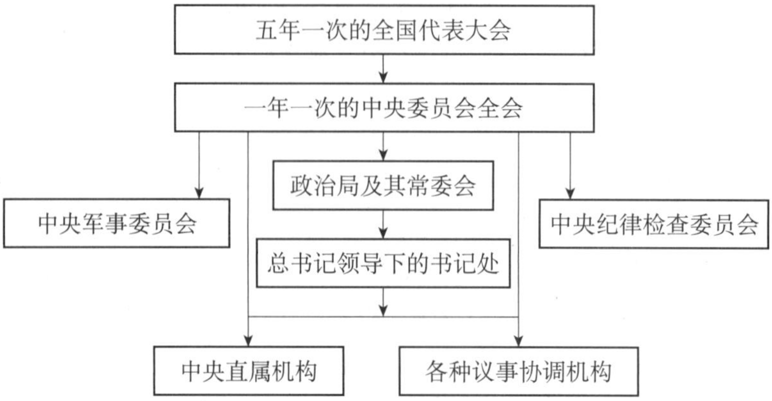

图 3-2　中国共产党的中央组织结构

美国民主党全国委员会是美国民主党的最高管理机构，负责协调、规划和执行党的全国性战略，以及组织和支持民主党在全国范围内的选举活动。美国民主党全国委员会成立于 1848 年，历经多次重组和改革，以适应不断变化的政治环境和技术进步。它在历次选举中扮演了关键角色，成功助力多位民主党总统候选人赢得大选。作为民主党全国层面的中枢机构，它负责领导和管理党的日常运作，包括制定和执行党的政策、战略和预算，以及组织和监督全国性选举活动。它在两党政治中扮演着至关重要的角色，尤其是在总统选举周期中，负责组织全国代表大会、提名总统候选人，并为总统候选人及其竞选团队提供关键支持。从组织架构上来说，民主党全国委员会由一位主席领导，主席通常由党内选举产生，任期有限。主席之下设有副主席、秘书长、财务主管等高级职务，以及由各州民主党代表组成的执行委员会。执行委员会负责监督全国委员会的日常运营，并在必要时为重大决策提供咨询和建议。此外，全国委员会下设多个专门委员会，如规则与章程委员会、平台委员会、筹款委员会等，分别负责党内规则制定、政策平台制定、资金筹集等专项工作。并且还设有针对特定议题或群体的附属组织，如青年、女性、拉丁裔、非洲裔美国人等民主党联盟，以确保民主党在多元化的选民群体中保持广泛的代表性。从职能上来说，民主党全国委员会具有五个显著的职能：第一，选举策略与动员。它制定并执行全国性的选举战略，包括选民动员、选区划分分析、数据分析、竞选资金分配等。它通过与各州民主党组织合作，协调资源，为民主党候选人提供竞选支持，特别是在关键选区和摇摆州。第二，筹款与财务管理。它负责为民主党筹集竞选资金，包括接受个人捐赠、组织筹款活动、管理政治行动委员会（Political Action Committees）捐款等。它还负责管理和分配这些资金，确保资源的有效利用，支持党的各项活动和竞选支出。第三，政策制定与宣传。它参与制定民主党全国政策平台，并通过各种渠道宣传党的政策主张，包括媒体关系、数字营销、公关活动等。它还通过主办政策研讨会、发布政策报告等方式，为民主党成员和选民提供政策信息和教育。第四，组织建设与培训。支持各州和地方民主党组织的建设，提供培训、技术支持和最佳实践分享，以提升基层组织能力和效率。它还通过设立奖学金、实习项目等方式，培养新一代民主党领导人。第五，开展全国代表大会。它负责组织和管理民主党全国代表大会，这是每四年一次的党内盛会，用于提名总统和副总统候选人，制定党的政策平台，以及选举领导层。全国代表大会是民主党展现团结、确定方向、激发选民热情的重要舞台。近年来，民主党全国委员会在数据驱动竞选、数字化动员、多元性等方面进行了重大改革，以应对共和党的挑战和选民结构的变化。

印度国大党的工作委员会是该党最高的决策和执行机构，对国大党的政策制定、战略规划和日常运营起着核心作用。其在国大党的组织结构中占据中心地位，反映了党的政治立场和决策方向。工作委员会由国大党主席领导，成员包括党的副主席、总书记以及其他被主席任命的重要党务领导人。成员的选择旨在反映党内不同派系、地区和社群的多样性，以确保广泛的代表性和包容性。自从印度国大党于1885年成立以来，工作委员会就一直是党内决策的中枢。在印度独立运动期间，工作委员会发挥了关键作用，指导和协调了抗英活动。独立后，工作委员会继续在制定党的政策和政府的治国策略中扮演重要角色。概括来说，印度国大党的工作委员会主要发挥着政策制定、战略规划、决策执行、危机管理和沟通协调的作用。当然，随着政治环境和社会条件的变化，目前国大党工作委员会也面临着许多挑战，包括如何吸引年轻选民、应对党内派系斗争以及在多党竞争的政治环境中维持影响力。为了适应这些挑战，国大党工作委员会正在寻求创新党的组织结构、拓展社交媒体和数字平台的使用，以及加强基层组织的动员能力。

可见，相较于中间组织，政党的中央组织具有更强的共性。它们通常履行以下职能：第一，政策和方向制定。中央组织负责制定党的核心政策、战略规划和长期目标。这包括对党的意识形态、政治立场和竞选策略等方面的决策。第二，组织协调。中央组织通过与下属地方组织和基层组织的协调，确保党的活动和行动在全国范围内的一致性和效率。第三，代表和外交。中央组织代表政党与其他政党、政府机构和国际组织进行交流和谈判，是党的官方声音和形象的代表。第四，人事管理和选拔。中央组织负责党内高级职位的任命和管理，包括党的领导人、行政管理人员和议会代表的选拔。第五，资源和财务管理。中央组织负责筹集、管理和分配党的财务资源，确保资源的有效利用和党的财务透明。

4. 议会中的党组织

议会中的党组织，通常被称为党团（caucus）、议会党团或核心小组（parliamentary group），是政党在立法机构内部的组织形式。这些党组织在议会政治中扮演着核心角色，负责协调党内议员的活动，确保立法过程中的党派一致性，并推进党的政策议程。党团通常由所有党内议员组成，由选举产生的领导人或领导小组管理。领导层负责制定党团的日程、组织会议并代表党团与其他党团、议会领导和政府进行沟通。严格来说，caucus 这个词语起源于美国，它可以指在美国国会或其他类似的政府代表机构中提名候选人、规划政策等的政党成员会议。目前，它已经传播到某些英联邦国家，包括澳大利亚、加拿大、新西兰和南非，在那里它通常是指属于议会政党的所有议员的定期会议。在美国，caucus 既意味着一些州（艾奥瓦、得克萨斯、内华达等）初选所使用的遴选候选人的核心小组，也意味着国会党团。在国会和许多州立法机构中，民主党和共和党成员将自己组织成核心小组，这些小组是公开组织的倾向性或政治性派别，且努力实现政治目标，类似于欧洲的“平台”（platform），但通常围绕一个问题组织。具体来说，在大会中，来自组织不同部分的成员可以聚集在一起，组织内的每个单独小组可以在大会之前作为核心小组开党团会。每个党团可以决定该小组如何对大会上可能出现的各种问题进行投票。然而，这种决定通常不是强制的，除非投票具有约束力，否则每个代表仍然可以以任何方式自由投票。

党团的主要职能，一般来说可以分为五种：第一，立法协调。党团负责协调其成员在立法过程中的行动，包括法案的讨论、立场的形成以及投票策略的制定。第二，政策制定。在许多议会制国家，党团在党的政策制定过程中起着关键作用，议员通过党团会议讨论和决定党在特定议题上的立场。第三，议员支持。党团为其成员提供政策、法律和程序方面的支持，帮助议员更有效地履行其立法和监督职责。第四，党派纪律维护。党团通过确保议员在关键投票中遵守党的指示，维护党派纪律，增强党在议会中的影响力。第五，与政府沟通。在执政党中，党团是政府与党内议员之间沟通的桥梁，确保政府政策得到党团的支持。在反对党中，党团负责制定反对策略和监督政府工作。

英国下院工党（Labour Party）党团的运作比较清晰，我们以它为例介绍党团的运作。英国下院的工党党团，官方称为“工党议会党团”（Labour Parliamentary Group），是英国工党在议会中的组织代表。它由所有当选为下院议员的工党成员组成，是党在国会中制定立法策略和协调议员活动的关键机构。工党党团由一名领袖领导，通常是工党党魁本人，如果党魁未当选议员，则由指定的副领袖或影子内阁成员担任。领袖下设副领袖、首席党鞭（chief whip）、副党鞭（deputy whips）以及党团秘书等职务，共同管理党团事务。影子内阁（shadow cabinet）则由工党党团中的资深议员组成，对应政府内阁的各个部长职位，负责就各自对应的政策领域制定反对党立场、提出替代政策，并在议会中对政府进行质询和辩论。影子内阁成员通常由工党领袖任命，反映了党内不同派系和政策立场的平衡。在具体过程中，工党党团定期召开全体会议，这个会议即议会党团会议（Parliamentary Party Meetings），讨论重要政策议题，协调党团立场，并就即将进行的投票进行表决指示。这些会议是党内民主决策的重要场所，所有工党下院议员均有权参与。从职能上来说，英国下院工党党团主要发挥了三种职能：第一，立法与政策推动。工党党团在下院中提出法案、修正案，参与法案审议和辩论，旨在将工党的政策理念转化为法律。议员们通过演讲、提问、提交书面问题等方式，对政府政策进行监督和质疑。第二，党内协调与纪律维护。党鞭系统（whip system）是工党党团内部纪律维护的核心机制。首席党鞭及其团队通过发出“鞭策通知”（whips）指导议员如何投票，确保党团在关键议题上保持统一立场。违反鞭策指示的行为可能会受到纪律处分。第三，对外沟通与形象塑造。工党党团通过媒体发言、新闻发布、社交媒体等方式，对外传达党的政策主张、回应公众关切，并在关键时刻展现党团的团结与战斗力。例如，在脱欧（brexit）议题上，工党党团内部存在亲欧和疑欧的不同立场。工党领袖杰里米·科尔宾（Jeremy Corbyn）在党团会议上推动达成妥协立场，即要求政府在脱欧协议中确保维持欧盟单一市场的准入、保护工人权益和环境保护标准。工党党团在随后的议会投票中，尽管有部分议员因个人立场与党团指示不符而投反对票或弃权，但多数议员仍遵照指示，展现了相对统一的党团立场。再如，在2021年预算案辩论中，工党领袖基尔·斯塔默爵士（Sir Keir Starmer）在下院发表演讲，批评政府的预算未能充分应对经济复苏、社会保障和气候变化等关键挑战，并提出了工党版的预算方案，包括加大对公共投资、提高最低工资、实施绿色就业计划等。工党党团议员在随后的投票中整体支持该反对预算案，展示了党团在重大经济政策议题上的团结与一致性。

可见，党团是理解竞争性政党政治的关键组织要素，以选举活动为中心的竞争性政党最具活力的组织机构或许就是党团。然而，在非竞争政党体制下，公共政策制定的核心环节不在于议会辩论和投票斗争，议会的确定只是非竞争政党体制公共政策制定的一个环节①，议会的作用往往是对政策决定给予补充、批准和法律形式的表达。因此，对于非竞争政党体制而言，形成议会中的独立党团既无土壤，也没有必要。特别是，在我国“两会”体制内，各级人民代表大会的人大代表与各级政治协商会议的政协委员都是按照界别设置的，他们投票、动议、发言以及意见建议不完全受所在党派的影响，但与相应的界别息息相关。

第二节　政党的组织成员

政党的组织成员是党内力量的核心，是政党实现其目标、扩大其影响力以及在政治生态中生存和发展的关键。一个政党的活力、凝聚力和竞争力很大程度上取决于它能够吸引、培养和保持哪些人才。一个政党的形象、特征和表现力也基本上取决于它的组织成员：当一个政党的组织成员表现出来的精神面貌是积极向上的，那么这个政党就有成功的可能，相反，这个政党通常会走向失败。因此，本节我们将关注组织中的“人”。

1. 党员

党员即政党成员，是构成政党的基本单位，是政党力量的根基，他们不仅构成了党的广泛社会基础，而且是党在民众中传播其政策和理念的主要力量。党员身份则意味着一种“被赋予义务和权利的个体对政党的组织隶属关系”②。政党通过其

① 王绍光. 中国公共政策议程设置的模式［J］. 中国社会科学，2006（5）：86-99.

② 黑达尔. 党员身份与参与［M］// 卡茨，克罗蒂. 政党政治研究指南. 吴辉，译. 南京：江苏人民出版社，2020：540.

成员来拓展影响、传递信息、组织活动，并在选举中动员支持。一个党员的角色、责任和参与程度直接影响政党的组织生命力和政治实力。加入一个政党通常需要满足特定条件，如年龄、国籍和符合党的价值观等。申请人可能需要填写申请表，缴纳会费，有时还需要现有党员的推荐。退出机制通常包括正式通知党组织并停止缴纳会费。在某些情况下，党员可能因违反党规而被开除。

普遍来看，世界政党的党员标准是不同的。社会主义政党与共产党对于党员身份有着十分严格的要求，且通常这种身份是排他性的。例如，20 世纪 30 年代，如果想要加入阿根廷社会党，申请者须遵循一套严谨的程序。首先，须以书面形式明确表示接受党的章程、原则、方法及纲领。其次，申请者须获得两位至少拥有六个月党龄党员的担保。此外，成为党员后，个体还需经历一个等待期，方可行使党内投票权：对于选举党内官员，需等待一年；而对于涉及所有其他议题的投票，则需等待半年①。相对而言，以选举活动为中心的非大众型政党则通常不具备严格的政党成员准入要求。例如，美国政党对于党员身份的确认大多采取一种选民主义，即将投票支持该党的选民视为党员。特别是，对于美国两党来说，没有所谓的入党程序与制度，也没有永久固定的党员。既没有党证，也没有固定党费的缴纳。美国两党以其社会多样性而著称。许多人加入政党往往出于习俗、习惯、家庭或地方传统。许多人成为共和党人，是因为他们的父母、祖父母如此。在共和党传统的家庭文化中，选择、理解并支持共和主义（republicanism）被视为“讲礼貌”（good behaviour）的一部分。而在南方，人们成为民主党人，是因为他们是白人，因为他们是内战时期南方战败者的后裔，在这个身份背景下，宣布自己是共和党人会被自己的熟识者视为一种粗俗的、令人震惊的选择。迪韦尔热曾用两句形象的法国谚语形容这一现象——“sucer le lait républicain *à* la mamelle”（吮吸共和主义的母乳），“avoir la tripe républicaine”（具有共和主义的内脏）②。

从形式上，我们可以将党员身份区分为三种形式：个体党员、附属党员和集体党员。个体党员即一个人以个人身份注册了某个政党的党员身份，附属党员则是指一个人加入了某个政党针对某一社会群体所建立的附属组织而获得的党员身份（如共青团），集体党员则指的是当一个在形式上不是政党的组织以其组织成员登记注册政党时所形成的集体身份（如英国工党）。在一些研究中，附属党员和集体党员也被称作“准党员身份”③ 或“间接党员”④。

总之，党员是政党的基础，他们的活力和投入直接关系到政党的生命力和成

① WELLHOFER E S. Dimensions of Party Development：A Study in Organizational Dynamics [J]. The Journal of Politics，1972，34（1）：153－182.

② DUVERGER M. Political Parties：Their Organization and Activity in the Modern State [M]. London：Methuen，1954：129.

③ KATZ R S，MAIR P，BARDI L，et al. The Membership of Political Parties in European Democracies，1960—1990 [J]. European Journal of Political Research，1992，22（3）：329－345.

④ 周淑真．政党政治学 [M]. 北京：人民出版社，2011：68.

败。对党员的有效管理和积极参与，是维持政党健康发展、保持政治影响力和实现政治目标的关键。

2. 政党领袖

政党领袖是以个人或者小集团形式出现的，并以其理论力量、人格魅力和实际组织经验为广大政党成员以及人民群众所接受和公认的政党的主要负责人。政党领袖在政党的创制和发展过程中都发挥着重要的作用，是政党活动的组织者和领导者，是政党重要思想理论和重大路线、方针、政策的提出者和制定者。同时也是政党的代表和象征，对于本党党员和选民往往具有很大的影响力和号召力。政党领袖也是政党认同形成的魅力性资源，一个成绩卓越、品格高尚、魅力十足的政党领导人对于政党争取民众无疑起着重要的作用。政党领袖是政党组织成员的核心。正如列宁所指出的："在现代社会中，假如没有'十来个'富有天才（而天才人物不是成千成百地产生的）、经过考验、受过专业训练和长期教育并且彼此配合得很好的领袖，无论哪个阶级都无法进行坚持不懈的斗争。"① "在历史上，任何一个阶级，如果不推举出自己的善于组织运动和领导运动的政治领袖和先进代表，就不可能取得统治地位。"② "政党通常是由最有威信、最有影响、最有经验、被选出担任最重要职务而称为领袖的人们所组成的比较稳定的集团来主持的。"③ 在现代政党政治中，任何政党要履行一定的政治功能，发挥一定的政治影响，达到一定的政治目的，都无法离开政党领袖。政党领袖对于政党整体工作的成效和长远的发展有着相当关键的影响和作用。具体来说，政党领袖作为政党组织的重要构成要素，其作用主要体现在以下几个方面：

政党领袖是政党活动的组织者和领导者。政党要实现既定的纲领和目标，就必须凭借其各级组织的力量和资源，领袖就是这种组织活动的中枢与核心，是协调、整合政党组织资源的领导者。政党领袖的首要职责就是领导和组织本党不断发展壮大，努力扩大本党的政治影响，最后领导政党夺取政权并且保持政权。西方学者埃里克·霍弗（Eric Hoffer，1902—1983）对领袖的动员和鼓动作用有这样的论述："领袖的作用，在于强化信条的确实性和权利的庄严性与不屈不挠的精神。把受委屈者心中的积愤清楚地表达出来，说明其应有这种积愤，并点燃对未来的希望，即使目前有所牺牲，也是值得的。领袖要创造一幅理想的远景，那是促使自我牺牲与团结一致所不可缺少的。领袖更要掀起对团结的热情，一种从渺小而无意义的个人生存获得解脱的感觉。"④

政党领袖是政党重要思想理论和重大路线、方针、政策的提出者和制定者。一般来说，政党领袖应该是在革命实践和建设过程中造就和涌现出来的最有理论修

---

① 列宁．列宁选集：第1卷［M］．3版．北京：人民出版社，1995：401.

② 同①286.

③ 列宁．列宁选集：第4卷［M］．3版．北京：人民出版社，1995：151.

④ 周淑真．政党与政党制度比较研究［M］．北京：人民出版社，2001：60.

养、最有政治素质、最有群众威信的优秀人物。在西方，无论是历史上还是现实中，杰出的政党领袖无一不是思想家和理论家，无一不是坚定的先行者和实践者，他们无论在竞选期间，还是在执政期间，都要不失时机地提出符合社会发展方向和党的发展前途的思想和理论，领导全党制定出符合当前形势和实际需要的路线、方针和政策，从而明确了政党发展前进的道路和方式。对无产阶级政党这类大众型政党而言更是如此。斯大林曾经这样评价列宁：列宁的伟大，正在于他没有做马克思主义字句的俘虏，而善于抓住马克思主义的实质，并从这个实质出发，向前发展了马克思和恩格斯的学说①。毛泽东作为中国共产党的杰出领袖，将马克思列宁主义的基本原理同中国革命的具体实际相结合，成为毛泽东思想的主要创立者，走出了一条不同于俄国十月革命的新道路，领导党和人民取得了新民主主义革命和社会主义革命的伟大胜利。邓小平也曾经这样评价毛泽东，他“创造性地把马列主义运用到中国革命的各个方面，包括哲学、政治、军事、文艺和其他领域，都有创造性的见解”②。这些都充分体现了政党领袖提出重大的理论与思想对政党发展的重要作用。

政党领袖同时也是政党组织的代表和象征，代表着政党的形象，对于本党党员具有很大的凝聚力，对社会公众具有很大的影响力、号召力。政党领袖作为政党活动的组织者和领导者，全党的活动都由他来主持，在现实的政治生活中，外界常以他的言行来判断他所代表的政党的政策倾向，形成对该政党的印象，进而决定对该政党的认知、情感与评价。因为广大的公众并非都能够从政党意识形态、政党组织、政策代表方向等方面进行理性的选择和判断，政党领袖就成为一个简单的判断尺度和标准。在西方竞争性的政党制度下，政党领袖的个人形象、声望、魅力的大小，都直接关系到该党在社会上的影响，关系到能否吸引更多的人入党，能否赢得更多选民的支持，从而影响到其在激烈的政治角逐中能否生存和发展壮大。而且，拥有崇高威望的领袖在党内也能起到凝聚人心的作用，可以有效协调党内纷争，保证政党的稳定，能够增强党员的认同度与忠诚度。

3. 政党专业人员

政党专业人员是指在政党组织中担任专门职务的个人，他们具有特定的专业技能或知识，为党的运作提供必要的支持。这些人员可能包括政策顾问、法律顾问、市场营销专家、公共关系专家、数据分析师、财务顾问等，也可能作为专管党务的党内行政管理人员，他们在政党的战略规划、日常管理、公共形象塑造、选举活动组织和政策制定等方面发挥关键作用。政党专业人员通常是通过正式的聘用流程来加入党的，这一流程可能包括专业背景审查、面试和能力评估。在加入后，他们可能会接受党内的进一步培训，以确保他们的专业技能与党的需求相匹配。从政党政治研究来看，政党专业人员的研究不是很多，其中，比较全面、系统且值得关注的

① 斯大林．斯大林全集：第8卷［M］．北京：人民出版社，1985：222．
② 邓小平．邓小平文选：第2卷［M］．2版．北京：人民出版社，1994：345．

是帕尼比昂科在《政党：组织与权力》中讨论的一个分类模型①。

帕尼比昂科认为，随着政党从群众型组织向更加专业化和官僚化的机构转变，专业人员的作用变得越来越重要。在他的理论框架中，政党可以根据其组织资源的不同来源和依赖性以及组织实践的不同而被分类。专业人员在这个框架中可能被视为一种组织资源，他们的知识和技能对于党的战略发展和日常运作至关重要。简单来说，帕尼比昂科基于资源、政治类型和专业性程度，区分出了政治执行者的七种基本类型：运营者（或政治企业家）、贵族、代议官僚、执行官僚、幕僚专业人员、隐匿专业人员、半专业人员。

（1）运营者。随着现代政党的兴起（尤其是干部/精英党），运营者应运而生。他们如同美国早期选举机器中的党魁，作为全国领袖承担着政党经营的重任，展现出多元化的风格与类型，包括具有贵族背景的领袖、官僚化政党出身的领袖，以及通过非传统招募渠道脱颖而出的“魅力”型领袖。（2）贵族。贵族作为典型的“政治门外汉”，依赖非政治资源维生，将社会经济优势转化为政治权力，是旧式干部/精英党的中坚力量。尽管韦伯与迪韦尔热曾预言贵族将在大众党的崛起中消亡，但历史证明这一推测仅部分成立，贵族至今仍与具有多种政治专业化形式的现代政党共存。（3）代议官僚。在大众党的鼎盛时期，代议官僚堪称专业人员的典型代表。职业化进程虽导致代议官僚角色的重新调整，但并未彻底终结其存在。在职业化进程中，幕僚专业人员与代议官僚之间产生张力，且在依赖官僚体系的领袖与运用专业结构的领袖之间引发了权力斗争。（4）执行官僚。不同于前述各类角色，执行官僚不具备管理或领导地位。职业化对执行官僚影响有限，这一点可从职业化程度较高的英国各政党中得到印证。相较于行政官僚，职业化对代议官僚地位的威胁更为显著，因其即使在高度职业化的环境中，仍需执行维持组织运转的行政任务。（5）幕僚专业人员。随着决策日益技术化、教育普及程度提高，以及大众媒体引发政党间竞争方式的转变，专业人员（尤其是专家、技术人员）的角色愈发凸显。他们负责让公众相信政党在解决各类问题时具有“技术”优势。在职业化进程中，幕僚的作用增强，且其影响更为深远。专业人员角色的内在不稳定性促使专家在一段时间后可能脱离专业化政治（并非完全脱离政党），转而寻求组织外部更具声望的工作或尝试跻身党内领导层。职业化还意味着选举职位（特别是公开职位）逐渐被不同领域的专家填充。然而，专家并不必然排挤“政治家”，官僚与专家之间的冲突程度也不应被过分夸大。专家虽可成为政治领袖（执行官），但他们与众不同的教育背景、更强的政治独立性，以及作为执行官而非从底层逐级晋升的官僚身份，使之与前人显著不同。（6）隐匿专业人员。隐匿专业人员与国家干预扩大及国家对政党的控制密切相关。他们表面上在公共或半公共组织任职（至少部分受政党控制），实则全身心投入政党政治，是专业人员中最模糊的一类。他们作为“纯粹”政治家在组织内部自成一体，较少承受内化政党价值观的压力，其忠诚主要基于个人关系

① 帕尼比昂科．政党：组织与权力［M］．周建勇，译．上海：上海世纪出版集团，2013：263－265.

（与个别领袖或团体的联系），常表现为纯粹的投机分子，与组织缺乏强烈的身份认同。在长期执政的政党中，他们构成政治人事的重要组成部分。（7）半专业人员。半专业人员介于贵族与专家之间，难以精确界定。他们在许多政党的议会和地方当选人员中占有较高比例，同时存在于党内其他层级和组织领域。他们经济独立，拥有政治以外的收入和大量自由时间，如律师、大学教授、记者等，需要在专业人员与外行之间找到适当位置。最终，他们往往转变为专业人员。半专业人员是一个本质上不稳定的政坛角色。

总的来说，帕尼比昂科认为，政党组织内部重要且有影响力的职位在不同政党组织类型中表现不一。运营者与贵族的兴盛与（纯粹的）弱制度环境相契合，而运营者与代议官僚的组合则与（纯粹的）强制度环境相符。然而，没有一个政党完全符合任何单一模式，且不同的统治阶级中还包含了半专业人员、隐匿专业人员、专家等多种专业人员形象。最后，他认为，20 世纪现代政党演变的本质可视为统治阶级从“运营者-贵族”组合（弱制度化的干部/精英党）向“运营者-代议官僚”组合或“运营者-执行官僚”组合（强制度化的大众党），再向“运营者-幕僚专业人员-半专业人员”组合或“运营者-幕僚专业人员-隐匿专业人员”组合（弱制度化的全方位党）的转变过程。

第三节　政党的组织经费

政党无时无刻不与金钱和权力联系在一起，这一下把政党带进一种矛盾和困境之中：它要达到的目的似乎很高尚，但它达到目的的手段则使人对它能否达到这种目标感到怀疑。金钱和权力是扣住政党的“魔罩”。政党的组织经费是其运营和生存的动脉。经费的筹集、管理和使用不仅涉及政党的日常运作和活动开展，更关系到党的战略实施和公共形象塑造。有效的经费管理可以增强党的组织能力，提升其在政治舞台上的竞争力，而不透明或不恰当的经费使用则可能导致信誉受损，甚至法律问题。因此，探讨政党活动中的金钱使用、经费的使用效率以及对这些经费的监管，是了解现代政党机制不可或缺的一部分。

1. 政党活动与金钱

在政党政治实践中，金钱主要以政党经费的形式发挥作用与影响力。政党经费不仅是政党赖以生存与发展的物质基础，更是其在政治竞争中争夺权力的关键手段。在西方政党政治场景中，那些激发民众热情的选举口号、规模宏大的竞选活动、振奋人心的施政蓝图、引人注目的政策愿景以及独树一帜的意识形态理念，无一不是依托于坚实的政党经费支撑。因此，除权力问题之外，政党经费问题堪称政党政治中最为核心且敏感的话题之一。

政党通过各种筹资活动来收集运作所需的财务资源。这些活动可能包括会员费（党费）、个人和组织的捐赠、国家资助（在适用的情况下）以及筹款活动。筹资策略通常需要仔细规划，以符合法律要求和道德标准。然而，现实中的政党活动只要与金钱挂钩，就往往被冠以“金钱政治”的恶名。在现实政治活动中，金钱政治对政党经费的影响主要通过“硬钱”（hard money）与“软钱”（soft money）两条途径展开①。所谓“硬钱”，是指各类主体在法律法规允许的范围内向政党提供的经费，这是金钱政治对政党经费的合法且正面的贡献。与此相对，“软钱”则是指政党通过种种手段规避法律对经费的监管，以缓解财政压力、拓宽资金来源所获取的收入。从经费来源来看，政党活动所使用的金钱一般来源于党费、社会捐赠、公共财政补助以及党产经营收入等四个途径。我们在此简单地进行介绍。

第一，党费。党费是政党成员为支持党的运作和活动而定期缴纳的费用。党费的设定通常基于党的财务需求和成员的支付能力。对于一些政党来说，党费是主要的收入来源之一，它体现了成员对党的承诺和支持。党费的收取方式可以是定期的，如每月或每年一次，也可以根据党的具体规定而有所不同。党费的高低和收取方式通常反映了党的组织结构和财务管理策略。

对于中国共产党党员来说，根据《关于中国共产党党费收缴、使用和管理的规定》，一是党员必须按时交纳党费。一般情况下每月交纳一次，不能不交，也不能一次交几个月的党费。只有在极特殊的情况下，如外出、有严重疾病等，方可预交或补交，但时间不得超过 6 个月。二是党员必须亲自交纳党费。每一个党员不论职务高低，都应由本人亲自自觉地向所在党组织交纳党费。在一般情况下，党费不能让别人代交。只有因病住院或因公外出等特殊情况下，本人交纳党费确有困难的，可以将党费邮寄或者寄托他人转交。三是党费必须按规定标准交纳。我们党现行的党费交纳标准是：凡有工资收入的党员，每月以国家规定的工资总额中相对固定的、经常性的工资收入计算基数，按规定比例交纳。根据工资收入的等次，党费交纳比例从 0.5%至 2%不等②。

第二，社会捐赠。社会捐赠包括个人、团体或企业对政党的自愿财务支持。这些捐赠可以是一次性的或定期的，旨在支持党的日常运作、特定的政治活动或竞选活动。在许多国家，对政党捐赠的大小和来源有明确的法律规定，以确保政治捐赠的透明度和公正性。政党需要建立严格的记录和报告机制，以符合相关法律和规章的要求。社会捐赠是社会中的各类主体政治参与的重要方式，即用钞票投票表明政治态度，影响政党政治运行。社会捐赠表面上是无偿的，实际上是一种“直接的政治投资和间接的经济投资”，因为向政党提供经费不仅可以与政党建立联系、影响政党的政策偏好，而且一旦政党执政后还有可能得到公职回馈甚至公共政策倾斜的照顾。

第三，公共财政补助。公共财政补助是指政府根据特定的规则和标准向政党提

---

① ANSOLABEHERE S，SNYDER Jr J M. Soft Money，Hard Money，Strong Parties [J]. Columbia Law Review，2000：598-619.

② 本书编写组．基层党务工作手册［M］．北京：人民出版社，2017：77-78.

供的资金支持，是20世纪60年代以来，在西方多党制国家中逐渐盛行的一种政党经费收入来源。这种补助旨在保障政党的基本运作，促进政治竞争的公平性，并减少政党对大额私人捐赠的依赖。公共财政补助的形式和标准因国家而异，可能包括基于议会席位数量、得票率或其他标准来分配的资金。接受公共财政补助通常要公开透明和遵守一定的财务管理规则。

第四，党产经营收入。党产经营收入是指政党通过其拥有或控制的资产和商业活动获得的收益。这些活动可以包括出版物的销售、房地产的租赁、投资项目或其他商业企业。通过党产经营获得的收入可以为政党提供额外的财务资源，支持其政治活动和组织发展。然而，党产经营也需要遵循适当的财务和法律规范，确保党的商业活动不会影响其政治立场和公众形象。目前全球范围内，拥有党产并涉足经营性活动的政党数量并不多，主要集中于西欧诸国，如法国、德国、奥地利、意大利、希腊、西班牙等。值得注意的是，中国国民党自2010年将其党产全部委托专业机构进行信托管理后，已不再直接持有党产。然而，国民党仍可通过党产信托获取股息收益。根据台湾地区相关部门2011年7月发布的政党财务决算报告，国民党2010年的总收入达到35.3亿新台币，约为民进党的6倍，其中，投资公司等股利收入高达28.9亿新台币，占国民党全年经费总收入的82%。这意味着，尽管国民党已不直接掌控党产，但仍坐拥巨额党产收益。

此外，有些政党也采取一些特殊的方式获取经费。例如，从事博彩业获取政党经费。英国工党从事的党营事业主要为比较容易敛钱的赌博事业。在日本，自民党每年参与赛马、赛艇等博彩活动的收入高达上亿美元①。

2. 政党经费的使用

政党经费的使用是政党财务管理的重要组成部分，直接影响到政党的战略实施、日常运营和公共形象。有效和负责任的经费使用不仅能够提升党的组织能力，还能增强党在公众中的信誉度。政党经费支出依据其发生频率，主要可分为两类：经常性项目支出与活动性项目支出。活动性项目支出主要涵盖竞选支出和革命支出，而政党的公益性和义务性支出则应归入经常性项目支出范畴②。

第一，政党经费中的经常性项目支出，又称政党经常性经费支出，是指为确保政党日常运行及政治功能有效发挥所必需的各项支出，主要包括专职党员薪酬、办公费用以及常规性活动经费等。此类支出与政党政治组织形态紧密相关，通常情况下，组织化程度越高的政党，其经费经常性项目支出的需求越大。原因有三：一是高组织化政党往往具有完善的组织架构，其运作遵循一定的规章制度与程序，而这两种特性均会提升政党组织的运行成本，为维持此类组织状态，相应的经费支出自然增多。二是高组织化政党内部通常包含一定数量专职从事党务工作的成员，政党需定期向他们发放薪资、退休金，并在必要时对生活困难党员提供救助，这些均构

① 孙林．国际比较视野中的政党经费问题研究［M］．北京：中共中央党校出版社，2015：114.
② 参见：孙林．国际比较视野中的政党经费问题研究［M］．北京：中共中央党校出版社，2015.

成额外的经费支出。三是为防止组织化程度下降，政党须持续不断地进行组织维护。组织化犹如逆水行舟，不进则退，一旦政党成立，就始终面临衰退风险，唯有持续不断地投入精力进行组织建设或党建，如通过举办各类活动凝聚成员共识、实施奖惩措施激发组织活力、塑造良好形象吸引社会精英以实现组织新陈代谢，才能确保组织化程度与水平的维系。而这些组织建设或党建工作的开展，无一不需要持续、稳定的经费投入。

第二，活动性项目支出。政党获得和维持政权主要通过竞选和革命两种方式。在西方，大多数政党属于原生模式，这些政党在资本主义体制中诞生和成长，遵循体制规则，其目标通常是体制内的改革而非颠覆现有制度。政党内部及政党之间通过选举来解决意见分歧，即通过选票的多少来决定胜负对错。更重要的是，竞选是政党合法获得、保持和离开权力的唯一途径。对于那些以掌握权力为目的的政党而言，赢得选举是其政治活动的核心，以至于它们不是在参与竞选就是在准备下一次竞选。因此，在西方，竞选支出长期以来一直是政党最大的活动支出项目。对于某些次生模式的政党来说，在通过武力获得执政地位后，也需要定期举行党内和全国选举，以重新确认其执政的合法性并解决意见分歧。尽管各级政府机构会用公共财政全面覆盖选民登记费、选举人员培训费、投票场地费用及选举人员的工资或补贴等费用，执政党依然需要自己出资提名候选人、制作宣传资料等，这部分开支需从政党自有经费中支付，属于政党经费中的竞选支出部分。

3. 政党经费的监管

政党经费的监管是确保政治资金透明、合法使用的关键环节。随着政治献金丑闻成为公众广泛讨论的话题，对政党和候选人财务进行严格立法的需求变得更加迫切。一些西方国家在政党经费监管方面积累了丰富的经验，对政党财务的监管措施已经形成了一套较为完善的制度框架，主要包括以下几个方面：

第一，捐赠者身份公开①。要求政党公开捐赠者的身份和捐赠额度，尤其是当捐赠金额超过一定门槛时。这有助于提高捐赠的透明度，让公众了解政党的资金来源，从而避免大额匿名捐赠可能带来的政治影响问题。具体来说，身份公开包括捐赠者信息、捐赠金额和捐赠时间，通常包括捐赠者的姓名和地址，有时还包括职业、雇主信息或身份证号码，以确保捐赠者身份的准确性和可追溯性；捐赠的具体金额或价值，以便公众了解捐赠的规模；捐赠发生的具体日期，有助于追踪资金流向和相关政治活动的时序。同时，为了保护捐赠者的隐私权和降低政党的行政负担，通常会设定一个金额门槛，只有当捐赠额超过该门槛时，才需要公开捐赠者身份。这个门槛的设定因国家和地区的具体法律而异。

---

① VAN BIEZEN I，NASSMACHER K H. Political Finance in Southern Europe：Italy，Portugal，Spain［M］// NASSMACHER K H. Foundations of Democracy：Approaches to Comparative Political Finance. Baden-Baden：Nomos Verlag，2001：131 – 154.

第二，法律程序和责任主体的明确①。明确规定政党在接受捐赠、使用资金和进行财务报告方面的法律责任，确保政党财务的合法性和透明性。指定专门的监管机构或部门负责监督政党的财务活动，处理违规问题。例如，制定全面的法律框架来规范政党经费的收入和支出，包括捐赠接受、资金使用、财务报告以及审计等方面的具体规定；法律中明确禁止或限制特定来源的捐赠，如匿名捐赠、外国捐赠和企业捐赠等，以避免不当影响；设定政党和候选人在选举期间和非选举期间的开支限制，明确允许和禁止的支出项目；设立独立的监管机构，负责政党经费的监督、审查和执法工作，确保法律规定的执行；赋予监管机构必要的职责和权限，包括接收和审查财务报告、进行审计调查、处理投诉举报以及对违规行为进行处罚等。特别是，在处罚措施上，针对违反财务规定的政党、候选人和捐赠者，设定明确的处罚措施，包括罚款、取消选举资格、追究刑事责任等。

第三，信息公开的要求②。对政党经费进行透明管理和公开是维护公众信任和政治透明度的重要措施。信息公开的要求旨在确保政党和候选人的财务活动对公众是透明的，以防止不正当的金钱影响和提高政治体系的责任性。这包括一系列细致的规定和流程，要求政党和候选人定期提交包含全面财务状况的报告，涵盖收入、支出、资产、负债以及所有形式的财政流动。具体而言，政党须公开每一笔捐赠的详细信息，尤其是超过特定金额阈值的捐赠，包括捐赠者的姓名、地址、捐赠金额以及捐赠时间等关键信息，以便公众对潜在的利益冲突和影响力行使进行监督。此外，政党的支出细目，特别是与选举活动相关的支出，如广告费用、竞选集会开销、候选人巡回演讲费用等也须详尽公开，确保每一笔支出都有据可查，有助于揭示资金的流向和使用的合理性。政党还应披露其资产和负债的情况，包括固定资产、银行贷款和其他负债，以提供一个全面的财务画面。这些报告不仅需要提交给专门的监管机构进行审查，还应对公众开放，使公民能够直接访问这些信息，加强公共监督。为保证信息的真实性和准确性，财务报告应经由独立的第三方审计，审计结果同样公开。在某些情况下，政党可能需要在媒体上公布这些信息，或通过官方网站以电子格式提供下载，以便提高信息公开的可接近性和及时性。此外，信息公开的要求也意味着需要有明确的法律框架来规定公开的具体内容、方式和频率，以及不遵守规定时的处罚措施。政党和候选人必须遵循这些规定来维护其合法性和公众形象。违反这些规定可能会导致罚款、资格限制甚至追究刑事责任，从而提供政党和候选人遵守规定的动力。

第四，竞选开支的限制与报告③。对竞选开支的限制与报告是确保选举公正性

---

① 参见：PINTO-DUSCHINSKY M. British Political Finance，1830—1980［M］. Washington D C：American Enterprise Institute，1981.

② YOUNG L. Toward Transparency：An Evaluation of Disclosure Arrangements in Canadian Political Finance［M］// SEIDLE L F. Comparative Issues in Party and Election Finance. Toronto：Dundurn Press，1991：3-44.

③ KOOLE R A. Political Parties Going Dutch：Party Finance in the Netherlands［J］. Acta Politica，1990，25（1）：37-65.

和政治透明度的重要机制。通过设定明确的开支上限并要求详细的财务报告，旨在防止资金对选举结果的不当影响，确保所有候选人和政党在选举竞争中处在公平的起跑线上。竞选开支的限制通常涵盖了广告费用、公共集会的组织开销、选举材料的制作和分发费用、竞选团队的运营成本等各个方面。这些限制不仅适用于直接的选举活动，也常常延伸至预选阶段以及选举后的某个时间段，以全面覆盖整个选举周期。此外，为了加强对竞选资金使用的监督，政党和候选人必须提交详尽的竞选财务报告，列明所有的收入和支出细节，包括但不限于捐赠收入、个人出资、公共资金支持，以及具体的开支项目。这些报告不仅需要向监管机构提交以供审核，还应向公众公开，以便选民和媒体对竞选资金的来源和使用进行监督和评估。在一些国家和地区，政党和候选人甚至需要在选举前的特定时间点公布预期的开支预算和资金来源，以及选举后的实际开支情况，以增加财务管理的透明度。为保证这些规定的有效执行，监管机构通常被赋予广泛的权力，包括要求补充信息、进行现场审计，以及在发现违规行为时施加处罚。这些处罚可能包括罚款、取消选举资格，甚至追究刑事责任，以威慑潜在的违规行为。同时，为了适应现代选举活动中新兴的竞选手段，如网络广告和社交媒体活动，竞选开支的规定和报告要求也在不断更新和完善，以覆盖更广泛的竞选活动和资金使用方式。

第五，违规行为的惩罚措施①。在政党经费管理和选举活动中，确保遵守相关法律和规定是维护民主体制公正性和透明度的基础。为此，违规行为的惩罚措施被设定为一套严格的制度，目的在于防止和制裁那些违反财务规定、超出竞选开支限额、非法接受捐赠或滥用公共资金等的行为。这些惩罚措施包括但不限于罚款、取消候选人或政党的选举资格、强制退还非法资金、公开谴责，以及在极端情况下的刑事责任追究。罚款通常是对违规行为最直接的经济制裁，金额可以根据违规行为的严重程度和影响范围来确定。在某些情况下，违规者可能被要求退还非法获得的捐赠或超额开支的资金，确保不法资金不会用于影响选举结果或政党运作。取消候选人或政党的选举资格是一种更为严厉的措施，旨在对那些严重违反选举法规的行为进行惩处，阻断其通过不正当手段获得政治权力的途径。此外，对于违反规定的政党或个人，监管机构还可以采取公开谴责的形式，通过媒体公布其违规事实和受到的惩罚，以此作为对社会公众的警示，增加政党和候选人违反规定的社会压力。在一些极端情况下，如涉及大额非法捐赠、贪污挪用公款等行为，还可能触发刑事责任追究，对相关责任人进行起诉和审判，以法律的形式维护选举和政党财务管理的正义。为了保证惩罚措施的有效执行，监管机构需要具备充分的权力和资源进行调查和取证，同时确保整个处理流程的公正和透明。这要求建立一套完善的法律框架和操作流程，明确规定监管机构的职责权限、违规行为的认定标准、惩罚措施的适用条件和程序，以及相关当事人的申诉权和复审机制。

---

① GIDLUND G M. Regulation of Party Finance in Sweden [M] // ALEXANDER H E, SHIRATORI R. Comparative Political Finance Among the Democracies. Boulder, CO: Westview Press, 1994: 105 - 114.

尽管一张严密的政党经费管理和监督之网已经拉起，但形形色色的政党经费腐败现象仍无处不在，无论这张网编织得如何细密，总有漏洞可供腐败行为乘虚而入。究其根本，此现象源于西方政党政治中“偏私性”本质以及政党经费与金钱、权力之间错综复杂的关联。众多政党或候选人面对金钱与权力的双重腐蚀与诱惑，往往难以做到有效自律。更严重的是，政党或候选人自身存在利用经费进行舞弊的内在动机，因为如此可为其赢得相对于其他政党或候选人非对称的竞争优势。尤其在竞争激烈的政党制度环境下，这种动机更为强烈。

阅读与思考

一、阅读

1. 列宁．怎么办［M］．北京：人民出版社，2018.

2. 伯恩斯．领袖论［M］．刘李胜，等译．北京：中国社会科学出版社，1996.

3. 孙林．国际比较视野中的政党经费问题研究［M］．北京：中共中央党校出版社，2015.

二、思考

1. 议会党团的存在环境是什么？为什么非竞争性政党体制几乎不存在议会党团？

2. 今天看来，帕尼比昂科将政党成员与政党类型对应起来的尝试是否成功？

3. 政党经费的结构与政党类型有什么关系？

第二编

政党政治的存在论问题

在政党政治学的研究领域内，继本体论问题的深入讨论之后，“政党政治的存在论问题”构成了理论框架的另一重要部分。该领域的探索不仅关注政党作为一个实体的本质和演变，而且更进一步地审视政党在现代政治生态中的角色和影响力。存在论问题涉及对政党作为政治组织存在的合理性、必要性以及其对现代政治体系和政治进程的贡献进行探究。在这一部分，首先我们将重点关注政党体制的构成与功能，探究不同政党体制如何塑造政党政治的格局，从而，我们可以更全面地理解政党在不同政治环境中的作用及其对政治过程的影响。此外，“政党政治的存在论问题”还将探讨政党与国家、政府、社会以及政党间关系的动态过程，以及如何通过这些关系维护政治稳定、促进政策形成和实施并反映社会多样性。最后，我们将重新回到存在意义上的“政党发展”问题，探讨政党的蜕变与转型，与第一编第二章构成一个完整的政党“生命周期”。

通过对这些核心问题的深入分析，“政党政治的存在论问题”旨在揭示政党在现代政治体系中不可替代的地位和作用，以及政党如何通过其组织结构和行动策略，对政治实践和国家治理产生深远影响。这不仅有助于我们更深刻地理解政党的价值和功能，也为评估和改进政党及政党体制提供了理论基础，进而促进更加有效和包容的治理。

第四章
政党体制

政党体制的分类是一个迷宫。

——乔瓦尼·萨托利《政党与政党体制》①

如果本书只有两章的内容，那么其中一章必然是“政党体制”。在探索政党政治的脉络中，“政党体制”占据了核心的位置，它不仅是理解政党在一个国家政治体系中作用的关键，也是揭示不同政治体制下政党动态的窗口。更重要的是，政党体制意味着，无论是哪种政党政治形态，政党在有其作为政治组织的一面的同时，还有着作为国家结构与体制的一面，因而政党不仅作为单一实体存在，更在政治体系中构成了一个互动、相互依存的复杂网络。

第一节　作为体制的政党

政党不仅仅意味着自身的组织体系，它更在广阔的政治体系中形成了一个互动、互补和有时相互竞争的复杂结构。在以国家为普遍政治实体基本单元的现代政治体系中，政党既是国家的成员，又在政党政治的层面上是国家本身。那么，政党是如何在国家中活动的？一个国家的政党政治面貌是什么样的？要回答这两个基本问题，就要认识一个国家的政党体制。

① 萨托利．政党与政党体制［M］．王明进，译．北京：商务印书馆，2006：168－169．

1. 政党体制与政党制度

我们曾经指出，我国政党政治的研究滥觞于“政党制度”①，并且直到现在，政党制度仍然是政党政治的核心关注点。然而，严格来说，“政党制度”（political party institution）是一个独特的观察视角，它与政党政治研究传统中的“政党体制”（political party system）还存在着一定差别②。所谓政党制度③，是指一个国家的各个政党在政治生活中所处的法律地位，政党同国家政权的关系，政党对政治生活产生影响的方式，是各个政党在争夺对国家政治权力的掌握和参与时逐渐形成的一种权力、地位划分的模式，其中也包含政党自身的运转方式、方法、规则和程序。政党制度规定着政党的社会地位、作用，执掌政权或参与政治的方式、方法、程序等。政党制度在一国的政治体制中占有极其重要的地位。从理论上而言，政党制度有以下四项功能：（1）规范政党与政党的关系；（2）规范政党与国家的关系；（3）规范政党与政府的关系；（4）规范政党与社会的关系。可见，政党制度就是一国内政党关系（包括政党与政党、政党与国家、政党与政府、政党与社会的广义上的政党关系）的固化形态。各国政党制度的形式千差万别，这主要取决于各国政治、经济和历史的发展状况、民族文化传统、政治结构、民众的文化素养和政治素质等社会条件。

因而，“政党制度”的用法暗含着两层意思：第一，从党际或外部关系的角度看，主要是指一个国家的主要政党数量，即“一党制”、两党制或是多党制，或是一党领导的多党合作制；第二，从政党自身或内部关系来看，是指政党自身的意识形态、政治纲领、组织原则、组织体系、活动方式等各项如何在相互影响的制度规范内发挥作用④。所以，当我们讲“政党制度”时，实际上是站在国家的层面讨论政治制度的附属物——政党及其制度，这时的“政党制度”是“政治制度”的一个子集。此时，“政党的制度”与“对政党的制度”都属于“政党制度”。但是，“政党、政党政治和政党制度产生的时序一般为：先有政党和政党政治，两者的发展是同步的，是不可分割的，而后才有政党制度的形成和确立。也就是说，政党和政党政治决定政党制度的性质和内容。”⑤ 那么，在政党制度的实际使用上，“党际或外部关系”的层面就事实上遮蔽了“政党自身或内部关系”的层面。

如此，“政党制度”这个概念在政党政治学的学科体系中的定位就难以捉摸。我们可以说政党组织结构属于政党制度，政党规范（无论是外部规范还是内部规范）属于政党制度，政党功能属于政党制度。那么当然，作为政党存在与互动模式

---

① 见导言。

② 古洪能认为，造成这一问题的实际原因是“译介和翻译问题”，并提出应使用“政党体系”的概念。但事实上，将“政党制度”与“政党体制”混为一谈只是这个问题的一个方面，另一个方面是国内的早期研究者们将“政党制度”视为一个包容性更强的上位概念。参见：古洪能．一党独大模式与一党制及其治理绩效的比较［J］．理论与改革，2014（2）：19-22.

③ 周淑真．政党和政党制度比较研究［M］．北京：人民出版社，2001：165.

④ 周淑真．政党政治学［M］．北京：人民出版社，2011：108.

⑤ 同④109.

的那种图景，似乎也可以被归入政党制度。总之，制度作为一种相对稳定的状态或结构，可以描绘太多关于政党的内容。当我们说“政党制度”时，这个概念也就包含了太多的内涵和外延，因而引入政党政治学传统中一直在使用的“政党体制”概念，就能够将政党的互动模式及其结构的指涉很好地限缩。

2. 政党体制的提出

“政党体制”是 party system 的对译，从其名称来看，它意味着“由组成它的政党之间的经常的和反复的互动构成的”[①] 一种结构。

据史蒂文·沃林奈茨（Steven B. Wolinetz）所说，迪韦尔热应该是第一个系统定义政党体制并将它视作政党政治分析工具的政治学者。迪韦尔热在《政党》第二卷的开篇指出：“除只有一个政党的国家（single-party states）外，每个国家都有多个政党共存：它们共存的形式（form）和模式（mode）定义了特定国家的‘政党体制’（party system）。”那么这些“形式”和“模式”是什么呢？迪韦尔热进一步指出，“数量、各自的规模、联盟、地理位置和政治分布”等所有这些特征之间的特定关系定义了政党体制。随后，他认为，“一党、盎格鲁-撒克逊的两党和多党制是经典分类，许多其他的特征应该叠加在这些经典分类之上并和它结合”；具体来说，这些特征取决于：（1）独立还是联盟；（2）平衡还是主导；（3）多数党还是少数党；（4）稳定还是不稳定；（5）权力向左翼倾斜（leftwards）还是保持不动；等等[②]。

可见，迪韦尔热认为，政党体制的使用有一个前提，即有多个政党共存。否则，就不存在共存的形式和模式，也没有其他特征能够叠加于基础形式之上。但是，迪韦尔热自己没有很明确地把这样的想法表达出来，他随后还是含混地将只有一个政党的国家视为政党体制类型的一个部分进行讨论——尽管他使用的表达是 single party，而非 single party system[③]。

然而，情况到了萨托利那里则发生了变化。萨托利在《政党与政党体制》第二章的开篇就用了很大的篇幅来讨论用词的严谨问题。他说：“迄今为止，我们讨论的政党指的是多个政党，党是复数的党。一党制国家[④]只是在第一次世界大战之后才出现的，而在那之前，一党制（one-party system）这种表达方式在术语上似乎都是矛盾的。它和说没有肢体的四肢动物一样是没有什么意义的。应该承认，人们可以抓住一个四肢动物然后砍去它的四肢，但是它还会走吗？它还是一个四肢动物吗？根据多党制的原理，如果政党不是部分，它就是一个伪政党；如果整体被确认为只是一个政党，它就是一个伪整体。这样我们就被迫面对本质上自成一格（*sui generi*）

① 沃林奈茨．政党体制和政党体制类型［M］//卡茨，克罗蒂．政党政治研究指南．吴辉，译．南京：江苏人民出版社，2020：98.

② DUVERGER M. Political Parties：Their Organization and Activity in the Modern State［M］. London：Methuen，1954：203.

③ 对于两党制和多党制，迪韦尔热用的表达是 two-party system 和 multi-partism。

④ 这里应该译为一党国家（single-party state）。

的一党制。所谓的一党制是存在的，但是它们和多党制有什么共同的地方？也就是，和政党是部分而整体是一个以上部分之间的相互作用的产物的体制之间有何共同之处？”[①] 进一步，萨托利指出：“当我们说到‘一党体系’（one-party system）[②] 时情况就非常不同了，因为这的确是一个导致一些严重误解的用词不当。一个政党怎么能够单独构成一个体系呢？是一个什么的体系？肯定不是多个政党的。因此，一个政党是不能构成一个政党体系的（the one party cannot produce a party system）。”

最后，萨托利明确“只有当政党是部分（复数）的时候，它们才能构成体系；而政党体制正是内部政党竞争而产生的相互作用的体系。也就是说，我们所讨论的‘体系’具有政党之间的相互联系，包含一个政党如何构成另一个政党的函数（数学意义上的）并对其他政党作出反应，不论是以竞争性的还是以其他的方式”[③]。

可见，对于政党体制来说，只有一个政党的情况不是“一党体制”，而是“作为一种系统的政党”（party-as-a-system）。进一步，当我们说“一党制”这个概念的时候，我们实际上是在讲“只有一个政党的制度”，而不是“由一个政党所构成的政党体制”。因此，政党体制与形成体制的政党是完全不同的。萨托利强调体制（system）特性的方法不仅使我们能够区分单一政党垄断的政党-国家体制（party-state system）和一般意义上的政党体制（party system），还为我们提供了一个框架来深入探讨它们的核心特征。总之，我们的概念辨析看起来冗长而无趣，但它是我们深入了解“政党体制”的基础，也是我们准确认识政党政治，特别是我国政党政治运行的关键。

3. 纷繁复杂的政党体制类型学

现有的政党体制类型学有很多，几乎每一位政党政治的研究者都会相应地提出自己的分类方案，除了第二节讨论的最权威、使用最多的萨托利类型学外，我们仅介绍有代表性的几种：

第一种是迪韦尔热所指出的最经典的三分法。世界上的政党体制林林总总，花样繁多。传统的政党分类是直接根据一国实际执掌政权的政党的数量，把政党体制分为“一党制”[④]、两党制和多党制。（1）“一党制”，指只有一个政党在国家政治生活中占统治地位，或指一个国家中执政党是唯一合法的政党，其他政党根本没有存在的机会，或者即使有存在的机会，只能起陪衬点缀的功能和作用。其中又有几种不同的情况：一种是法西斯政党一党掌权，取缔其他政党活动，如历史上的意大利、德国、日本、西班牙、葡萄牙等国曾经出现过的“一党制”；另一种是第三世界民族独立国家，本国历史上政党不发达，长期由一党掌权，或者取缔其他政党活动。第二次世界大战后，在亚、非、拉新独立的国家中，很多都是由民族主义政党

① 萨托利．政党与政党体制［M］．王明进，译．北京：商务印书馆，2006：60.

② 请注意这里中译本对 one-party system 作了“一党制”与“一党体系”的不同处理。有兴趣的读者可以参见：SARTORI G. Parties and Party System［M］. New York：ECPR Press，2005：35－42.

③ 同①69.

④ 请注意这里“一党制”的实际意义。

领导的。20 世纪 80 年代初，在已经独立的 50 个非洲国家中，就有 37 个国家采用民族主义国家的"一党制"。产生这种政党制度的历史渊源主要有：第一，在民族独立运动中只产生了一个政党，并由该政党领导民族独立运动，独立后就实行"一党制"。第二，国家独立后由几个政党合并为一个政党，而实行"一党制"。第三，在独立后通过军管，先取消解散一切政党，然后新建立一个政党实行"一党制"。还有一种是名义上存在多党平等竞争，实为最强大的一个政党长期独掌政权，如日本和新加坡等。日本自由民主党（Liberal Democratic Party）从 1956 年以来一直在历届议会选举中独占多数，连续执政。(2) 两党制是指在一国中势均力敌的两个政党，通过控制议会多数席位或赢得总统选举的胜利而轮流执政的制度。其最先形成于英国，以后加拿大、澳大利亚、新西兰等国和美国都实行两党制。但各国又有其不同模式。(3) 多党制是由两个以上政党联合执政的体制。在法国、意大利、德国等国家，政党林立，各党势均力敌，很难有某一党在议会竞选中独占绝对多数，这样就只能以一党为主，多党联合执政。

我们看到，传统的仅按照数量标准进行的政党体制分类方法，对于两党制和多党制的划分所存疑问不多，但是对于"一党制"的划分是非常粗糙的，并且事实上也添加了其他标准，即"一党制"中没有区分是否存在竞争性政党关系。法西斯"一党制"和非洲一些民族国家的"一党制"，是"一党专制"，不存在竞争性的政党关系，在现行政治体制和政党体制下其他政党根本没有上台执政的可能性。而另外一些"一党制"存在竞争性的政党关系，其他政党可以通过现行体制选举上台，这是一个很关键的区别。当然，竞争性政党关系下的"一党制"又分为"威权一党制"和"优势一党制"。"威权一党制"下存在竞争性选举，但执政党通过限制他党竞选资源与权利的方式，例如严格管制他党宣传活动，严格审核他党候选人资格，有时甚至采取正当性可疑的压制性手段，确保个别单一政党长期执政，即连续当选国家元首或议会制下的政府首脑与多数议席。案例包括新加坡人民行动党、马来西亚巫统、20 世纪 80 年代前的韩国民主正义党、20 世纪 90 年代以前印度尼西亚的从业协会党（也叫专业集团党）、伊朗伊斯兰共和党、伊拉克复兴党等。"优势一党制"或"一党独大制"下存在较为公正的竞争性选举，也存在着有实力赢得较多席次与地方政府首脑的政党，但由于选举制度或特殊国情，个别政党可长期执政。包括 1955 年到 20 世纪 90 年代的日本自民党、墨西哥的革命制度党、瑞典的社会民主党、泰国的泰爱泰党等。

第二种是布隆代尔基于政党相对实力和大小的分类①。在布隆代尔的分类中，他特别强调了参选率的问题。具体来说，布隆代尔基于 1945—1966 年间各国政党在选举中的得票率，构建了政党体制的四种类型分类：两党制、两个半党制、存在支配性政党的多党制以及不存在支配性政党的多党制。其分类方法主要通过考察两

① BLONDEL J. Party Systems and Patterns of Government in Western Democracies [J]. Canadian Journal of Political Science/Revue Canadienne de Science Politique, 1968, 1 (2): 180 - 203.

个最大政党的平均得票率，同时考量第一政党与第二、第三政党得票率的比例关系。(1) 两党制。在五个国家（美国、新西兰、澳大利亚、英国、奥地利），两大政党得票率之和超过 89%，且双方实力相当。这意味着选举中两党竞争激烈，且其他较小政党难以对两强格局产生实质性挑战。(2) 两个半党制。在加拿大、德国和爱尔兰，两大政党得票率总和位于 75%至 85%区间，但第一政党与第二政党之间存在明显的平均差距（约 10.5%）。尽管这些国家看似接近三党制，但布隆代尔将其归入两个半党制，以突出得票率分布的不平衡性，即两大政党与其他政党相比具有显著优势，但两者之间存在显著实力差距。(3) 存在支配性政党的多党制。在此体制中，有一个大党得票率超过 40%，并且其得票率通常是第二大党的两倍及以上。这类体制的特点是虽有多党共存，但某一政党凭借明显优势地位主导政治格局，如瑞典、挪威、丹麦、意大利、冰岛等国。(4) 不存在支配性政党的多党制。在其余如荷兰、瑞士、法国、芬兰等国家，尽管存在四个或更多主要政党，但并无一个政党得票率显著高于其他政党，且其得票率通常不超过第二大党的两倍。这种体制下，各政党势力相对均衡，不存在单一政党长期占据绝对优势的情况。

第三种是罗伯特·达尔（Robert Alan Dahl，1915—2014）提出的基于政府组建模式和政党互动的四分类法①。在探讨西方民主国家的反对党模式时，达尔基于政党在选举与议会中的表现，提出了一个包含四个类型的分类框架。这些反对党模式分别为：完全竞争式（以英国为代表）、合作竞争式（如美国、法国和意大利）、联合竞争式（如奥地利和二战时期的英国）以及完全联合式（如哥伦比亚）。值得注意的是，每一类型还可进一步细分为两党制与多党制的子类型。需要强调的是，达尔的分类体系并非对政党体制的整体分类，而是专注于对反对党运作模式的细分。这一分类方案揭示了两党制与多党制并不必然局限于简单的数量假设或标准化类型假设，而是可以通过竞争式与联合竞争式分类法将原本可能被归为两党制或多党制的政党体制整合起来进行分析。

第二节　萨托利的政党体制类型学

面对形形色色的政党体制分类，罗伊·马克里迪斯（Roy C. Macridis）感叹道："术语的混乱和多样成了一条通则。"② 然而，令人发笑的是，他也提出了自己的分类。那么有没有一种公认的、具有广泛影响力的类型学呢？乔瓦尼·萨托利的精细理论构建，就为我们提供了一种系统性的方法来分析和比较不同国家的政党体

① DAHL R A. Patterns of Opposition [M] // DAHL R A. Political Oppositions in Western Democracies. New Haven，CT：Yale University Press，1966：332－347.

② MACRIDIS R C. Political Parties：Contemporary Trends and Ideas [M]. New York：Harper & Row，1967：20.

制。萨托利的分类不仅考虑了政党的数量和竞争的形式，更重要的是，他还深入分析了这些体制类型对政治稳定、政策连贯性和民主质量的影响。通过这种方式，萨托利的类型学不仅是对大量当时和历史中政党体制现状的描述，更是对政党体制如何影响政治过程和政策结果的深刻洞察。

1. 计数标准：类型学的前提

政党体制的传统划分主要依据政党数量，几乎所有对政党体制的分类都是以数量为基础的①。然而，对政党数量的统计需确定考量范围，是包括所有合法政党、所有参选政党，还是仅限赢得议会席位的政党，抑或仅聚焦参与政府组建的政党?

萨托利认为，尽管“单纯而简单的计数”不能使我们达到自己的目标，但首先应该正视分类的数字标准。“政党的数目是高度可见的元素，它提供了自然的切入点并且反映了政治的真正世界性标准。因此——不论我们得出的指数如何——政客和选民都将继续为政党的多或少、政党的数目应该增加还是减少进行斗争和争论。其次，我们不能忘记我们衡量政党体制的全部方法的基础是政党，或者说政党是基本的衡量单位。在选举中每个政党获得选票的数量和席位毕竟是我们最好的也是最稳妥的资料库。”② 随后，萨托利指出，“我们不能根据表面价值去数全部的政党。我们也不能按照实力递减的顺序数它们来解决这一问题”。核心问题实际上是：“哪些政党是相关的（relevant）?”③

对此，萨托利拟出了两个规则：

规则 1：较小的政党只要它在一段时间里是多余的，也就是在任何可能的联盟多数中不再被需要或可利用，就可以作为不相关的政党而被忽略。反过来，一个较小的政党，不论它有多么小，如果它在一段时间或在某些时刻处在至少是可能的政府多数之一的位置上，则不能被忽略不计。规则 2：一个政党，无论何时，只要它的存在或出现影响到政党竞争的战术，特别是当它改变了定位于执政的政党的竞争方向——通过决定从向心的到离心的转变，不论是左向、右向，或在两个方向，那么它就具有了相关性④。

简单来说，根据政党的联盟潜力和威吓潜力判断其相关性，即仅当小党在议会中的席位对联盟组建或阻挠具有关键作用时，才应计入统计。因而，既没有联盟潜力也没有“讹诈”潜力的政党在萨托利眼中就可以忽略不计了。最终，萨托利形成了以（适当计算的）数目为基础的分类法。但是，虽然这一分类法依赖于政党数目，但这种分类法与其他分类法的主要区别不是政党数目本身，而是政党极化的程

---

① 拉帕隆巴拉和韦纳提出了一种不依赖于数量的类型学。他们将政党体制分为四种类型：霸权意识形态型（hegemonic ideological）、霸权实用主义型（hegemonic pragmatic）、反意识形态型（turnover ideological）和反实用主义型（turnover pragmatic）。参见：LAPALOMBARA J，WEINEI M. Political Parties and Political Development [M]. Princeton：Princeton University Press，1966：34－36.

② 萨托利．政党与政党体制 [M]. 王明进，译．北京：商务印书馆，2006：170－171.

③ 同②171.

④ 同②173－174.

度，以及政党竞争和政党体制结构是否离心。

2. “类”“型”及其补充

分类（classification）是一种秩序性的安排，这种安排是以相互排斥的类别为基础，而这些类别是根据为了这种分类而选择的原则或标准而确立的。分型（typology）则更为复杂，它是根据多种属性而进行的一种排序，也就是说，是根据一个以上的标准进行的排序。简单来说，萨托利先后用数目标准和政党体制的碎片化程度确定了政党体制的类和型。在类（class）上，萨托利得出了“一党制”、霸权党制、优势党制、两党制、温和多党制、极化多党制和粉碎型体制 7 个类别，其中，粉碎型体制是作为余项存在的。更进一步，萨托利以竞争的标准对上述 7 个类进行了性质上的区分，他认为，优势党制、两党制、温和多党制、极化多党制、粉碎型体制属于竞争性体制，“一党制”、霸权党制则属于非竞争性体制。

萨托利首先对一党和多党“板块”进行了划分。第一板块融合了“一党制”、霸权党制、温和多党制和优势党制，其中优势党制的特点是存在一个通常在议会中赢得超过 50%议席的政党，它在众多小党中占据主导地位，使得其他政党无法单独执政。多党制则分为两类：温和多党制包含三至五个相互关联的政党，极化多党制包含六至八个政党。此外，萨托利还引入了粉碎型体制的概念，即一种极度分裂的多党体制，新增一个政党对竞争格局几乎无影响。接下来，萨托利对多党制进行了进一步细分。在此背景下，没有任何政党能够或可能获得绝对多数。他认为权力结构（政党间关系）至关重要，并据此区分政党体制。这一做法使他得以为温和多党制与极化多党制设定判别标准。关键在于竞争的方向与特性：温和多党制的竞争模式类似于两党制，表现为两极化且向心性强，光谱两端的政党均争夺中间选票。与此不同，极化多党制虽有中间地带，但动力机制为离心而非向心，光谱两端的反体制政党与中间政党争夺选民，力图将政党和选民拉向自己一方。由于两端的反对党处于“两极分离”状态，难以联合，中间政党便在缺乏可行替代政府的条件下执政。因此，极化多党制呈现出意识形态分裂、离心驱动、“不负责任的反对党”，以及“出高价或过度承诺”政治等特征。特别是，在萨托利看来，竞争机制比政党数量更为关键。最终，优势党制、两党制、温和多党制、极化多党制被视为竞争性政党体制。

而所谓霸权党制，萨托利指的是一种“‘以一个政党为中心’但同时也展示了一些第二等级的边缘性小党的各种安排”①。他认为，从“相关性”（relevance）②的角度考虑，那些具有相关性的第二等级的边缘性小党有可能和“中心党”互动从而形成政党体制。在萨托利那里，他有意地区分了霸权、优势（predominant）和

① 萨托利. 政党与政党体制［M］. 王明进，译. 北京：商务印书馆，2006：320.

② 这一概念是萨托利对数量标准的补充。

主导（dominant）①，从词源学来说，这三个词（实际是两个词：希腊语 *hēgemoniā* 和拉丁语 *dominatio*），都形容了一种支配性的权力关系，它们的相关词都是 rule（统治）、power（权力）或者 authority（权威）。但是，萨托利通过引入竞争性程度的标准区分了前者和后两者，又通过区分政党层面和政党体制层面区分了后两者。萨托利认为，如果仅从政党本身来看，“主导党”意味着存在一个远高于政党平均实力和地位的“支配政党”，它直接将自己与其他政党区别开来，从而，“主导党”的存在使得党际竞争的程度受限；而在“主导党”存在的情况下，有两种政党体制类型，一种是非竞争体制中的霸权体制，另一种是竞争体制中的优势体制。

图 4－1 说明了萨托利的政党与政党体制类型学，图 4－2、图 4－3 则展示了萨托利在《政党与政党体制》中的相关图示。需要注意的是，在图 4－1 中，从左向右不仅代表着政党的碎片化程度由低变高；在每一种政党样态中，政党之间的竞争性也由低变高。在萨托利的逻辑中，“一党制”（姑且把它放在政党体制中）是一个混沌的原点，在这个原点，政治系统不存在政党的次体系，自然也不存在因政党之间互动而产生的政党体制；从左到右，政党次体系逐渐扩大，竞争性（规模和烈度）逐渐扩大。其中，在萨托利看来，最关键的转变在于霸权党制与优势党制之间——这种转变意味着“真正的竞争”的消失或出现。换言之，优势党制的形成是一种民主的自然结果，而霸权党制的形成则是一种威权的自我维持。

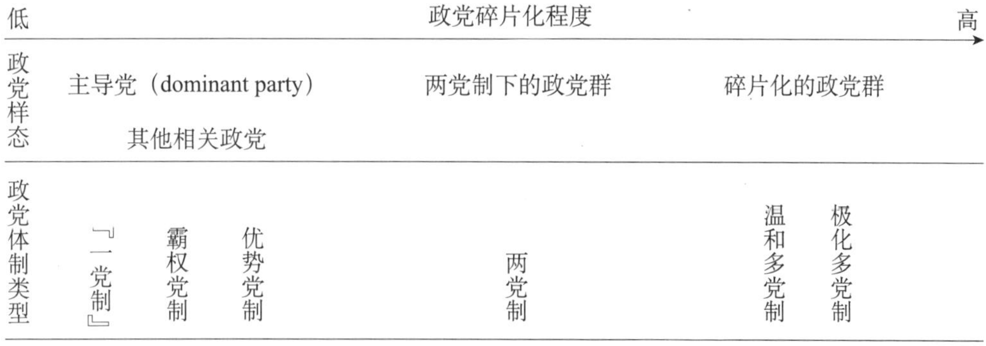

图 4－1 萨托利的政党与政党体制类型学

3. 萨托利的补充：“飞去来器”效应

尽管萨托利的类型学是具有奠基性的，但他仍自己开展了十分深入的反思。面对非洲政党体制的错综复杂，他说：

---

① 在中译本中，王明进将 dominant party 译作优势党。显然，译者作此处理是为了与萨托利在其书第 6 章末尾对 dominant party 很难形成相应的体制这一观点相一致。但是，从词义而言，dominant 侧重于一种支配，而 predominant 则侧重成分上（或者相互之间）的主要优势。而且，从萨托利的考虑来看，predominant 这个词所指的是竞争性政党体制中那些因主导而形成优势的政党互动所形成的一种体制。换言之，存在 dominant party（主导党），但不存在对应的政党体制；存在 predominant party system，但不存在对应的优势党。本书将 dominant party 译作主导党，将 predominant party 译作优势党。关于译者的处理，参见：萨托利．政党与政党体制［M］．王明进，译．北京：商务印书馆，2006：282.

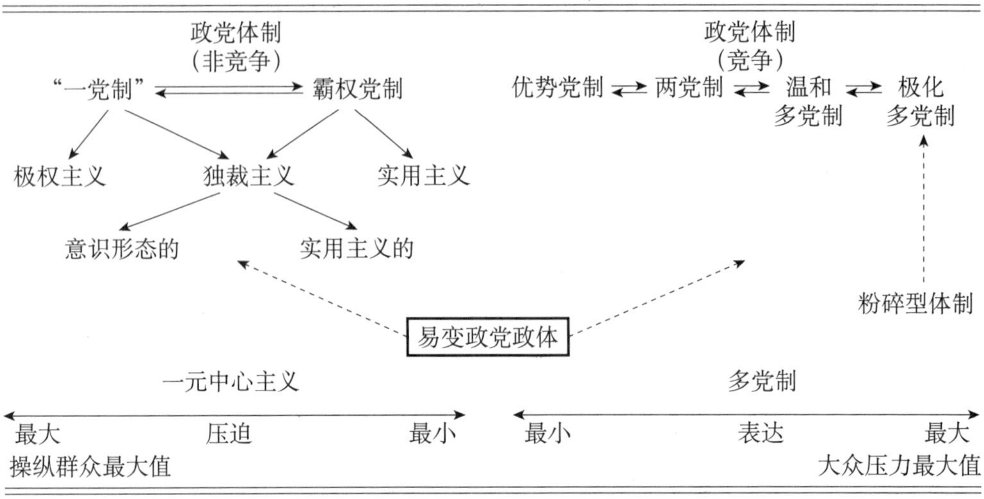

图 4－2　萨托利“政党政体的型”

资料来源：萨托利．政党与政党体制［M］．王明进，译．北京：商务印书馆，2006：388.

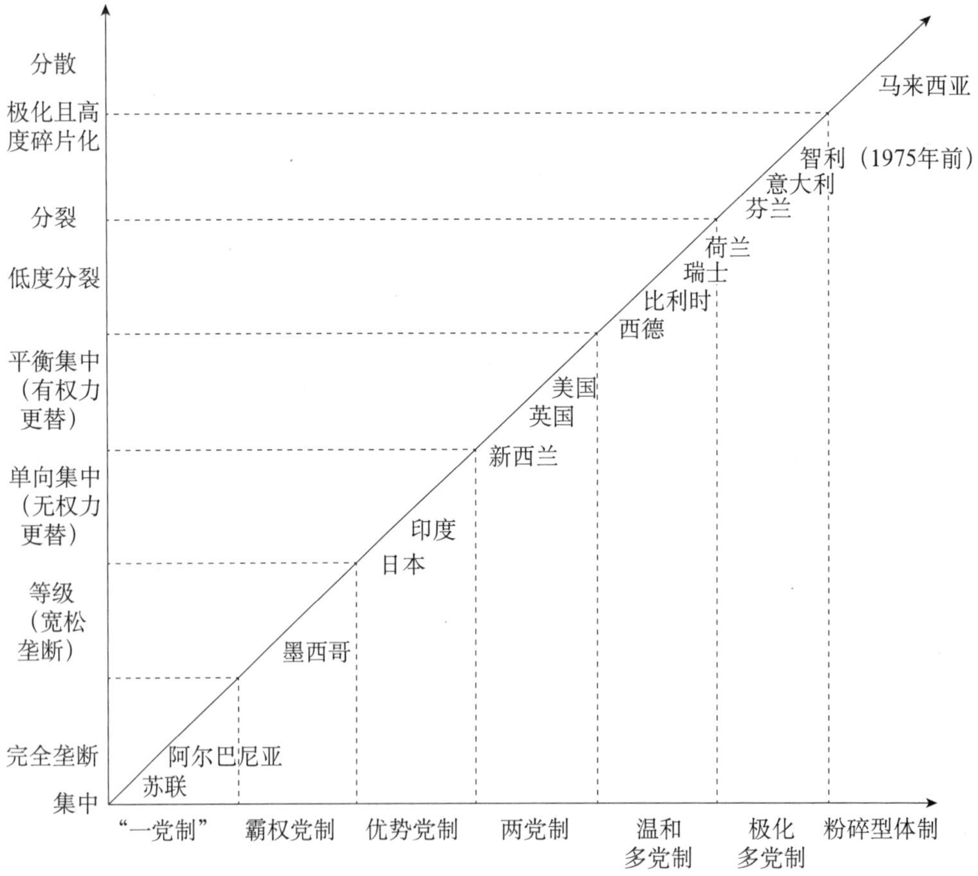

图 4－3　萨托利“各国政党体制的权力分布图”

资料来源：萨托利．政党与政党体制［M］．王明进，译．北京：商务印书馆，2006：182.

由于研究第三世界的专家们错误地把不稳定政体放在比较政治学整体环境进行研究，不仅损害了他们自己的研究还损害了整个学科。那么，硬币有两面，现在注意力必须转向对不定型国家研究的比较失当对定型国家研究所造成的损害。①

萨托利的论述十分深刻，发人深省，他进一步讲道：

长期以来，西方观察家环游世界，用自己熟悉的视角观察外部的世界，甚至用无法形成正确认识的透镜来观察世界。现在这是众所周知的，西方中心主义的缺陷在逻辑上等同于显然的无知，是一种没有理由的外推。但是只有当通过外部来观察、来感知所熟知的事物时，这一错误才会严重或成倍地增加。用堂吉诃德式的怪癖来替代西方中心主义，也就是说把我们从前出口到国外的缺陷重新带回家，不会有收获，只能是最终的损失。在这一点上我们犯了同样的错误，这一错误倒过来即通过颠倒过来的外推被放大了。这样对非西方地区的研究发现就伴随着对西方研究自身的一种飞去来器效应。……总的来说，在该学科的概念模糊和不谨慎的情况下，飞去来器效应和其他因素一起共同发挥着强大的作用。它同样也造成了在分类问题上当前的歧见。最后并且最重要的是，在论辩的情况下飞去来器效应尤其潜藏着危险，因为在这种情况下它支持滥用的证据，例如当证明坦桑尼亚一党制民主的可能性（如果不是实际的存在）的时候，或者当优势非独裁类型在一党制和两党制之间的定位包含着垄断和多元主义之间是可以相互转换的含义的时候。这里的关键是，从不确定到确定、从不稳定的到定型的政体的任何推理都等于是颠倒过来的外推错误，并且不能经受得住证明。

总而言之，缺少结构性分层和巩固的国家是不能被纳入到西方的种类之下的，它们也不能为西方提供什么种类。这并不是指变动中的政体不能进行研究，更不是说它们无关紧要。恰恰相反，政治学家从一个正在形成的政体中比从现成的政体中能学到更多的东西。但是如果我们把不成熟的形态归之于无序（从西方的模型外推），在形态已经存在的地方反馈的是无形态（通过颠倒外推的方法），或者混合了这两个错误，这样的进步就不会到来。②

第三节 对政党体制类型学的反思与超越

“萨托利的极端多党制已经空了，而有限多党制则越来越拥挤。”③ 彼得·梅尔

① 萨托利．政党与政党体制［M］．王明进，译．北京：商务印书馆，2006：369.

② 同①370－372.

③ MAIR P. Comparing Party Systems［M］// LEDUC L，NIEMI R G，NORRIS P. Comparing Democracies：New Challenges in the Study of Elections and Voting. London：Sage，2002：88－107.

的评论一针见血，划分政党体制的类型学本就是一件理论工作，而政治现实是变幻莫测的。2000 年初，温和多党制国家越来越多；而 2020 年以来，“霸权党制”的国家却多了起来。各个国家政党制度都是在不同的历史和国情下形成，比如民族主义国家比较容易走向“一党制”，其中更深层次的原因是社会根源。这些国家的政党往往先于政权形成，它所面临的是反对外国殖民主义和争取民族独立的任务，这往往需要一个强大的政党来团结各阶层，并进行统一领导，因此没有出现多党竞争之局面。而当取得国家独立之后，这个政党就自然成为领导国家的主要政治力量，并自然创建起“一党制”。如墨西哥、几内亚、莫桑比克、安哥拉等国的情况就是如此。在国家建立后，这些国家发展经济的任务又很急迫，“一党制”往往是发展经济比较好的选择。两党制和多党制往往产生于国家建立后，在逐步形成的宪制基础框架下形成了竞争性的政党制度。而又由于不同的文化传统和选举制度，造就了竞争性政党制度的不同形态。因此，我们也要以一种动态的视角理解政党体制的类型学。

1. 萨托利的自我改进

萨托利的《政党与政党体制》并不是一蹴而就的，从 1967 年第一稿完成，到 1976 年《政党与政党体制》由剑桥大学出版社出版，他本人对这本历史性著作进行了多次修订。其中，比较重要的修订如下：

（1）相关性的量化测量[①]。前面已经指出，政党体制分类在很大程度上依赖于数量标准，即相关政党的数量。若认为政党数量反映了政党体制的碎片化程度，那么应该始终将数字标准视为衡量碎片化最为关键的指标。之所以如此，是因为我们关注的是政党的相关性而非其实际规模。因此，在转向规模问题之前，萨托利补充了相关性更为精准且实用的测量方法。具体而言，对于一般的多党制而言，计算政党数量的规则基于两个标准：政党是否具备组成执政联盟的潜力，政党是否具有对政府进行“讹诈”的潜力。关于执政联盟潜力的标准，我们要求进行两种测量：一是潜在的执政可能性，二是实际的执政相关性。对于潜在执政可能性的测量，涉及的政党包括能够直接执政、加入联合政府，或在某一时期作为政府所需议会多数的组成部分支持政府。尽管对政党的潜在相关性进行系统测量的意义不大，但对它们的现实相关性而言并非如此。在后一种情况下，标准可以极为清晰：政党只有在实际执政、成为政府成员，或在信任投票中通过为执政政府提供所需多数支持时才具备执政相关性。鉴于每届多党制议会都会产生由不同数量政党组成的联合多数，显然，此处的时间单位应为立法机构的任期。因此，其测量的操作基础如下：

第一，在一届法定立法机构中，未参与政府且未（在信任投票中）支持至少一届政府的政党不予计数。若一个政党投票支持政府，但其支持并非必不可少（超过获胜所需的票数）且遭政府拒绝，则不予计数。然而，若政府的执政得益于其他政党的弃权，弃权政党则应计数。第二，所有加入政府或使政府得以成立（如前所

① 萨托利．政党与政党体制［M］．王明进，译．北京：商务印书馆，2006：414.

述）的政党，均等对待。第三，党派被视为整体行动的单元，故超越党派路线的投票不予考虑。第四，每届立法机构同等对待，无论其任期长短，只要不会因低投票率导致立即要求重新选举。由于立法机构任期的长短无关紧要，我们甚至可以认为，在立法机构任期未满时即可对其进行考虑。第五，政党的联盟相关性或执政相关性将跨届（立法机构）取平均值，只要联盟博弈的特点保持稳定。

按照上述规定，以 n（立法机构的届数）为分子，以联盟的单元，即 C 的总数为分母，每当一个政党加入政府或提供决定性支持（包括通过弃权），均视为一个联盟单元，那么，相关性的测量公式为：

$$\frac{n}{\sum C_i}$$

这种测量方法大大简化了相关性的考虑，我们能够根据这个算法很容易地确定在一届立法机构中具有实际联盟（执政）相关性的政党数量。

（2）对道格拉斯·雷（Douglas Rae）“分裂指数”的矫正①。道格拉斯·雷曾经设计过一个“分裂指数”②：

$$F = 1 - \sum_{i=1}^{N} p_i^2$$

在上式中，F 代表分裂程度，N 是议会中的政党数，p_i 表示第 i 个政党所占议席的比例。简单来说，F 的取值在 0～1 之间，当取 0 时，即完全没有分裂，一个政党占据了全部议席；当取 1 时，即最大的分裂程度，即有多少个议席就有多少个政党。对于雷的测量，萨托利认为，“这种测量实际上给予了大党过高的值，而大大压缩了小党的值”，因而，他又在考虑了弗兰纳根（Scott C. Flanagan）所提出的“碎片化指数”③ 后，认为应该将测量修正为一个加权平均数：

$$F = 1 - \sum \left(\frac{p + p^2}{2} \right)$$

上式中，p 表示总体上（观察者意义上的）政党所占议席的比例。

2. 存在最优的政党体制类型吗?

在探讨政党体制的多样性和复杂性时，有一个经常被提出的问题：是否存在一种最优的政党体制类型？这个问题触及了政治学和民主理论的核心，其答案受到了多种因素的影响，包括历史背景、社会结构、文化传统以及经济发展水平等。首先，需要明确的是，不同的政党体制类型各有其优势和局限性，它们在不同的国家和社会环境中表现出不同的效果。让我们先暂时放宽一下政党体制的类型学，使用最简单的分类方法。

---

① 萨托利．政党与政党体制［M］．王明进，译．北京：商务印书馆，2006：422.

② 参见：RAE D，TAYLOR M. An Analysis of Political Cleavages［M］. New Heave，CT：Yale University Press，1970.

③ FLANAGAN S C. The Japanese Party System in Transition［J］. Comparative Politics，1971，3（2）：231－253.

（1）“一党制”在某些情况下可以提供强有力的政府和高效的决策过程，但同时可能限制政治多元性和公民参与。“一党制”的优点可以用三个词来概括：政治稳定、政策连贯、发展高效。一党的长期执政可使政府有序、社会安定；无反对党强力挑战，党争和权力倾轧现象在一定程度上可避免，有利于政治安定。亨廷顿就认为，在现代化水平较低的国家中，多党制与高度政治制度化及政治安定是不能共存的，“一党制”可强可弱，但多党制毫无例外都是软弱的，“一党制”要比多党制稳定得多，其突出表现就是多党制发展中国家比“一党制”和一党居优制国家更易遭到军人的干政①。二战后新独立的国家最初 10 至 20 年的经验表明，“一党制”的国家最稳定，而多党制国家最易被政变推翻。当然，“一党制”也不能保证不遭受军事政变，但多党制几乎全逃脱不了这一厄运。不过，“一党制”较能带来政治稳定的观点从 20 世纪 70 年代开始遇到了挑战，20 世纪 60 年代末 70 年代初，非洲“一党制”国家发生政变浪潮，这也说明要发展一个稳定的、以一个强大政党为核心的政党制度并非易事。所以，从长远看，权威性“一党制”比一党专制或多党制更能维护政治稳定。因为在权威性“一党制”中，新的社会集团通过小党即压力党来表达要求，但最后被吸收到共识党即执政党中。即使它们没有被吸收进执政党，仍然在大党的边缘以长久的压力党的姿态继续活动。因此，权威性“一党制”为特殊集团的不满情绪提供了疏通渠道，从而给国家政治稳定提供了“安全阀”，同时也使执政党产生了把较有号召力的集团的意见吸收进来的动力。自从苏联解体和东欧剧变以来，一些“一党制”的国家和地区在解除党禁后所造成的政党林立、政局混乱的状况表明，多党制并不是解决现代化进程中政治危机的有效形式，而那些对政治环境发展敏感且富有弹性的权威性“一党制”，至今仍然显示出较强的生命力。与政治稳定相关的是政策连贯和发展高效。不同于两党制和多党制，一个政党的长期执政往往能够带来较为连贯的政策，也有较强的动员能力。同时，在这样的体制下一般权力都比较集中，在政策的执行上也是高效有力。但是这种发展的高效能否长期保持尚有疑问，这种高效带来的绩效合法性也具有先天的局限性。

（2）两党制往往能够提供明确的政治选择和稳定的政府，但可能导致边缘观点和小众利益的忽视。两党制的优点是相对于“一党制”或多党制而言的。两党制的第一个优点是所谓的政治民主，这个优点是针对“一党制”而言的。西方学者经常讲两党制是一种公平的体制、负责任的体制、温和的体制。其中所谓的公平的体制主要是针对“一党制”而言的，两党制给了公民一个选择的机会，可以把不信任的政党选下政治舞台。当然，“能够选择”还伴随着一系列民主的程序制度相支撑；“没有选择”则也预示着相关的一系列政治制度设计的民主性不足。两党制的第二个优点是所谓的政局稳定，这个优点是针对多党制而言的。尤其是议会制的两党制中，因为一党组阁，而不是包罗万象的有不同利益政党的联盟，它将赢得议会中稳固的多数派的支持。而多党组成的内阁，多属暂时性的结合，有随时瓦解分离之可

① 亨廷顿．变化社会中的政治秩序［M］．王冠华，刘为，等译．上海：上海人民出版社，2008：178.

能，常因政党无常，更替频仍，形成政治的动荡不安。两党制的第三个优点是所谓的责任明确，这个优点也是针对多党制而言的。两党制所组成的政府是政党内阁，也叫责任内阁。在议会内占多数席位的政党组成的内阁，名义上对议会负责，对施政的成功与失败负有明确的责任。但是因为执政党在议会中掌握着过半数票，实际上执政党决定一切，凌驾于议会之上，内阁有权选择对自己所属政党有利的时机，提前改选议会，而一旦内阁更替，也就意味着执政党的更替。在执政党掌握过半数票的情况下，对政府的不信任案通常很难在议会通过。与其形成对比的是，在多党制中，对联合内阁的政策由联盟中所有的党派来负责，造成政府顾虑多端、软弱无能的结果，形成政治上的混乱状态，而且很难分清政党对政府权力运行的明确责任，所以对选民来说很难对某个党投信任票或者谴责那个党。当然，两党制的弊端也很明显。执政党有时并不能代表大部分民意，尽管在总统选举或者议会选举中竞选成功。美国历史上发生过多次总统候选人普选得票总数落后却赢得大选的情况。这里蕴含着民主自身的悖论以及民主与宪制之间的冲突，提醒人们重新思考宪法和选举的民主性问题。此外，两党制政策容易反复，这是相对于“一党制”而言的，“一党制”的政策较为稳定和连贯。而两党制由于两党的轮流执政，会造成政策上的不稳定和反复性。这一点在英国表现得较为明显，工党和保守党的私有化和国有化的相互排斥和修正导致英国政策的反复无常。最后，两党制还容易忽视弱势群体，这是相对于多党制而言的。在两党制下，很难出现两党的替代力量，更难以让第三党或者独立选举人士占据一定的席位。两党制下，代表弱势群体、非主流群体的小党很难赢得总统选举、议会选举和地方选举，第三党的出现最多是昙花一现。

（3）多党制可以更好地体现社会的多样性和复杂性，促进广泛的政治参与，但有时也可能带来政府的不稳定和决策效率的降低。从形式上讲，与“一党制”和两党制相比，多党制是所谓最能够保障公民自由的体制，因为它给了公民更多的保障权、选择权，同时也给了小党足够多的生存空间，是政治民主化程度最高的一种政党体制。但是，多党制也有诸多弊端，多党制的第一个弊端是政局不稳。例如，在法兰西第四共和国时期，法国基本上保持了战前的政党体制和政治格局，它的重要特征是党派林立。在历次选举中，一般都有 20～30 个党派进行竞选活动，这些党派五花八门，名目繁多。它们在议会中没有一个能够形成足够的单独多数，只能联合起来。所以，第四共和国历届政府往往是几个政党勉强拼凑的结果。这种政党联盟和联合政府只是执政党在争权夺利和瓜分肥缺中暂时妥协的产物，因而是极其脆弱的。这些党派代表不同的阶级、阶层、社会团体和派别的利益，有着各自的政治纲领，它们一旦发生分歧，不是有关政党撤回阁员酿成内阁危机，就是通过议会推翻政府加深政局动荡。从 1946—1958 年的 12 年中，第四共和国更迭政府 20 届，每届政府平均执政时间不超过半年。多党制的第二个弊端是政策需要妥协。不像“一党制”或两党制，政策的制定只依靠一党或以一党为主，多党制下的政策是各个政党相互妥协的结果。多党制的第三个弊端是责任归属不清。在多党制中，对于联合内阁的政策由联盟中所有的党派来负责，易造成政府顾虑多端、软弱无能的结果，形成政治上的混乱状态，而且很难分清政党对政府权力运行的明确责任，所以对选民来说很难对某个党投信任票或者谴责某个党。在多党联合执政、政策需要妥协的情况下，多党制下的责任归属不甚清晰。

可见，从理论上讲，不存在普遍适用的"最优"政党体制类型。每种政党体制类型的有效性和优越性都高度依赖于特定的国家条件和社会需求。例如，一个历史悠久、社会相对同质的国家可能更适合两党制，而一个多元化、社会分化程度高的国家可能更需要多党制以体现不同社会群体的利益。此外，政党体制的效果还受到政治文化、选举制度、政治社会化过程以及民主制度本身的成熟度等因素的影响。一种政党体制在某个国家或时期可能表现出色，但在另一个国家或不同的时期可能表现不佳。因此，评价一个政党体制的优劣，不能仅仅基于理论的假设或其他国家的经验，而应综合考虑国家的具体情况，包括其历史传统、社会结构、经济发展水平以及民众的政治期待。最优的政党体制应该是能够促进有效治理、确保政治稳定、鼓励公民参与，并适应社会变化的体制。寻找"最优"的政党体制不是寻求一个放之四海而皆准的标准答案，而是在特定的国家和社会环境中，通过不断的政治实践和制度创新，探索最能促进民主发展、社会进步和国家稳定的政党体制形式。

3. 超越霸权党制：当代中国政党体制与中国新型政党制度

在学习了"政党体制"后，我们也许会有疑问，当下的中华人民共和国是什么样的政党体制？过去，在人们的普遍印象中，我国的政党体制可能会被错误地归于"一党制"；而根据萨托利的类型学，我国的政党体制又变成了霸权党制。那么，我们究竟应该怎么看待我国以中国共产党领导的多党合作和政治协商为基本图景的政党体制呢？

（1）重新回顾霸权党制。

首先，我们看到萨托利类型学的构建逻辑并不总是那样一致。萨托利用很大的篇幅和相当程度上是经验的语言讨论了竞争性体制；而对于"一党制"和霸权党制的讨论，萨托利则是从原则出发的。萨托利类型学的第一个问题，也是最核心的问题，"自由民主制度"之外的政党体制都不首先是经验地存在的，而是逻辑地存在的，因而，对这些逻辑可能的案例找寻在很大程度上都是目的的结果，而非探索性研究的结论。其次，对于政治系统的政党次体系（也就是政党体制）而言，政党次体系中的子体系——那些政党之间包括竞争在内的交互关系在大多数政党体制中都是存在的①。因此，竞争不是衡量政党体制中政党之间交互的唯一尺度。最后，萨托利只考虑到了不同政党体制的现在状态和未来走向，但却忽略了不同政治共同体政党体制的形塑过程。在《政党与政党体制》第一版中，萨托利写道，"作为一种类型，霸权党型还没有进入当代政党分类学"②。而 30 年后，史蒂文·沃林奈茨则

① DAHL R. Polyarchy: Participation and Opposition [M]. New Haven: Yale University Press, 1971: 7-8.

② 萨托利．政党与政党体制［M］. 王明进，译．北京：商务印书馆，2006：321.

承认，“自萨托利之后，很少有人提出新的政党体制类型”①。那么，是萨托利一劳永逸地完成了这一艰难的工作吗？近来的许多研究可能并不支持我们对上述问题做出肯定的回答。首先，在诸多有关霸权党制的研究中，萨托利对霸权党制的严格定义并没有更多地被采用，相反，研究者们更倾向于使用玛格朗妮（B. Magaloni）对霸权党制的定义——那个萨托利试图“纠正”的定义，即在定期的多党选举中持续获胜从而垄断政权的威权政党以及受其支配的模式②。可见，我们并没有像萨托利预测的那样，“远离优势党体制，即远离多党制中的亚竞争或近乎竞争的模式”③，相反却越来越近了。其次，大量研究显示，在那些被萨托利称作优势党制的政党体制中，占支配地位的政党都采取了强有力的政党组织形式以强化自身的威权韧性④。冷战后，大多数传统的威权国家都进行了民主化改革⑤，包括结社自由、选举权的赋予和扩大以及投票选举的制度化在内的改革措施都使得萨托利的规范性描述趋向于失效。随着第三世界国家的进一步现代化，第三世界的执政党越来越倾向于使用法团主义的方式来实现政治参与的扩大，而选举投票则更多只具有合法性意味⑥。这些研究部分地解释了萨托利式的霸权党为什么逐渐消失，但无法解释作为概念的霸权党为什么不适用。当然，这并不意味着内容或机制上的讨论无助于进一步理解霸权党制相关研究倾向的改变。最后，可以看到，霸权党（制）概念的使用并没有越来越规范，相反却越来越混乱了⑦。

这种混乱突出表现为政党政治的实证研究中对于政党类型区分的简化。首先，这种简化意味着主导党和霸权党（制）概念的混用。主导党是一个经验描述，而霸权党则存在价值判断。其次，这种简化使得萨托利讨论的那种可取的竞争状态下的优势党制几乎退出了政党及其体制的类型学，这暗含了一种预设——“党大则霸”。事实上，仅从影响而言，与其说学界对于主导党对应的政党体制类型的相关处理是一种“简化”，倒不如讲这是一种“浊化”：这种简化仅仅抓住政党的主导特征而忽

---

① 沃林奈茨．政党体制和政党体制类型［M］//卡茨，克罗蒂．政党政治研究指南．吴辉，译．南京：江苏人民出版社，2020：111.

② 这类定义的表述有很多，其实都有萨托利所说的“飞去来器”效应的问题。最经典的见：MAGALONI B. Voting for Autocracy：Hegemonic Party Survived and Its Demise in Mexico［M］. New York：Cambridge University Press，2006；REUTER O J. Regional Patrons and Hegemonic Party Electoral Performance in Russia［J］. Post-Soviet Affairs，2013，29（2）：101－135；GREENE K F. The Political Economy of Authoritarian Single-party Dominance［J］. Comparative Political Studies，2010，43（7）：807－834.

③ 引文根据本书对主导党和优势党的理解做了调整。

④ MAGALONI B，KRICHELI R. Political Order and One-party Rule［J］. Annual Review of Political Science，2010，13：123－143；REUTER O J，GANDHI J. Economic Performance and Elite Defection from Hegemonic Parties［J］. British Journal of Political Science，2011，41（1）：83－110.

⑤ SCHEDLER A. The Menu of Manipulation［J］. Journal of Democracy，2002，13：40－41.

⑥ LEVITSKY S，WAY L. Competitive Authoritarianism：Hybrid Regimes after The Cold War［M］. Cambridge：Cambridge University Press，2010：84－86；张静．法团主义［M］．北京：中国社会科学出版社，1998：47－52.

⑦ SURYADINATA L. The Decline of the Hegemonic Party System in Indonesia：Golkar after the Fall of Soeharto［J］. Contemporary Southeast Asia，2007：333－358.

略其所在的政党体制环境。那么，在结果上，简化就成了标签的泛化——墨西哥、新加坡、马来西亚、津巴布韦都因其执政党的主导性而变成了霸权党制国家，而那些政党碎片化程度更低的国家则甚至变成了“一党制”。可见，霸权党的标签已经“泛滥”。

1970 年，视波兰式政党体制为“霸权党制”的瓦尔特（J. Wiatr）讨论了一个有趣的政党体制类型学①。其中，瓦尔特认为应该区分共识型政党体制（consensus party systems）和霸权型政党体制②。在共识型政党体制中，多个政党确实存在，但存在一个政党，它基于占主导地位的大多数公民的忠诚持久地发号施令并永久地管理政府；而在霸权型政党体制中，所有现存的政党都组成了一个持久的联盟，其中一个政党被接受为联盟的领导力量。显然，如果按照萨托利的定义，共识型政党体制要么是一个优势党制，要么是一个霸权党制。那么，这种区分有意义吗？

事实上，在价值上，我们很难接受波兰式政党体制是一个“霸权党制”——因为这种政党体制恰恰是“霸权党”主动分权的结果，除非我们从葛兰西的意义上去理解 hegemony，从而使 hegemony 摆脱“霸权”的色彩走向一种领导权（leadership）③。这是因为，如果将波兰式政党体制与萨托利所谓的“存在竞争的政党市场”那种体制相比的话，波兰式政党体制的法团主义与基于协商主义的“霸权占有”似乎并不比墨西哥、新加坡或者马来西亚的威压式霸权更令人反感。这种价值色彩上的高低并非空穴来风，解答这个问题的关键是，如何看待竞争（competition）与政党多元主义（party pluralism）。

显然，萨托利对霸权党制的定义与批评几乎全部来自对政党多元主义以及基于此的竞争与竞争性（competitiveness）的信任④。因此，我们必须回到多元主义上来。对于现代自由主义或者说现代自由主义的保守主义分支而言，政党政治首先是自由民主政治，而“自由民主制”则依赖于共识与分歧这一对范畴而存在⑤。由此出发，多元主义可以被视作对一种基于有异见的共识而建立的一种政治制度的信仰，因而，多元主义及其产物（包括“自由民主制”所认定的民主政党及其体系在内）都不能违背“这一信仰能够趋向于自由”这一信条。所以，对多元主义的信仰首先意味着政治秩序是一个隐藏的前提。对于政党及其体制而言，在建立民族国家的过程中，西方的政党体制并没有发挥作用，政党只是在合法性危机的问题解决之后——也就是在宪治被接受后才运作起来⑥。因此，竞争这种结构，以及因这种结

---

① 这个类型学的雏形参见：KOTHARI R，WIATR J. Party Systems and Political Pluralism：Comparisons between India and Poland［C］. The VI World Congress of Sociology，Evian，France，1966.

② WIATR J J. Political Parties，Interest Representation and Economic Development in Poland［J］. American Political Science Review，1970，64（4）：1239－1245.

③ ANDERSON P. The Antinomies of Antonio Gramsci［J］. New Left Review，1976，100：5－78.

④ 参见：萨托利．民主新论［M］．冯克利，阎克文，译．上海：上海人民出版社，2008.

⑤ KEY V O. Public Opinion and American Democracy［M］. New York：Knopf，1961：28－35.

⑥ ROKKAN S. Nation Building，Cleavage Formation and the Structuring of Mass Politics［M］// ROKKAN S. Citizens，Elections，Parties. New York：McKay，1970：470.

构而产生的竞争性统统都是政党议会斗争的产物而不是前提。用政党多元主义来框定因国家崩溃而产生的政党体制的价值规范，实在是一种价值观帝国主义。

当然，这并不意味着波兰式政党体制不承认最原初意义上的多元主义。因为“所有大规模的社会都不可避免地在某种程度上是多元的”①。但是，“自由民主制”的多元主义，特别是政党多元主义意味着“权力的分散化”② 以及“独立且互不包含的”利益集团的多元化③，这种倾向强调：观念的冲突必然带来行动的冲突，因而制度必须为观念的冲突提供制度化的冲突场域；它没有看到，共识的达成可以通过非冲突的、也因而是非竞争的方式产生。反映到制度设计上，“自由民主制”的政权必须是开放的，而各种利益集团都可以在各个层级上与政府以及政党进行游说和舆论意义上的共识塑造。但对于波兰式政党体制而言，共识的塑造在体制内部，它首先并不反对而是承认不同成分社会力量及其代表的存在；其次，它实现了共同体层次的共识、程序层次的共识以及具体政策层次共识的区分；最后，它并不将冲突和竞争奉为圭臬，而是强调政治系统运行的动态过程，并因此而获得活力。

（2）一个可能的类型：共识型领导党制。

我们希望用“共识型领导党制”来代替波兰式政党体制和萨托利“霸权党制”。原因在于，这一类型准确地统一了波兰式政党体制的经验与价值。此外，这一称谓还指出了波兰式政党体制的核心机制。波兰式政党体制的关键在于它实现了两种现代政治体系构成方式的有机结合。一方面，它建立了一个党国体制的三角结构④，这个三角结构依靠国家科层和政党科层来贯彻政治决策意志；另一方面，它又为党国体制的三角结构增加了一个中间环节，这个中间环节的存在使得苏联“一党制”下国家与政党之间、国家与经济之间、政治与经济之间、权力与社会之间模糊边界的制度背景清晰了起来（见图 4－4）。

为了简化，这里只选择了代表功能进行讨论。图 4－4 意味着，共识型领导党制承认政党与国家结构的融合。对于执政党而言，它所面临的结构是“政党-国家”结构；而对于执政党的下位政党而言，它们所面临的结构恰恰是一个输出给执政党和“政党-国家”结构的广泛影响场域。与“一党制”相比，共识型领导党制具有更真实的代表者，同时，下位政党又能够以打破常规国家科层和政党科层的参与方式的形式进一步地通过政党间的互动、下位政党与政府机构的互动实现利益代表和信息传递的职能。对于多党制而言，政党与其他社会团体都是利益代表者，这些不同属性的利益代表者都需要通过一个价值中立的行政机构来实现利益代表，因此，利益代表本身的规模是有限的。总之，共识型领导党制所具有的双重结构更为复

① SHILS E. The Torment of Secrecy [M]. London: Heineman, 1956: 153.

② NISHBET R A. Community and Power [M]. Oxford: Oxford University Press, 1962: 265.

③ KORNHAUSER W. The Politics of Mass Society [M]. New York: Free Press, 1959: 81.

④ 党国体制的三角结构参见：乔纳蒂．自我耗竭式演进：政党—国家体制的模型与验证 [M]．李陈华，许敏兰，译．北京：中央编译出版社，2008：17－29.

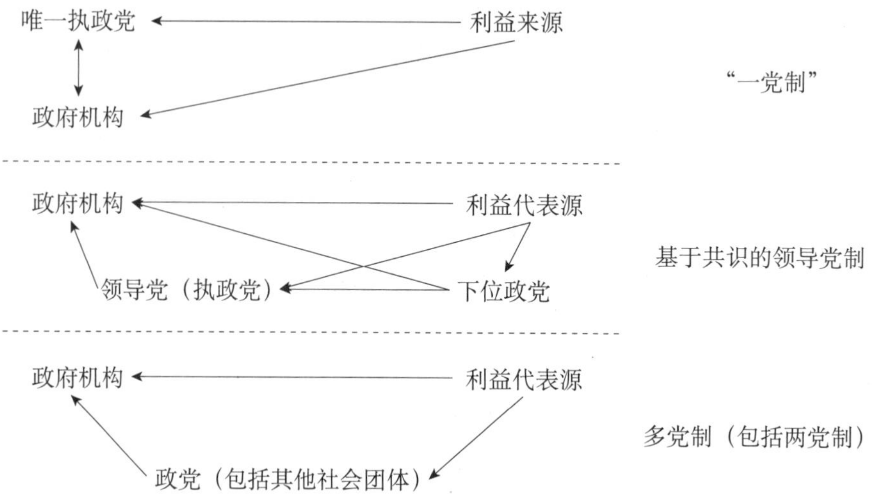

图 4-4　三种党政关系模式下代表功能的发挥

杂，因而也能够兼有两种政党体制的灵活性。

以中国为例，在制度设计上，人民政协制度与人民代表大会制度协调一致。人民代表大会制度与中国共产党领导的多党合作和政治协商制度是党政体制的重要制度构成。从民主的功能角度来看，人大是制度化的选举民主，而政协是制度化的协商民主①。前者赋予制度合法性，后者赋予具象政策合法性。从国家结构的视角来看，人大与政协也是法定权力机关的承载和延伸，因而，人大和政协在党政体制下处于一个同调的状态。党政体制是中国现代化的制度性工具，权力的集中统一是党政体制的基本特征，在执政过程中，这种权威的最终性表现在党组织和党员个人在党政体制内部的高度行政化。因此，无论是中央还是地方，人大的作用是在不影响中国共产党领导的因应管理政策体系的前提下，为长期性的法律、法规和政策赋予合法性，并同政协一道将这种长期性固定下来，使之成为治理体系的一部分。在这个意义上，人大是作为政府在国家机关层面的最后一道关卡，而以民主协商主体为代表的政协制度和政协要素是党的政策的又一层扩散维度②。具体来说，人大和政协在政策执行、扩散和溢出的意义上，所发挥的作用是承认性的，即通过表示同意或认可的形式来完成对政策内容本身的许可和认同。因此，民主党派可以通过政党协商发挥利益代表的功能，这其中涉及事项包括中国共产党全国和地方各级代表大会、中央和地方各级党委有关重要文件的制定、修改，宪法的修改建议，有关重要法律的制定、修改建议，有关重要地方性法规的制定、修改建议，人民代表大会常务委员会、政府、政协领导班子成员和监察委员会主任、法院院长、检察院检察长建议人选，关系统一战线和多党合作的重大问题，等等。而民主党派和无党派人士

① 董树彬．人大选举民主与政协协商民主的协同发展 [J]．理论探讨，2015 (6)：32-36.

② 柴宝勇，石春林．党的领导体制下的政策制定模式及其特征：基于主体、结构和层级的视角 [J]．中国行政管理，2022 (2)：100-108.

参政的主要内容是，参加国家政权，参与重要方针政策、重要领导人选的协商，参与国家事务的管理，参与国家方针政策、法律法规的制定和执行。

此外，除了制度化的政党协商之外，还有政府协商、政协协商与人大协商，它们构成了体制内四个方面全面的协商民主体系①。在这样的制度设计下，共识型领导党制不仅在制度层面与人大制度同调，还深刻地影响了党政体制运作过程中的治理效能，在这一过程中，“党委出题—党派调研—政府采纳—部门落实”的运行机制，保障了参政党的知情权和参与权，体现了合作型政党关系的运行效率②。政协既以政治协商主体的身份存在，也获得了党政体制自上而下的政治性权威，这种内部监督的外部化和外部监督的内部化相结合的形式使得这种联合督导成了巡视巡察制度的重要补充。此外，在立法转化上，政协也发挥着重要的审议功能。人大法制工作委员会或政府法制办直接与同级政协社会和法制委员会对接，委托同级人民政协就立法草案开展立法协商。人大或政府党组通过同级党委，将立法草案交由同级政协党组，由政协党组组织政协委员开展立法协商。人大和政府在对立法草案或征求意见稿进行讨论时，邀请具有相关背景的政协委员参加③。

由于党政体制和政党次体系的同时存在，共识型领导党制通过政协正式制度的身份赋予，实现了对具有知识上的专业优势、丰富的信息渠道和广泛的社会网络的社会各界代表人士的认同性建构。同时，通过这种方式对这些代表进行政治社会化，最后，再由民主党派或者中国共产党对之进行政治面貌的更新，在政治训练和政治录用中提供帮助。如此，党政体制就通过新型政党制度的制度结构和组成部分获得了对从中央到地方大多数政治和社会精英的整体性一致。在政治吸纳和政治录用方面，政协制度及其衍生为相关民主党派人士提供了社会性卷入的契机和可能，最大可能地减少了有影响力的社会人士直接采取体制外的集体行动或抗争行为。此外，这一制度还避免了无效的政治结社，通过政治吸纳和政治协商避免了西式政治性的利益集团的产生。

现今西方政治参与意愿的低下、投票率的持续低迷和各种集体行动的不断爆发都说明，竞争性政党制度没有很好地完成社会意见制度化的任务。戴蒙德曾指出：“在许多民主国家中，无论是在发达国家还是在欠发达国家，不断增加的证据表明，政党中成员数量正在不断减少，政党和其他联盟的辅助组织的关系在衰减甚或崩溃；政党作为社会特别群体的代表的连续性也在减弱；公众舆论对于政党的承诺和信任度也日趋虚弱。”④ 如此，重新审视普沃斯基的那段经典论述，得到的结论可能会截然相反。普沃斯基说，“只有当政党会遭受失败，而且失败既不是一种社会

① 谈火生，宋雄伟．中国共产党对社会主义协商民主的百年探索［J］．行政管理改革，2021（8）：13-21.

② 中共中央统战部．中国共产党统一战线工作条例［M］．北京：人民出版社，2021：12-13.

③ 白帆，谈火生．人民政协参与立法协商：模式、特征和原则［J］．当代世界与社会主义，2018（2）：179-186.

④ 冈瑟，戴蒙德．政党与民主［M］．徐琳，译．上海：上海人民出版社，2012：3.

耻辱也不是一种罪过时，民主才会兴旺发达”①。这一判断往往被视作竞争式政党制度是民主必需品的有力证据。但是，从当下的西方政治现实和既有的政治理论可以发现，普沃斯基忽视了竞争性政党制度对失败者的惩罚。他认为，似乎政党的失败应该在一个“民主的宽容精神”下去理解，但是，对政党失败的无限宽容，其结果就是，民主变成了纯粹为争夺选民无休止地进行较量的对手政治（adversary politics）和为反对而反对的斗嘴政治（yah-boo politics）②。最终，西方政治带上了更多的马基雅维利主义色彩，而公共权力的权威性和制度效能就在“政治游戏”（play politics）的过程中逐渐丧失了。

在此背景下，根据历史和现实讨论一种“共识型领导党制”，重新审视分歧与竞争、共识和参与在现代政治体系中的作用，当然有出于建构新型政党制度话语体系的目的③。具体来说，建构中国特色政治学的学科体系、学术体系和话语体系，基于实践的需要强调对中国本土的解释力自然是基础，但“可对话性”也是应有之义。作为“可对话性”的基本要求就是，既不能自说自话，也不能“一对话就被俘获”。因而，从基本的概念反思出发，结合比较政治学的基本视角，去反思和重构世界政党制度及其现代化的基本进程就是当下中国政治学的一个重要任务。同时，这种尝试可能既是对政党政治的崭新现代性诠释，更是对民主政治与代表未来政治发展倾向的一种预测。因为，如果“政党国家”在政党卡特尔化的西方正在且持续兴起是一个事实④，那么西方政党理论就没有理由仅仅站在“自由民主制”中傲慢地看世界。

阅读与思考

一、阅读

1. 萨托利．政党与政党体制［M］．王明进，译．北京：商务印书馆，2006.

2. LEWIS P G. Party States and State Parties [M] // KATZ R S, CROTTY W J. Handbook of Party Politics, 2006: 471 - 481.

3. MAINWARING S. Party System Institutionalization, Party Collapse and Party Building [J]. Government and Opposition, 2016, 51 (4): 691 - 716.

---

① 普沃斯基．民主与市场［M］．包雅钧，等译．北京：北京大学出版社，2005：1.

② 海伍德．政治的密码［M］．吴勇，译．北京：中国人民大学出版社，2016：201.

③ 柴宝勇，石春林．中国新型政党制度话语体系的基础性建构［J］．中央社会主义学院学报，2022（2）：64 - 80.

④ KIRCHHEIMER O. Party Structure and Mass Democracy in Europe [M] // BURIN F S, SHELL K L. Politics Law and Social Change: Selected Essays of Otto Kirchheimer. New York: Columbia University Press, 1969: 245 - 268; KATZ R S, MAIR P. Changing Models of Party Organization and Party Democracy: the Emergence of the Cartel Party [J]. Party Politics, 1995, 1 (1): 5 - 28. 一些“自由民主制”政党国家的特征讨论见：KATZ R S, MAIR P. The Ascendancy of The Party in Public Office: Party Organizational Change in Twentieth-century Democracies [M] // GUNTHER R, MONTERO J, LINZ J. Political Parties: Old Concepts and New Challenges. Oxford: Oxford University Press, 2002: 113 - 135.

4. 柴宝勇，石春林．超越政党多元主义：论霸权党制及其类型学［J］. 世界社会科学，2023（3）：45－73.

5. 周淑真．政党政治学［M］. 北京：人民出版社，2011：446－455.

二、思考

1. 政党制度和政党体制的区别和联系是什么？

2. 为什么“一党制”不属于政党体制？它应该属于什么？

3. 什么是“飞去来器”效应？怎么避免在比较研究中犯这种错误？

4. 存在最优的政党体制类型吗？

5. 阅读迪韦尔热的《政党：现代国家中的组织和行为》（*Political Parties：Their Organization and Activity in the Modern State*）及其他相关材料，总结什么是“迪韦尔热定律”，并指出政党体制和选举制度之间存在的关联。

第五章

政党关系

> 政党——尽管它们千方百计地长期把它们的追随者都划归到自己的身上——按其最内在的本质是资源建立的和旨在自由招募的和不得不总是更新的组织。
>
> ——马克斯·韦伯《经济与社会》①

政党要在政治系统内部发挥作用，必须从世界范围内界定与比较政党与国家、政府、社会的边界及其关系。诚然，不同的政治体制下政党与国家、政党与政府、政党与社会、政党与政党的关系也区别甚大。在政党政治学的广阔领域中，对政党关系的研究不仅限于各政党组织间的互动与博弈，更深层次地涵盖了它们与国家、政府及社会多元主体之间错综复杂的联系。本章正是致力于探索这一核心议题，旨在揭示政党的存在和发展如何深刻地塑造并受制于其与外部环境的多重联结。

要界定政党关系的概念，首先要界定“关系”的概念，从一般意义上讲，关系有以下几种含义：“①事物之间相互作用、相互影响的状态；②人和人或人和事物之间的某种性质的联系；③对有关事物的影响或重要性；④泛指原因、条件等；⑤表明有某种组织关系的证件；⑥关联、牵涉。”② 就政党关系而言，显然是指第一种含义。政治学视野中的“关系”基本可以描述为政治主体之间，为了自身的利益要求，围绕国家政治权力而形成的一种相互作用、相互影响的状态。它不是抽象的，而是与社会发展水平相适应的，政治主体各自的地位不同，也就决定了政治关系的格局的不同、形式的不同。其任何形式的表现都表征着政治系统的性质与

---

① 韦伯．经济与社会：下卷［M］. 林荣远，译．北京：商务印书馆，1998：758.

② 中国社会科学院语言研究所词典编辑室．现代汉语词典［M］. 6版．北京：商务印书馆，2012：477.

状态。

狭义上的政党关系，仅仅是指一个国家内部政党与政党之间的联系。政党关系是一定政党制度下作为政党政治行为主体的各个党派之间尤其是执政党与非执政党之间的相互关系，这种关系的和谐程度标志着一种政党制度的成熟程度，反映一个国家政治的进步状态，是国家稳定、经济发展和社会和谐的重要保障。而广义上的政党关系不仅仅是指一国内部政党与政党之间的关系，而且还包括政党与国家、政党与社会、政党与政府之间的关系。

在政治学理论中，国家、社会、政党、政府这四个概念的边界难以划定，围绕这一概念的划分学者们纷争不已。从黑格尔（G. W. F. Hegel，1770—1831）开始，"国家"（Staat）与"社会"（Gesellschaft）的区分总是困扰着政治学者。苏联解体、东欧剧变之后，这一问题被西方的一些政治学者提起，并频繁地出现在学术和政治论争中。在论争中，与"国家"（state）有密切联系的"政府"（government）的概念没有过多地涉及；相反，"政党"（party）这一概念却屡屡出现在他们的论述中。尤其是当他们对于1989年以前的社会主义国家评论时，"政党"几乎成为"国家"的同义词——即使是"政党-国家"的概念也不是这种滥用的理由。而在当代西欧与北美国家探析"政党政府"概念的时候，"社会"这个概念似乎并没有完全凸显出来，最多不过是以"选民"的基础出现。"国家"这个概念虽被较多地提及，但是主要是被当作政党在控制政府的过程中要去争夺的一种资源，或者他们干脆就把"国家"与"政府"混为一谈。这些概念产生混乱的原因，一方面是这些概念的联系度很高，"已经没有什么概念能说明政党、利益集团和政府之间明确分工"①；另一方面是这些概念还没有应用于经验性研究，只是停留在规范论述的层面上。而且这些概念都受到了历史文化传统的影响，具体到每个国家，这些概念的含义都有所不同，甚至在一个国家内部都有不同的含义。

第一节 政党与国家

国家来自社会，或者说社会孕育了国家。尽管关于国家起源的问题有许多不同的学说，但国家是从社会中产生的这个信念，早已被大多数国家学说所接受。

1. 国家的概念与特性

一般来讲，国家有两种面相：代表社会整体的国家与作为政治组织的国家。尽管有时这两种面相很难完全区分。代表社会整体的国家概念包含了人口、疆域、历史、主权、文化等复杂的内容，甚或财富、社会发展程度等也包括在内。如国家繁荣昌盛、伟大的国家、美丽富饶的国家以至国家不分大小、强弱等，这些话语明确

---

① KOOLE R. Cadre, Catch-all or Cartel? A Comment on the Notion of the Cartel Party [J]. Party Politics, 1996, 2 (4): 507-523.

表达了一种总括性的内涵。由这样的国家概念进一步引申，就有一系列诸如国土、国民、国力、国史、国情等不同程度表达社会整体的词汇。国家概念表达政治组织的含义，如国务活动、共和国、国体、国事、国会等，这一类话语将国家视为政治组织，并且是功能最强、形态最复杂的政治组织。虽然国家的定义纷繁复杂，但是大多数西方学者基本认同韦伯的国家定义，把国家描述为一种强制性的组织，这个组织建立了一种行政和法律秩序，在特定的领土内垄断了对暴力的合法使用，以强制实施自己的命令。而且，韦伯还进一步提出了行政秩序和法律秩序，即一部分是作为工具的国家——权力国家，一部分是作为法律秩序的国家——法律国家。政府作为权力国家的表达而存在，法治国家通过对国家内其他机构权力的认可，限制了政府的活动范围。随着社会的发展，国家这种政治组织已经发展成庞大的组织群。国家的性质是政治组织，因而区别于经济组织和文化组织。这种区别的要义是：国家以组织的方式来表达公共的和强制的力量、要求与关系。国家作为政治组织，其组织功能在于政治统治和政治管理，而其组织形态则体现为复杂的组织结构与制度结构。

国家产生后社会中出现了性质不同的组织，由此，国家使社会具有了不同的意义。首先，国家使社会结构进一步分化，从而使单质的经济社会变迁为经济社会和政治社会，并为社会结构的进一步分化奠定了基础。社会结构的分化使社会互动具有了结构性与功能性，因而增强了社会的功能，这有助于社会文明的演进。其次，作为政治组织，国家通过实施政治统治与政治管理的功能来推动基本的社会秩序的建立。政治管理服务于政治统治，它是国家对政治生活的协调和控制。这两项功能是国家以外的任何组织都不具备或不完全具备的。国家通过其组织功能的实现来体现其力量，这种力量应当缓和冲突，把冲突保持在“秩序”的范围之内。此外，国家出现以后，人们的社会生活更加丰富了，出现了选举、参与国家事务、接受某种意识形态、参与政治斗争等活动。与此同时，人的社会地位被国家所确定了，个体与国家之间形成了某种确定的关系。

那么国家这种政治组织与其他的政治组织相比，其独有的特性是什么？是主权（sovereignty）。主权是获得了合法性的最高政治权力。主权不是政治组织自封的，它必须在社会这个大的共同体内获得合法性，而在当代还应在国际上获得合法性。“合法性”（legitimacy）这个概念是从韦伯那里借用来的，意指现代国家必须得到被统治者基于法律程序的认同，在一个存在着经济社会、政治社会和文化社会互动的共同体内，主权的合法性是指被各种社会组织所认同，并与之发生互动关系。在当代，来自国际方面的合法性是指主权被国际社会普遍承认。当主权获得了这样的合法性时，它就具有了最高的政治权威。

主权是国家的属性，承认国家存在，就承认了主权的存在。但人们仍不免要问：主权的根源是什么？或者说，是什么力量将主权给予国家而不是其他什么组织？从最初的意义上说，马克思主义国家学说对此提供了最富有启迪性的解释。恩格斯指出，国家是社会在一定发展阶段上的产物；国家是表示这个社会陷入了不可解决的自我矛盾，分裂为不可调和的对立面而又无力摆脱这些对立面。而为了使这些对立面，这些经济利益互相冲突的阶级，不致在无谓的斗争中把自己和社会消灭，就需要有一种表面上凌驾于社会之上的力量，这种力量应当缓和冲突，把冲突保持在“秩序”的范围之内；这种从社会中产生但又自居于社会之上并且日益同社会脱离的力量，就是国家。

2. 政党与国家的差异

从理论上而言，国家与政党之间存在着诸多差异：

第一，政党与国家所涵盖的主体范围不同。国家既是一个政治概念，也是一个地理概念，其主体范围及于某一国家领域范围内的全体公民。在这块国土之内，全体公民不论同意与否，都必须与国家发生关系，不能独立于国家之外。所以，亚里士多德说，“人是天生的政治动物”“离开城邦者，非神即兽”。而政党则是 party，是部分。西欧、北美国家在 17—18 世纪开始在政治生活中使用这一词汇。当时，政党与宗派同义，并且同时使用，指社会上一部分政治观点和利益相同的人组成的政治集团。无论如何，政党是一个国家内部部分公民可以选择参加的组织，一个政党的组织不管如何强大，也不可能包括这个国家的所有国民。

第二，政党与国家的组织性质不同。政党是一种自愿组织——从理论上而言，加入或者退出这个政党完全基于个人自由意志；而国家却是一种强制组织——国家无从选择。就像宗教一样，一国内的任何公民都可以选择加入政党，也可以选择不加入政党。但是，在一国范围内，不论是统治者还是被统治者都不能不是国家的成员，都不能不受国家的管辖，不能豁免国家权力或其管辖权的行使。在国家中，作为一个公民必须承担一定的义务，履行一定的责任，比如纳税、服兵役等。

第三，政党组织成员与国家成员的权利来源不同。权利是生活在一定社会关系中的人们所享受到的受到国家（政府）所承认的利益。在一个国家内，除了少数外来移民需要经过该国批准方能成为该国成员以外，绝大多数人都是因为出生地主义（或者根据出生于该国领土内）而成为该国成员的。因此，除了外来移民以外，国家成员的权利是生来就有的，不需要自己去争取，也不需要别人赋予（当然，出生后申请加入别国国籍的除外）。而政党成员的权利则不是生来就有的，党员在党内的权利是在入党时接受党纲、党章和党纪的约束，也就是放弃自己在党面前独立自主的权利，用自己作为公民本来享有的自由权利同别人（一部分创始人和先入党的人组成）交换得来的。

因此，由政党机关代行国家机关职能是不适当的——因为两者性质完全不同。如果政党想在法理上合法地代表全体公民，必须经过一定的程序，得到全体公民的授权或者认可。而通过这种方式，一国的全体公民仅仅把权力赋予了由自己的代表组成的国家权力机关或立法机关，而没有把权力赋予任何一个政党的机关。政党作为部分公民自愿组织起来的团体，其机关的产生和组成仅仅是该政党的内部事务，非本党组织的成员不应干涉。既然党外公民并未参与对政党机关权力的授予，那么自然也不会把权力授予任何政党机关。

政党不是国家，只是社会中成长起来的一种特殊的政治组织（实际上是政治社团的一种）。理论上而言，政党和国家、政党的组织和国家政权机关之间既不是一种包容关系，也不是一种从属关系，但有可能存在交叉和重叠的关系。政党是民众的组织化，国家是权力机关，按照以代议民主制为特征的现代政治的要求，处于国家制度外的政党必须作为执政党才能领导国家，执政党经由法定程序进入国家制度体系，依据法律授权和制度安排决定和管理国家事务。

虽然政党与国家存在着根本性的差异，但政党认同与国家认同存在着密切的联系。从近代史上看，一些发展中国家就是由政党建立国家的，政党认同自然地导入国家认同。在这样的国家中，政党认同的衰微，往往伴随的是国家的分裂和多民族国家的解体，而国家认同感的下降，往往反映的是人们对于政党执政认同感的下降，国家、民族的命运与政党的前途紧紧地联系在一起。就是在西方竞争性的政党制度下，政党的认同也与国家的认同存在着一定的联系，美国“9·11”事件所带来的国家认同感的加强，反映在政党认同上，就是保守的共和党的风头更劲。

政党认同与国家认同往往存在着密切的关系，但这并非一种必然的联系（或者说决定关系）。政党认同感的降低，不会必然带来国家认同感的下降。美国民主党的执政绩效令公民不满，政党认同感下降从而导致政党的下台，这对公民的国家认同感并无多大影响。同样，国家认同感的降低，一般也不会直接导致哪个政党执政或者下台。

3. 政党与国家的关系模式

从世界范围内来看，存在着（或存在过）三种政党与国家的关系模式：内生型政党-国家关系模式（国家领导政党）、外生型政党-国家关系模式（政党领导国家）、混生型政党-国家关系模式（介于上述两者之间）。

在早发现代化过程中，现代民族国家基本形成，西方以议会为核心的国家体制逐渐确立，随着利益分化和政治斗争的加剧，议会内部首先形成不同的党派，然后在适应选举权扩大和选举竞争的过程中，原有的议会党派扩大和加强与地方和基层的联系，建立现代政党组织。这就是内生型政党-国家关系模式。这类模式的基本特征是：从形成看，先有国家建构后有政党成熟；从作用方式看，国家领导政党，政党在国家宪法框架内活动；从显著特征看，一般存在多个政党，且是竞争性关系，各个政党通过选举上台执政。

在政党的产生和发展过程中，并不是所有的政党都是从议会内部的党派演变而来的，而是有相当多的政党在议会与选举之外形成并开展活动。这类外生型政党的起源多种多样。例如，工会组织可以推动政党的形成，一个显著的例子是在1899年的英国职工大会上通过了成立一个选举及议会活动的组织的决定，这便导致了后来工党的诞生。在很多国家，知识分子团体、秘密会社和地下组织在催生政党方面发挥着重大的作用。外生型政党虽然都是体制外政党，但是因为它们对待国家制度的立场和态度不同而形成迥然相异的政党-国家关系。英国工党虽然不是从议会内部派别演化而来，但是在建立全国组织、成长壮大之后很快进入议会，成为议会内部的重要政治力量，因此工党与国家政权的关系演变成了内生型政党-国家关系模式。与英国工党不同，许多外生型政党坚持革命立场，反对现存体制，拒绝议会内部的民主游戏，最终通过开展革命运动推翻了原有的国家政权，建立了新的政权。这类外生型政党名目繁多，既有大量的共产主义政党，也有不少民族主义政党。苏联共产党可谓此类政党的一个典型。苏联共产党的前身是 1898 年成立的俄国社会民主工党。1903 年在列宁的领导下创建的俄国社会民主工党布尔什维克派，开始领导俄国人民开展长期的革命斗争，并在 1917 年的十月革命胜利后成为执政党，建立了无产阶级的国家政权。在这类外生型政党-国家关系中，政党是旧的国家政权的破坏者和推翻者，是新生国家政权的缔造者和建设者，因此，以党治国是其典型特征。

混生型政党-国家关系模式，也称为共生型政党-国家关系模式。在一些国家的民主革命或者民族独立运动中，虽然政党发挥了重要作用，具有重大影响，但是新的民族国家的建立并不是这些政党单独取得胜利、获得成功的结果，而是与各方政治力量经过谈判和讨价还价，最终达成妥协的结果。在这些新的民族国家中，政党由于其历史功绩和广泛的组织体系具有很大的政治影响力；与此同时，新建立的国家政权也具有自身的合法性源泉，并建立了全国的政权组织。例如，在二战后的非殖民化过程中，一些殖民地的主要政党与宗主国进行谈判，最终实现了民族独立，建立了现代国家。在此过程中，政党与国家均获得了一定的合法性，均在政治过程中占有重要地位，发挥重大作用。因此，一个必然的结果就是党国相争。

第二节　政党与政府

政党和政府作为现代社会中两大必不可少的社会政治组织，是现代政治体系的基本要素，两者共同生存于一个由诸多组织和个体组成的社会大环境之中，履行着重要的政治职能。它们之间是互动发展、相互制约，并共同作用于整个政治系统的。因此，政党与政府的关系问题是现代民主国家中不容回避的问题之一，可以说现代社会中的各种政治关系都在一定程度上直接或间接、明显或隐含地包含着党政关系的因素。

1. 政府的概念与本质

对于政府概念，从不同的学科和视野出发，其解释也是五花八门。有学者将政府视为政治统治的方式或政治统治的确定形式，这是偏重于制度化的解释，旨在强调政府执行国家权力的制度性质，与政体的概念相近；也有学者将政府视为管理国家事务的机构和统治阶级行使国家权力、实施阶级统治的工具，这样的解释偏重于政府的阶级性，强调了政府对于阶级统治而言所具有的手段性；在当代多元主义政治理论中，政府是以调节社会冲突的“仲裁者”的面目出现的；而在现代西方经济学中，政府成为“政治市场”，组成政府的人员均被赋予“经济人”的特性，从而否定了政府公正无私的道德假定，以图揭示政府缺陷。

从政治学的一般定义而言，政府的概念有大、中、小之分，同时也具有“代表性”和“行政性”两种面目，“由于政府处于代表和管理的交会点上，所以它在政治上和制度上都占据了独特的地位。一方面，政府是民主国家代议阶梯的顶层；另一方面，它又位于庞大的国家机器的顶端：正是由于这个原因，在有些国家，政府仍被称作‘行政机构’。”① 而实际上，西方学者在探讨政党与政府的关系时，一般把政府仅仅局限于中央政府（或许还包括地方领袖），地方政府以及庞大的官僚机构并不包括在内。西方政府实行的“政务官”与“事务官”的分途实际上也为这种界定提供了经验基础。虽然政府也具有“代表性”的面相，但是相对于议会而言，它主要是一个行政机构。

在这里，我们暂且抛弃政府概念定义的纷繁复杂。如果以国家与政府的关系来定义政府，并认为主权是国家的本质属性的话，则政府即管理与行使国家主权的机关。国家是一个政治组织，而这个政治组织的机关便是政府。国家这个政治组织享有主权，而作为国家机关的政府则是国家主权的管理者和行使者。管理和行使国家主权是政府的本质。这有两层含义：第一，主权的享有者是国家，而不是政府。主权是随着国家的产生而产生的，它是国家这种政治组织的本质规定。作为最高政治权力，它的权威性、强度等，都要在国家与社会的关系中得到体现和说明。如果政府能够享有主权，就等于说政府拥有国家，而这是不符合逻辑的，并且也违背常识。第二，管理国家主权也就是政府被授予了对国家主权从事管理活动的权力，这个权力是次于国家主权的权力。是什么授权给政府让其管理国家主权？是政府产生以前就业已存在的政治、经济与文化制度。它是社会运行的结晶，是国家与社会互动的结果——尽管由哪些党派、什么人来组成政府也是非常重要的问题。

政府与国家的联系集中体现在它作为国家的组成部分，承担着管理与行使国家主权的使命，政府因此而成为政府。但是，政府绝不等于国家。几乎每一个国家在其历史中都曾经产生过这种或那种形式的、好的或坏的政府。一个又一个政府垮台或更迭了，而国家却依然生存了下来。这不仅仅是由于有些国家在法律上明确区别了国家元首和政府首脑，而且还由于下述事实：政府的意志、价值和利益虽然一般来说与国家是一致的，但绝不意味着两者不会发生差异、背离和对立。

2. 政党与政府的关系模式

政党以控制公共权力或对公共权力施加影响为首要目标。而政党在获取执政地位后如何行使、运作公共权力就是党政关系所要回答和解决的问题。实际上，党政关系问题是世界上任何类型的政党在执政后都必须面对的问题。只是由于不同的政党获取政权的方式不同，也就形成了不同的党政关系模式。

第一种模式为党政合一型。社会主义国家大都属于这种模式，执政的共产党管

---

① BLONDEL J. Ministerial Careers and the Nature of Parliamentary Government: the Cases of Austria and Belgium [J]. European Journal of Political Research, 1988, 16 (1): 51-71.

干部、管政策、管财政。共产党掌握着从中央到地方的各级政权，如越南政府总理、副总理、部长基本上都由越共政治局委员和中央委员会委员担任。政府在重大问题和决策上必须征求中央政治局的意见，党对政府决策有最后决定权。各级地方党组织也都掌管着同级政府的行政事务。越共还在国家机关和团体中设立党组，负责检查党的方针政策的贯彻落实情况。1958 年，毛泽东批评国务院和经济工作部门搞分散主义，明确指出："大政方针在政治局，具体部署在书记处。只有一个政治设计院，没有两个政治设计院。大政方针和具体部署，都是一元化，党政不分。"就我国而言，在过去有一个时期，中国共产党在执政实践中忽视了政党组织自身的正确定位。在政党组织和政府机构之间确立了服从与被服从、命令与被命令的行政隶属关系。党的各级组织直接向政权机关发指示，直接任命政权机关的各级干部，甚至直接代替政府机关从事日常行政管理工作，事实上变成了国家机器的一部分。与此相应，政府则成了党的一个工作部门，具体执行党的指示。根据民主政治的一般原理，民众的政治参与、民众对政府的控制、民众对政府的监督、民众改变政治现状的要求，都要通过政党来实现。如果政党定位不准确，出现"越位"或者"缺位"的现象，那么政党的功能就难以正确地履行。党组织行使政府职能，不但使党组织离开了沟通民众的位置，变得国家化、行政化，而且极大地扭曲了公共权力的授权关系，违背了民主政治的一些基本原则，使执政党事实上成为国家权力的来源，最终导致国家体制的混乱，加剧了权力的腐败，也使得公民对政党、国家、政府界限的认识逐渐模糊。

第二种模式为"政府台前，政党幕后"。执政党并没有无处不在，只有在选举时政党活动才会很频繁，一旦选举结束组成政府后，党就退到后台，其活动只限于党内。国家事务并不是事事都经过党内讨论，然后交由政府有关部门执行。党从不以执政党名义发布纲领、路线和方针政策。党的主张通过国会立法形式成为法律，通过党员来宣传党的纲领和政治价值观。党的专职干部也很少，如新加坡人民行动党中央党部只有八名职员。但实际上，执政党控制着整个国家的政治系统，主导国家的政治过程，是国家政治生活的中心和国家政治过程的主体。执政党通过手中的政治、经济和文化资源，几乎可以不受阻碍地将党的意志上升为国家意志，以政府名义颁布的国家政策背后无疑体现了党的意志。国家几乎所有的重要职位，如立法机关、司法机关、行政机关、军队和警察、工会、人民协会、金融部门、重要的国营企业、高等院校、研究机构、大众传媒和宗教团体等都由党员骨干把持。新加坡人民行动党甚至十分强调文官队伍对本党的认同感，该党在成立之初就成立了"政治研究中心"，负责对公务员进行政治教育，通过《公务员指导手册》，培养公务员对新加坡及人民行动党的认同。同时，对文官系统进行结构重组，那些不愿意对行动党及其目标表示忠诚的人被劝离开公务员队伍。

第三种模式为党政分开。欧美大多数国家以及日本都属于这一类型。在这些国家，党政分开首先表现在党和政府在组织结构上是分开的。党有自身的一套组织体系，政府有政府的结构序列，两者相互独立，在法律上没有直接的领导与被领导、支配与被支配的统属关系。其次，党和政府在履行的职能上是分开的。政党充当的是公民与政府之间利益和政策的“转换器”的角色，而不是直接代替政府做出各种决策。在竞选执政地位时，党的领袖和官员会突出其党员身份，一旦进入政府后，就会弱化党员角色，而更加凸显其政府官员的角色。政党组织并不具体介入政府的日常运作和内部事务。政府决策一般由政府官员独立做出，政党的政府官员不受体制外本党组织决定和决议的约束。英国议会甚至会惩罚试图“指示”本党议员如何就法案进行投票的体制外政党组织。政党的政府官员虽然会受体制内政党组织如议会党团的纪律约束，但在大多数情况下这种约束是非强制性的。最后，党和政府职能分开还体现为文官的“政治中立”。这些国家的有关法律都会明文规定，文官不得参加党派组织及其活动，不得在其行政行为中有党派政治倾向。即使有少数国家允许公务员参加政党及其活动，也往往大加限制。如法国文官可以参加政治活动和工会组织，但是如果罢工，必须事先通知，并禁止高级文官参加罢工。

3. 政党政府还是政府政党——对西方政党政府的再考察

从另外一个角度——政党与政府的权力范围和能力强弱进行划分，当今世界的党政关系应该至少有三种类型：党政平衡、政强党弱、党强政弱。围绕这一问题，西方国家兴起了一种理论——政党政府理论。那么，什么是政党政府？西方国家的政党与政府到底孰强孰弱？

政党和政府构成要素的复杂、面相的多种维度，也导致了政党政府概念界定的困难。是否只要有政党的政府都可以称为政党政府？在西方学者的语境中，政党政府的称谓是有一定的前提和基础的。首先，政党政府的基础是有竞争性选举的所谓“民主”国家。在西方学者看来，所谓“非民主国家”，要么没有政党，要么政党同国家高度一体，讨论政党政府的问题就失去了针对性和现实意义。其次，政党政府的划分有典型性和非典型性之分，所谓典型性的国家就是以英国为代表的内阁制国家，非典型性的国家就是以美国为代表的总统制国家。在这两者中间的西方国家大多数都具有政党政府的某些特征，但是具体政府的“政党性”却有着程度的不同。实际上，一个政府的“政党性”不能仅仅从政府的政策是否体现了政党的意志和纲领方面来衡量，而是要从政治任命、政治交易等是否体现政党作用等方面来全面衡量。西方学者理查德·卡茨认为政党政府应该满足三个条件。第一，根据政党的纲领，通过选举来选拔人员，由他们来制定政府的所有重大决策，或者政府的决策者由他们来任命并对他们负责。第二，如果存在“一党”政府，那么执政党制定决策；如果存在联盟政府，则由各政党协商制定政策。第三，最高官员（如内阁成员，尤其是总理）必须在本党内选择，并通过他们所属的政党对人民负责①。虽然说这只是一种理想的类型，但是为我们衡量政党的“政府性”或者政府的政党性提供了一个较为全面的标准。

---

① KATZ R S. Party Government：A Rationalistic Conception［C］// CASTLES F，WILDENMANN R. Visions and Realities of Party Government. Berlin and New York：Walter de Gruyter，1986：43.

在以往的西方政治学中，政党政府的问题之所以没有引起足够的重视，一方面是因为受社群主义的影响，认为现在利益集团主要支配着政策的制定过程，结果造成诸如议会、政党和政府这类民主机构受到损害；另一方面，则是因为政府只是政党的工具，问题清晰明了，根本不用分析。约翰·密尔曾经在《代议制政府》中分析道，在英国政党政府中，首相是由议会任命的，首相是政党的领袖，而政党的政策总是会得到议会的支持。20 世纪六七十年代的大多数政党理论家对于这一论证似乎也深信不疑。

而实际上，这种“理想”的政党政府模式只是西方学者的一种理论上的推演，没有经验上的支持。他们高估了政党的“重要性”，而低估了政府的作用，也低估了政府抵制政党影响，并反过来向政党施加影响的能力。我们可以从制定政策、人事任免，以及难以涵盖在二者之内的政治交易三个方面来分析到底是“政党政府”还是“政府政党”。

首先，在制定政策方面，西欧国家中政党对政府的依赖程度往往比人们想象得大，尤其是在外交政策和国内一些紧急政策的制定上，政府力量体现得尤为明显。政府和政党都参与了决策，但是，“由于政府在决策中的特殊权力，由于它创制了那些需要议会同意的政策，以及由于它领导了行政机构，它自然在这一领域占据了关键的位置”①。布隆代尔对于八个西方国家的涵盖经济、政治、文化、外交领域的 50 项政策进行了分析，结果发现，有 22 项是由政府创制的，12 项是由政府和支持性政党共同创制的，只有 16 项是单独由支持性政党创制的②。实际上，政党在制定政策时的作用并非那么重要，主要是两方面的原因。一方面是政府在管理社会的过程中，掌握了更多的信息，而且决策也瞬息万变，政党在这方面根本无法同政府进行较量。另一方面是政党自身的软弱。当政党的领袖进入政府，政党的上层进入内阁，支持性政党的影响力就大大降低了。“作为内阁中的政党”总是想控制“作为议会中的政党”——可以通过以前的影响力和个人魅力，也可以通过在内阁中任命忠实的追随者的方式。

其次，在人事任免方面，政党的影响力也是弱于政府的。从任命的角度来考虑，当政党领袖要组织自己的政府时，政党所要考虑的不仅仅是自己政党的利益，更多的是政府能否有效运转。以美国为例，根据资料统计，美国的政府组成人员主要从两类人中任命。第一类是与政党相联系的群体，这些群体成员主要在私营部门中发展自己的事业，同时也曾多次任职于行政机关③。第二类是政党领袖早期或者长期的朋友和支持者。这些人往往不具有党派的身份，而是因为与政党领袖的私交而取得信任。当然，美国不是典型的政党政府，就英国而言，首相也并非必须从本

① 布隆代尔，科塔．政党政府的性质：一种比较性的欧洲视角［M］．曾淼，林德山，译．北京：北京大学出版社，2006：177.

② 同①149.

③ MACKENZIE G C. The In-and-outers：Presidential Appointees and Transient Government in Washington［M］. Baltimore：Johns Hopkins University Press，1987：127.

党中选择内阁成员，而要适当考虑反对党的意见，并让反对党的一些成员担当重要职务。而且，执政的时间越长，首相的自主权越大，政党的影响力就越小。在免去相关人员的职务方面，政党领袖主要不是从他是否是本党成员的角度出发，而更多地考虑是否利于自己执政的稳定性和政策的有效执行。因此，“在职务任命领域，政党-政府关系的变化主要表现为政府拥有更大的影响力”①。

相对于制定政策和人事任免而言，政党政府在政治交易②方面最难以界定和讨论，因为政治交易往往被隐藏或者掩饰。以前的学者往往认为，政治交易在形式上主要是由政府分配的，但是在实质上是由政党来掌握的。然而，政府的行动者并非被政党牢牢掌握，他们自己也有制度性的目标。政治交易可以用来取悦政党，而实行政党分赃，但是它也可以用来奖励那些为政府有效运作做出贡献的公务员和其他政治或行政方面的合作者。现实数据表明，随着各国的政党意识形态越来越“中间化”，政府在政治交易方面的独立作用也就越来越大，政府的政治交易越来越脱离党派的趋势。意大利就是典型的例子，在20世纪80年代，政府领导人在部长任命方面的影响力在一定程度上有所增长，在任命议会内外政党领袖的方面也是如此，这一点在90年代更加明显。再比如德国，政府总理在职务任命方面的影响力在逐渐增长，在赫尔穆特·科尔（Helmut Kohl）当政时如此，在格哈德·施罗德（Gerhard Schroder）统治下也是如此。

当然，由于各国政治制度、政党制度的不同，笼统地说现在西方国家是“政府政党”未免不妥，但是将其定论为“政党政府”也同样不符合实际。当今的英国、法国和西班牙的情况能够概括为政党依赖于政府，而在比利时、奥地利和1992年以前的意大利则可概括为政党在政府中居于优势地位，荷兰和斯堪的纳维亚半岛国家可以概括为政府与执政党相互依赖，实现了动态均衡。但是可以肯定的是：没有哪个国家的政党完全处于控制地位，而政府是完全处于依赖地位。政府总是拥有一定的自主权，并且总是对政党施加一定的影响。

这里的一个重要原因是，西方政党在很大程度上是为了执掌政权而组织起来的。当政党的领袖进入政府时，政党的领导层会与政府出现一种融合的趋势，但是政党不会消失，而是“被去掉了首脑”，被政府以及政府的声望所控制，这使得政党领袖很大程度上是作为政府的代表，而非作为政党的代表而存在。比如在法国，几乎很少有人把政党当作一项事业来经营，而是想以此作为跳板来进入政府。比如，曾任法国社会党书记的若斯潘，在1988年为了出任政府部长而甘愿辞去社会党总书记的职务。由此可以看出，政党绝非能够完全控制政府的权力中心，这也就导致了政党在与政府的博弈中处于一个原初的不利地位。

---

① 布隆代尔，科塔．政党政府的性质：一种比较性的欧洲视角［M］．曾森，林德山，译．北京：北京大学出版社，2006：176.

② 在一般意义上而言，政治交易包括给政党成员或者给予政党支持的集团、人员赐予头衔、工作、合同、采购、补贴等。

第三节　政党与社会

政党是社会发展到一定阶段的产物，它是适应公民民主意识和政治参与扩大的要求而产生和兴起的。社会赋予政党的使命是：把公众同政府联结起来，将公众的意志带到政府系统中去。

1. 社会

汉语中的“社会”一词是中西交流融合的结果，英语中的“society”和法语中的“scoiété”均源于拉丁语“*socius*”，意为“伙伴”。日本学者在明治年间将英文“society”一词译为汉字“社会”。近代中国学者在翻译日本社会学著作时，袭用此词。从一般意义上而言，社会是人类生活的共同体。远古时代，人类就已经学会群体生活，并渐渐形成原始部落。在原始部落里，人类因为周遭的环境所影响，或是迁居或是定居，并慢慢培养生活方式和生活习惯，从而演变成独特的文化。原始部落变得壮大的时候，就会在一个地方定居并把一个聚居点建立起来，经过较长时间的发展，形成文明社会和城市文明。

马克思主义认为社会在本质上是生产关系的总和，只有具体的社会，没有抽象的社会。具体的社会是指处于特定区域和时期、享有共同文化并以物质生产活动为基础的人们，按照一定的行为规范相互联系而结成的有机总体。构成社会的基本要素是自然环境、人口和文化。人们通过生产关系派生了各种社会关系，并在一定的行为规范控制下从事活动，使社会借以正常运转和延续发展。

如果用强制性的成员资格来界定国家的话，那么社会的特征就是自愿联合和多元化。实际上，虽然国家与社会也是有着一定联系的，但是从一般意义上而言，国家与社会是一组相对的概念。“如果将社会视为某种不受国家控制的领域，或者是没有固定领土的、未联合在一起的领域，那么我们不涉及国家就很难界定社会。”①“社会”主要指某一特定领土范围内不受国家直接控制或相对独立于国家的各种自治组织或非官方领域的统称。就其具体内容来说，社会是一个按照市场经济的基本原则，由普通公民、社区精英、公共媒体、各种公民组织和社会运动等要素构成的组织化的空间。社会中自发组成的团体之一就是政党。正如政府是国家的一部分，政党是社会的一部分。正是因为国家总是试图控制社会，或者说在当代社会政党总是试图通过控制政府来获得国家的资源，改变国家与社会之间关系的走向，才使得四者的界限难以划分。

2. 政党与社会的关系：表达与控制

政党起源于社会，政党的本质是社会的一部分，是社会组织的一种。政党的力

---

① 布隆代尔，科塔．政党政府的性质：一种比较性的欧洲视角［M］．曾淼，林德山，译．北京：北京大学出版社，2006：35.

量之源就在于始终立足于社会，并从民众那里获得源源不竭的动力。政党是公民在社会生活中为维护自身正当利益而组织起来的一种组织形式。政党作为现代性过程中的产物，是公民表达、维护与实现自身正当权益的一种制度性安排。正是在这个意义上，政党又是一种社会公共组织，并具有某种公共性的品格。

当然，政党这种社会公共组织不同于其他社会公共组织，其特殊性在于：其核心目的一般不是经济而是政治（尽管这种政治背后隐藏着经济利益，但这种经济利益是政治利益基础之上的经济利益）；政党“把追求公职看作第一需要，不是为了谋求职薪，而是为了占据强大的政府堡垒，去实施他们有益的计划”。

在政治发展中，政党功能的具体表现形式虽然有所改变，但是社会功能仍然是政党功能的关键。戴维·海因认为，“几乎所有政党似乎都表现为两种功能的结合，即一方面政党向社会做出反应；另一方面由政党对社会施以控制”①。毋庸置疑，任何一个国家的政党都有两种功能，但是这两种功能的强度和表现形式却有所不同。

（1）政党表达社会。

现代性社会是多元社会，多元的社会利益必须通过一定的社会组织形式才能得到有效表达。政党就是社会各阶级、阶层和社会集团进行利益表达的工具。正是在这个意义上，政党又是代议制民主得以实现的工具。

与此同时，政党为了履行自己的职能，实现一定的政治目的，就必须进行广泛的社会动员。尽管这种动员所形成的广泛的政治参与会给国家（政府）带来巨大的压力，但从长远来看，它有助于国家对社会进行整合。现代政党以其对社会各个部分、各个层面的深度渗透，既满足社会各利益群体及公民个人作为主体参与社会的整合需要，又具有一种制度化的力量，能将社会各利益主体的诉求进行筛选、汇聚和提炼。这样，“社会在党的组织和整合下凝聚成为一个有机的整体。这种整合与国家对社会的整合最大的不同在于，不是通过规范和制度对社会进行机械性的组织和整合，而是通过信念、信仰和政治影响力对社会进行有机性的深度组织和整合”②。

学者布赖斯曾对美国的政党政治在整合民族、国家中的作用做过分析：“政党的组织确已统一了全美国的人民，使他们团结起来，成为一个民族，无论是乡区或城市，穷的或富的，本地生长的美国人或从旧世界移植来的外国移民，都因政党的关系，同化起来了。政党的组织又帮助与训练他们互相合作。假使政党是根据民族或宗族的不同而组织的，那么，人民间种种不相容的状况又势必至于更加剧烈。但在美国，这种不相容的状况却因政党而减少了。多数的爱尔兰移民是加入民主党的，多数的德国移民是加入共和党的，但民主党中也有很多的德国新教徒，共和党

① 米勒，波格丹诺．布莱克维尔政治学百科全书［M］．邓正来，等译，北京：中国政法大学出版社，1992：287.

② 林尚立．政党与社会：从组织整合到政治整合［C］// 冯小敏．党建研究内部文稿：2000—2004. 上海：上海交通大学出版社，2004：328.

中又有很多的爱尔兰旧教徒。”“只要内部分子不致分裂，一个政党是愿意容纳各种各样的意见的，就是种种怪癖的观念，或一时的风尚也偶尔提倡。”

（2）政党控制社会。

一个政党总是要按照本党的纲领对社会实行引领，而社会在党的组织和整合下凝聚成为一个有机的整体，这种功能称为控制（或称为领导）社会的功能。其控制社会一般通过两种途径，一是政党意识形态的宣传与灌输，二是政党组织对社会力量的直接制度化的控制。

政党意识形态，就是政党关于自然界、人类社会、客观世界与主观世界的系统的思想观点、见解和理论，特别是关于政治、法律、艺术、宗教、哲学、道德、国家、社会等的理论和见解。它在一定程度上决定政党的纲领、目标、政策以及活动方式和方法，并与一定的政党制度、政治制度相联系。达尔认为：“政治体系中的领袖通常维护一套多少持续和统一的信条，这些信条有助于说明和证实他们在体系中进行领导的合理性。一套这种类型的信条常常被称作一种意识形态。”① 虽然政党意识形态具有相对的稳定性，但是并不意味着它是一成不变的。当时代发生重大变革、社会情况出现重大变化，甚至在执政前与执政后、台下与台上的政党意识形态都是有些许差异的。不变革的政党终将死亡，首当其冲的就是政党意识形态的改变②。但是变化中的政党意识形态总是应该保持一定的稳定性，总体而言，作为思想的上层建筑，政党意识形态从根本上说是与其经济基础、政治地位相适应的，并具有时代性特点。

政党意识形态的功能是多方面的：政党的纲领、方针、政策的制定，离不开它的指引和导向；政党的政治影响力和执政的合法性，离不开它的系统论证和辩护；政党进行社会控制和社会整合，离不开它的规范和约束。在这面旗帜的指引下，政党可以营造一种有利于政党发展和政党上台执政的社会文化氛围与体系，并逐渐渗透，将各个集团、各个阶层的思想和行为纳入某种统一的思想和政治运行体系之中。在这个意义上讲，政党之间最基本的竞争就是政党意识形态之间的斗争，如果哪一个政党所信奉的意识形态及政治纲领受到大多数社会成员的认同，这个政党就会在竞争中占据优势地位，而成为主流的、支配性的或者上台执政的政党。而且，从历史上看，人们对某种政治体系和政治制度的认同程度在很大意义上取决于主流政党的意识形态的宣教、灌输及影响力，当社会成员对某种主流政党的意识形态发生怀疑时，预示着政党执政的根基发生松动，甚至预示着与政党意识形态紧密相连

---

① 达尔．现代政治分析［M］．王沪宁，陈峰，译．上海：上海译文出版社，1987：78.

② 例如，英国工党的“第三条道路”的鲜明体现就是改变其政党的意识形态，修改党章中的公有制条款。工党的章程写于1917年，于次年代表大会通过，其中第四条第四款集中体现了工党的宗旨：即以实现公有制社会为奋斗目标。这一条款被英国媒介和政界简称为“公有制条款”或“第四条”。它成为工党实行“社会主义”的同义语，也是工党推行国有化和福利政策的理论基础。这一思想坐标“在工党的左派中取得了图腾的地位”。为修改党章第四条，工党展开了英国政党有史以来最广泛的讨论，数以万计的人参加了讨论，半数以上的党员参加了投票。1995年4月29日，在工党特别代表大会上，实现了对党章的修改，放弃了工党原来的奋斗目标。

的政治体系、政治制度开始面临着严重的困境。

政党组织是在现实生活中由特定的人群（党员群体）结合而成的，具有特定的宗旨和组织体系。通过政党组织对社会进行控制主要有两种形式：第一是政治录用，第二是直接控制。政党一方面是发现、培养国家政治和社会生活所需要的各类人才，另一方面是组织、参与和影响各级各类的政治推荐和选举，争取使本党推举的候选人当选国家政权机关的公职人员，通过组织体系的力量最大限度地保证国家政权的运转方向与本党的目标相一致。这种控制方式在世界上大多数国家都存在。第二种控制方式是直接控制，政党的各个组织深入社会，对于社会中的其他社会组织进行集中的控制。比如，对工会、妇联、共青团的控制。大多数社会主义国家都有这样的控制方式，而西方的政党组织与其他政治组织包括政党组织的关系方面，虽然说在群众基础上已经由相对严格的组织界分转变为相对模糊的组织界限，但是它们在组织上不存在领导与被领导的关系，具有自主性和独立性。另外，由于西方组织无法发挥制度资源的作用，客观上就需要借助一些其他社会组织的关系，为它们的选举作动员，因此它们之间也存在一种结盟、合作与协调关系。

在中国，中国共产党通过政治领导、思想领导和组织领导牢牢地把握着中国前进的脉搏，尤其是通过组织领导，从中央到地方、基层的各级政府重要职位基本上由中共党员来掌控，使得中国共产党的制度资源进一步发挥作用。中国共产党通过领导共产主义青年团、妇女联合会、工会等桥梁、纽带性质的组织，把中国共产党争取政党认同的能量加以扩大。同时，由于中国共产党党员广泛存在于社会组织之中，各个行业、各个领域、各个层次、各个社会群体中都有党员和党的组织，因此党的主张可以通过党的各级组织和广大党员得以贯彻。中国共产党组织的这种覆盖性、扩展性、交叉性结构，可以使党的政治能量得到有效的传递、释放、扩散，有利于党的政治形象的放大、提升、增色，也有利于党的政治资源的利用。

对于生产要素散乱而且社会规范程度不高的社会来说，这样的组织结构和控制方式不仅有利于动员群众产生政党认同，而且更利于政党领导人民产生凝聚力，加快经济发展，实现政治稳定。但也必须把这种控制维持在一定的范围内，在苏联等一些社会主义国家的模式中，政党对社会控制得过于直接和彻底，使得政党、国家、社会三者之间的关系却发生了变异。政党不仅高于社会、政府，而且高居于国家之上。这样的政党关系不仅无法消解国家与社会之间的紧张，甚至将政党自身置于一种普遍对立之中。理论上而言，政党无法弥合国家与社会之间的自然张力，同时其自身也处于社会冲突的“风口浪尖”，无法“超脱”与“释然”。在这样的国家中，社会公众对于政府的某项政策的不满与挑战，很容易发展成对政党、对国家根本制度的不满，从而引发执政党执政的合法性危机，甚至引发政党自身存在的合法性危机。

在西方，让·布隆代尔等人将政府完全控制国家这种情况称为专制主义（“朕即国家”），将国家完全控制社会这种情况称为极权主义。而当政党控制了社会，并且政府完全控制了国家时，政党政府就有成为“党治国家”之趋势。政党与社会的重合、政党与国家的一体会不利于西方所谓公民社会的建立，不利于“以社会制约权力”的实现，更不利于政党认同与国家认同、政治制度认同的相对剥离。西方学者李普塞特曾指出，在建立起相对较为完善的现代民主政治制度的社会中，竞争性的政党制度可以“保护其国家不受公民不满引起的破坏：抱怨和攻击针对的是那些仍在其位、仍谋其政的官员，而不是整个制度”。

3. 政党与社会的关系模式

从政党与社会力量对比关系的角度，政党与社会的关系可以分为如下几个模式：弱社会弱政党、弱社会强政党、强社会弱政党、强社会强政党四种模式。

（1）弱社会弱政党模式。

社会与政党的力量都弱小。社会组织发育不良，自我调节能力不强，社会生活对政治生活影响力弱。政党力量弱小，对社会影响方式单一、手段少，组织的渗透力不强，对社会和国家两个层面的作用都有限。这种关系模式常常发生在两种政治形态下：第一，君主或军人政权控制国家，利维坦式的国家政权，政党和社会都没有生存空间。第二，国家政权和社会都处于低度发育状态或解体状态。如后发现代国家，传统权威开始解体，新的政治和社会力量还没有发育的阶段，经常表现为这种关系模式。

（2）弱社会强政党模式。

社会组织发育不良，自我调节能力不强，社会力量对政治生活影响力弱。但是政党的力量强大，政党成为国家政治生活的轴心，对社会和国家政权渗透力很强，甚至实现对国家和社会的双重控制。这种关系模式一般都表现在后发现代化国家，现代化开始起步的阶段。如果视传统社会向现代社会转型期为一个波谷地带的话，弱社会弱政党常发生在传统社会波幅的尾端，弱社会强政党则发生于现代社会波幅的前端。

（3）强社会弱政党模式。

社会组织发育良好，社会自我调节能力强，社会力量对政治生活约束和控制力强。政党力量弱小，对社会影响方式单一、手段少，组织的渗透力不强，对国家和社会两方面作用都有限。美国是这种模式的典型国家。美国的开国者，带有新教徒对民主自由的向往，他们对任何外在的控制有一种天生的戒备心理，在一个全新的国家里又没有历史的负担，现代化过程中也没有经历过严重的阶级分化和对抗，因而培育出了极具美国特色的强社会弱政党模式。

（4）强社会强政党模式。

社会组织发育良好，社会自我调节能力强，社会力量对政治生活约束和控制力强。同时，政党的力量也强大，政党的组织化程度较高，对国家政权和社会生活的渗透力都强。这种模式出现在具有长期社会发育历史，又经历过激烈阶级冲突和对立的国家，如英国、法国、德国等欧洲国家。这种国家政党出现的历史比较长，政党的组织发育比较健全，政党对党员和基层组织的约束力都比较强，政党是人们从事政治活动的主要载体。但是由于社会的长期发育对政党具有较强的控制和制衡能力，政党不可能强大到挤压社会生存空间的程度，因而出现政党与社会双强的模式。

第四节　政党与政党

1. 概念

这里的政党与政党的关系，就是有些学者所言的狭义上的政党关系，即一国内部，各政党之间的关系。而从国际政治角度所谓的各国政党之间的关系，在这里可以放到政党外交的范畴。这里主要是指，从国内政治角度看，政党关系则是在一定的国家政治生态系统中，各政党在利益表达、影响权力等政治实践过程中相互博弈、相互作用、相互影响而形成的一种关系状态。这种政党关系在某一阶段被提升和固化，就成了政党制度的主要组成部分。

2. 分类与特点

根据不同的标准，可以对一国内部各政党之间的关系做出不同的划分和解读。例如，中国共产党领导的多党合作和政治协商制度，即中国新型政党制度包含三个层面，即中国共产党领导，多党合作和由各党派、界别参与所形成的人民政协制度。概括来说，是由领导、合作和协商三个层面构成。这三个层面具有内在关联性，缺一便不能完整、准确地理解中国新型政党制度的内涵。但就中国共产党与八大民主党派的关系而言，从不同的角度出发，可以概括为不同的关系：从政治角色关系角度来说，是领导与被领导的关系；从法律地位来看，是平等关系；从政党与政权的关系来说，是执政与参政的关系；从政治作用性上说，是互相监督的关系；从政党制度的运行机制来说，是协商合作关系，共同肩负着建设中国特色社会主义的伟大使命。

目前，国内理论界一般以主要政党之间的主要矛盾（关系）来划分政党关系，即分为竞争性政党关系和合作性政党关系。竞争性政党关系是那些在宪制框架中竞争执政的政党间关系，这种政党关系集中体现为执政党（或在朝党）与反对党（或在野党）的关系。竞争性政党关系主要存在于经过较长时间民主政治实践演进，且有着较为成熟的政治体制的欧美民族国家。

需要指出的是，这是主要政党之间的主要关系。在竞争性政党关系中，也会有大党和小党之间的合作，甚至在某些条件下大党和大党、执政党和反对党、在朝党和在野党之间也有合作。事实上，不论是英国还是美国，两大政党之间除了进行激烈的政治竞争外，还有广泛的合作。在英国，“由工党政府首创的改革思想，后来却由保守党政府实施，只是做了些适合他们政策的修改”。美国的两大政党在根本公共政策方面基本一致。比如国内政策均以经济繁荣、教育改革和社会保障体系为目标；外交政策则确定为贸易、人权与安全三大目标。尽管两大政党在政策目标上会有所区别，但这种区别主要是一些枝节问题上的差异。正是在这个意义上，马克思主义经典作家关于西方国家政党轮流执政的本质揭示，仍不失深刻：西方国家每隔几年一次的选举，只不过是由人民来决定由谁来统治他们，无论是民主党，还是共和党上台统治，对人民来说都是一样的，都是资产阶级的统治。不过，在马克思主义经典作家的上述相关思想中，我们也能够读出马克思主义经典作家以自己的方式事实上揭示了政党竞争中的政党合作这一内容。这种政党间合作，在社会出现重大突发性事件、面临前所未有的危机面前，表现得尤为明显。正是这种竞争性政党间的合作，使得民族-国家在重大突发事件与社会危机面前，有可能实现高度的民族与社会团结，共渡难关。美国“9·11”事件中的国会两党关系，即为一典型。

产生竞争性的政党关系，需要有以下三个基本条件。第一，具有西式民主的基本框架。制度安排首先规定了各参与政治竞争的政治主体的平等地位。政党之间为争夺国家公共权力的竞争，是平等政治主体之间的竞争。政党为争夺国家公共权力而展开的竞争，始终在西式民主框架内进行。第二，政党身份平等、力量相当。政治主体无论大小、强弱，都有平等进行政治竞争、争夺国家公共权力的机会与权利。只有在力量大致相等前提下的围绕争夺国家公共权力的竞争，才可能是多党间的平等竞争。否则，若竞争的力量过于悬殊，容易走向政党垄断。第三，公民有结社（组成政党）的权利，且有选择执政党的自由。政党间的竞争以公民拥有政治生活中的自由选择权为前提。没有公民的自由选择，既谈不上真正的民主，亦谈不上真正的政党竞争。政党之间的竞争对于公民来说，就是一种自由选择的过程。只有当存在两个或两个以上的政党争夺公共权力时，公民才有自由选择的可能。在竞争性政党关系中，政党总是尽可能地宣称自己代表全体人民的利益或者“最大多数人的最大利益”，以便争取到最大多数选民的支持，从而在选举中获胜。正是在这个意义上，政党之间的竞争并不是纯粹在几个政党之间进行的、与普通民众毫无关联的政治游戏，而是一种以政党竞争形式出现的社会民众普遍政治选择的过程。政党竞争以一种特殊方式表达了社会公众的利益选择。这种竞争选择不仅是形式性的，更有着深刻的实质性内容。

合作性政党关系，主要是指中国共产党领导的多党合作和政治协商制度下的政党关系。进而言之，共产党和民主党派之间不是相互竞争的关系。事实上，中国共产党与各民主党派之间始终保持政治方向一致、根本利益一致、奋斗目标一致，互相支持、互相帮助、互相监督，因而形成了团结合作的政党关系。这种政党关系强调以合作与协商代替矛盾与冲突，充分体现合作、参与、协商、和谐的精神。这种政党关系既保证中国共产党的执政地位不动摇，又保证各民主党派的参政地位不动摇。在保持宽松稳定、团结和谐的政治环境中，中国共产党的基本理论、基本路线、基本纲领、基本经验得到各民主党派的认同，中国共产党与各民主党派实行广泛的政治合作，照顾同盟者的政治利益和物质利益，中国共产党与各民主党派共同致力于中国的革命、建设和改革事业，实现共赢。

中国政党关系的确立是某种历史之选择，避免了多党竞争与政治动荡，同时保持了团结合作与政治稳定；避免了一党专制与缺乏监督，同时保持了多党合作与民主监督。在历史必然与价值评判两个层面，中国政党关系彰显了中国新型政党制度的价值与优势。

第五节 政党关系的根源

是什么影响了一个国家的内部政党与国家、与政府、与社会、与政党的关系？根据政党发生学的观点，不同类型的政党的起源决定了政党关系的特殊性。

1. 政党产生的政治条件

萨托利在分析西方政党政治产生时指出，如果政党不是得益于直接产生于法国大革命或美国革命的理性氛围，那么，它们就肯定能在理性多元主义理念中找到更为坚实的基础，而这种多元主义理念正是19世纪西方自由主义政治实践指导思想。实际上，19世纪西方政治环境变迁的三种因素导致了政党以及政党政治的产生与逐步发展。

一是代议制政府的出现，使得立法机构需要议会党团的掌控，随之为政党组织化、制度化创造了强有力的动机与契机。代议制，简单地表述"就是指在一个政治社会中，人们通过自己选举出来的代表来进行政治事务的决策，或者表达自己的意愿且协调不同的利益，并在实质意义上对政治事务掌握控制权的一套制度"。代议制度是近代民主最主要的表现形式，奥地利著名法哲家汉斯·凯尔森（Hans Kelsen，1881—1973）在20世纪20年代曾断言："只有议会制表明自己是一个能够解决当代社会问题的工具时，现代民主才能生存"，更进一步说，"议会制的命运也将决定民主的命运"①。密尔（John Stuart Mill，1806—1873）曾给代议制政体下过一个经典定义："全体或大部分人民通过由他们定期选出的代表行使最后的控制权，这种权力在每一种政体都必定存在于某个地方，他们必须完全握有这个最后的权力，无论什么时候，只要他们高兴，他们就是支配政府一切行动的主人。"国家的最高权力属于人民，代议团体是民意代表机构，其职能是对行政官员提出建议，对他们进行监督、限制，或在其错误时予以免职，而对事务的实际管理是属于那些有知识、有经验的少数专门人才。议会的适当职能不是管理，而是监督与控制政府。简言之，代议制度为人民行使权力，实现民主提供了前提。但是，民主政治下各种群体都离不开政党，不同政党的不同政见和政策方案的存在为选民们提供了广阔的选择空间。

二是普选权逐步扩大到普通民众层次，民众的政治权利随着选举权利的实现而得到进一步的扩展。选举制度是西方民主政治的基础。人民作为选民，是从选举权的角度行使他们的权力，人民主权即体现于此。从这个意义上说，民主政治也就是

---

① 奈斯比特．大趋势：改变我们生活的十个新方向［M］．梅艳，译．北京：中国社会科学出版社，1984：89.

选举政治。代议制民主依赖于选举——自由的、周期性的和竞争性的选举①。普选权的本质意义就在于，使人民主权原则落到实处。普选制意味着只有公民选举产生的公共权力才具有合法性。可以说，代议制度中最实质性的问题，就是公民的选举权。而宣称代表了全体公民利益的代议制度在走向全民性的道路上，其实经历了一个缓慢的历史进程。英国直到 20 世纪 20 年代才给予妇女选举权。美国直到 20 世纪 70 年代才在全国范围内实现了真正的普选权。作为现代民主政治的一种政治保障，它对于维护政治稳定和政治发展起着决定性的作用。在西方，选举是一种根本性的政治制度，不仅是表面上的投票行为，而且是一种民主秩序的构建方式，选举是公平的、自由的、有效的，西方发达国家的选举制度贯穿着所谓自由民主的精神。这种传承下来的选举文化是代议制运行的文化系统环境。

三是随着前两者的出现，政党组织自身也逐渐展现出了强大的选举动员能力，而得到了选民们的认同。实际上，随着工业化和社会变迁而日益扩展的公民权一直是被用来解释政党组织结构变迁的重要因素。"在欧洲，现代政党之所以要拥有一个正式和庞大的组织通常被归因于选举权的扩展，党的官僚机构之所以必要是由于需要把数以十万计而不是百计的选民组织起来并与之进行交流，而群众性组织有助于党对选民及其相关资源的吸纳，这些都是与选举权的扩展或选举体制的变化相伴而发生的。"② 在选举制度上的任何一个细微变化（如选举规则的修改，包括选民门槛的降低和选区的扩大，允许或不允许党内进行竞选和有选择的投票等）都可能导致党内权力关系乃至整个组织关系发生变化。在某些情况下，宪法、政党法或其他相关法律甚至会直接导致政党的变化，例如对政党的公共补贴的变化会在很大程度上改变政党的结构、党内和党外关系。因此，可以说，是政党政治运行环境的变迁使得政党组织自身发生了嬗变。

2. 政党起源的类型差异

政党起源的第一个类型差异就是议会内政党与议会外政党的差异。议会内政党产生于议会斗争，其中最典型的例子就是英国的保守党与自由党。议会外政党来自社会运动或利益集团的演变，主要包括社会党和某些代表新兴的工人阶级利益、教徒利益、环境主义者利益以及维护领土与文化特征不受现代化冲击而泯灭的政党。典型的例子就是德国社会民主党、意大利天民党、爱尔兰民族党、欧洲一些绿党组织等。

政党起源的第二个类型差异就是体制内政党与体制外政党的差异。体制内政党，顾名思义，这些国家政党是在体制内产生的，先有国家后有政党，以西欧北美国家最为典型③；体制外政党是由于帝国主义或者殖民主义入侵，受外界政治因素

① 马斯泰罗内．欧洲政治思想史［M］．黄华光，译．北京：社会科学文献出版社，1992：134.

② 李路曲．论欧美政党组织形态和权力结构的变迁［J］．政治学研究，2007（4）：63－70.

③ 也有学者把体制内和体制外政党的定义做如下划分，体制内政党：在国家政治生活中起主导作用或重要影响的一个或多个政党。体制外政党：虽然合法存在，但在国家政治生活中起到非常小的作用，实际上是在政党竞争之外的小型政党。

的刺激，仿效外界的斗争形式组织起来的政党，依靠政党领导民族革命，推翻旧政权，建立新国家，即先有政党后有国家。

在早发现代化过程中，现代民族国家基本形成，以议会为核心的国家宪政体制逐渐确立。随着利益分化和政治斗争的加剧，议会内部首先形成不同的党派，然后在适应选举权扩大和选举竞争的过程中，原有的议会党派扩大和加强与地方和基层的联系，建立现代政党组织。美国立国之时，开国元勋华盛顿等人力主摒弃政党歧见，所以当时并无政党之争。可是建国不久就出现了两个资产阶级政党：一个是以汉密尔顿（Alexander Hamilton，1755—1804）为首的联邦党，另一个是以托马斯·杰斐逊（Thomas Jefferson，1743—1826）为首的反联邦党。后来，这两个派别几经分化、改组，直至南北战争前正式建立民主党和共和党；以后它们轮流执政，正式形成了美国的两党制度。

还有一种政党是产生于当时现存体制之外的，刚刚诞生的时候不被体制认可（甚至被认为非法），通过暴力斗争或者其他方式上台执政或者取得合法地位①。在政党产生和发展的过程中，并不是所有的政党都是从议会内部的党派演变而来的，而是有相当多的政党在议会与选举之外形成并开展活动。许多体制外政党坚持革命立场，反对现存体制，拒绝议会内部的民主游戏，最终通过开展革命运动推翻原有的国家政权，建立新的政权。在这种类型的政党中，既有大量的共产主义政党，也有不少的民族主义政党。

3. 政党起源的类型差异决定了政党关系的不同

政党起源的第一个类型差异决定了西方国家的竞争性的政党制度是在议会内确立的。这些政党本为竞选而生，政党的争斗成为议会政治的一部分。其主要特点有：（1）一般是经由选举进入议会，通过选民授权，代表民意行使权力。（2）通过党团组织进行有组织、有目的的活动。（3）围绕有关社会政治、经济制度中最基本的议题进行讨论，议决的事项具有真实意义，辩论以一般理性（自由、宽容、民主）为原则，遵守议事规则，议决后的决定往往对国家制度和社会生活有较大的促进。（4）政党与军队分离，政党之争严禁军队的介入，通过和平的方式，坚持原则又适时妥协来解决争议，在议会制度的框架内，遵循宪法原则，无论是执政还是“忠诚的反对”，都是为了国家和人民的共同利益，共同维护国家的政权。同时，议会内政党的出现也是一种阶级利益妥协的产物，政党所代表的阶层利益随着时代的变迁也不断发生变化。有些政党虽形成于议会外，但是建立全国组织、成长壮大之后很快进入议会，成为议会内部的重要政治力量，例如英国工党。

政党起源的第二个类型差异决定了政党与国家、社会的关系。在西欧北美国家，政党的产生晚于国家，政党仅仅是沟通国家与社会之间的桥梁。政党认同的危

---

① 因此，在这个意义上而言，体制内政党、体制外政党以及议会内政党、议会外政党的划分都是基于政党产生时的状态为标准的。大多数政党要经历一种从议会外政党到议会内政党、体制外政党到体制内政党的转变。

机只是一种政党政治的危机或者说民主政治的转型，跟国家的团结与稳定没有必然的关联。而在后发国家，政党的产生往往早于国家，政党往往在国家与社会之上，承担着建设国家、改造社会的重任。在这种情境下，人们对执政党的认同往往与对国家的认同、社会制度的认同紧密联系在一起。如果出现政党认同危机，则会面临国家分裂和制度解体的危险。

阅读与思考

一、阅读

1. 兰德尔．发展中国家的政党与社会结构［M］// 卡茨，克罗蒂．政党政治研究指南．吴辉，译．南京：江苏人民出版社，2020：694－709.

2. 恩格斯．家庭、私有制和国家的起源［M］. 北京：人民出版社，2018.

3. 李普塞特．政治人：政治的社会基础［M］. 张绍宗，译．上海：上海人民出版社，1997.

二、思考

1. 为什么萨托利说“政党是一种表达的管道”？

2. 参照乔·米格代尔（Joel S. Migdal）在《强社会与弱国家：第三世界的国家社会关系及国家能力》中使用的模型，政党关系有几种模式？

3. 本章在政党关系对象上的区分有没有问题？请深入思考。

第六章

政党的蜕变与转型

如果政党不再执行此项功能，那么谁将扮演政治和制度整合的代理人呢？

——斯特凡诺·巴尔托利尼、彼得·梅尔《当代政党面临的挑战》①

在第二章中，我们了解了本体论意义上的政党发展，西方政党大致经历了精英党、大众党、全方位党、卡特尔党、商业公司党的发展过程，而在广大发展中国家兴起的革命党在革命成功后也成功地“进入体制”，摆脱“反体制的党”而成为体制内的党。当我们把发展视作一种“由小到大、由简单到繁杂、由低级到高级、由旧质到新质的运动变化过程”② 时，发展的另一面——蜕变与转型就是认识政党的另一个窗口。所以，政党发展意义上的诸种存在都还归属于“政党”这个“属”；而政党的蜕变与转型意义上的那些类似政党的存在则已经超越了政党的本体论层面，它们实际上是与政党完全不同的两种东西。

第一节　政党衰败

1. 政党理论长期以来对政党的批评

政党发展了多久，政党就背负了多久的骂名。就像“民主”在西方社会曾一度

---

① 巴尔托利尼，梅尔．当代政党面临的挑战［M］// 冈瑟，戴蒙德．政党与民主．徐琳，译．上海：上海人民出版社，2012：365．

② 辞海［M］．上海：上海辞书出版社，1999：1416．

被视为“穷人的暴政”的代名词一样，政党登上民主政治舞台的表演活动，在相当长的时期内，来自各方面的嘘声比喝彩声更多。作为政党之母的英国，两个政党诞生之初便获得了“苏格兰盗马贼”和“爱尔兰歹徒”的绰号，直到18世纪20年代在野党才得到“英王陛下忠诚的反对党”的美称。同样，在美国，建国之父华盛顿总统对于党争深恶痛绝。他指出：“一个派别对另一个派别的交替统治，由于党派纷争所产生的天然报复心理而使斗争愈演愈烈。在不同的时代和国家中，这种交替统治干下了最令人厌恶的罪行，它本身就是一种可怕的专制主义。”① 他还指出：“有人认为，自由国家的政党是检查政府施政的有效手段，它有助于永葆自由的精神。这种意见在一定限度内可能是正确的。但在君主制的政府内，爱国主义也会以纵容放任的态度来对待政党精神，如果不是用赞许的眼光来看待它的话。但是在得人心的国家，在纯粹由选举产生的政府中，这是一种不应受到鼓励的精神。……火是扑灭不了的；但要求大家都提高警惕，不要让它爆发为熊熊烈火，否则将不加任何警告便把一切都烧光。”② 同样，当时美国其他的政治领袖哪怕是直接领导政党的领袖也对政党持有一定的怀疑。美国共和党的领袖杰斐逊，在有人称他为共和党人时，他隐晦地回答，“我们都是共和党人——我们都是联邦党人”。③ 以汉密尔顿为首的联邦党人则断然拒绝承认他们是一个政党。

再听听法国学者和革命家的呼声。孔多塞认为，“法兰西共和国最基本的需要之一就是不要政党”。丹东宣称，“如果我们想激怒对方，那我们就形成政党吧，而我们只需要理性”。罗伯斯庇尔说：“产生多党的原因只能是个人利益，无论我在哪里见到了野心、阴谋、诡诈和马基雅维利主义，我就会在哪里发现宗派；而所有宗派的本质就是牺牲大众的利益。”圣鞠斯特认为，“宗派在分裂一个民族时用凶险的党派意识取代了自由”。吊诡的是，这些反政党论者大多被自己所煽动起来的直接民主情绪送上了断头台。死在断头台上的名人除国王路易夫妇、激进的埃贝尔外，还有丹东、罗伯斯庇尔、圣鞠斯特等。善良的罗兰夫人临刑前号泣：“自由啊，自由，多少罪恶假汝之名以行！”

因此，格林斯坦等人指出：“早在18世纪，政党被视为朋党倾轧的工具，有损于社会及政治的团结；在19世纪及20世纪初年，政党被视为贪污腐败，过分垄断。这种态度，系表露出其反对政党的力量及其活动与权力，而非反对其任何所知的弱点或缺乏能力。”④ 政党之所以被认为不好，乃因其所已做的，是要否定它，不希望它起什么作用，而不是对它有所期望，这也说明当时反对政党的情绪的特点和普遍性。施莱辛格曾经总结道：“在政党开始形成时期，它每向前发展一步都遭到非议，被认为是个祸害。”⑤

---

① 戈斯内尔，斯莫尔卡．美国的政党和选举［M］．复旦大学国际政治系，译．上海：上海译文出版社，1980：2-3.

② 施莱辛格．美国民主党史［M］．复旦大学国际政治系，译．上海：上海人民出版社，1977：20.

③ 王建华．美国历届总统就职演说精选［M］．南昌：江西人民出版社，1989：284.

④ 格林斯坦，波斯比．非政府的政治学［M］．台北：台湾幼狮文化业公司，1984：362.

⑤ 同②.

2. 作为“必要之恶”的政党与其衰败

无论如何，在现代民主社会政党都是不可或缺的。法国政治学家莫里斯·迪韦尔热1951年出版《政党：在现代国家中的组织与活动》一书，他通过对党的组织、党员、党的领袖、政党体制、政党力量的分析，充分肯定了政党存在的合理之处，认为政党是把人民和选民带到政治共同体中去的机制。美国学者哈默尔（R. Harmel）也曾经指出："美国对被看作应用科学或实践艺术的政治学的三个主要贡献是成文宪法、解释这些宪法条文的法院和政党组织。前两者是防止或减轻民主制易犯的错误，而后者被证明是加重这些错误，败坏前两者所做的善事，削弱人民主权。然而，政党组织是民主政府的一个自然的、或许是不可避免的附属物。"① 韦伯更是悲观地建议大家把政党作为一种不可避免的祸害接受下来。政党虽然有弊端，但是我们首先需要承认的是它是现代民主制度的基本架构和基础。就像谢茨施耐德所指出的："政党的兴起无疑是现代政府最显著的标志之一。事实上，政党起了民主政府的缔造者的主要作用。政党创造了民主，倘若没有政党，现代民主是不可想象的。"②

但是，到了20世纪六七十年代，西方国家中出现了一种"政党衰败"（party decline）的论调，同时也出现了一股强烈的批判政党的风气。政党理论家们看到，政党在近几十年里丧失了很多功能：国家与社会的交流是通过大众媒体，而非政党的刊物；社会与国家的交流是通过民意测验甚至全民公决，而非政党集会；政治社会化绝大多数是在国家的教育体制中进行，而非在政党的暑期学校或青年俱乐部中进行；利益表达和利益聚合日益被利益集团、政策小组、智囊团或者专门调查委员会控制；新社会运动蓬勃发展，而政党自身的党员人数却日益下降，公众对政党的信任程度下降。政党政府面临着意识形态、组织、功能等全方面的危机。与此同时，对于政党的批评也重新泛起，其强度之大使得有的学者干脆称之为"反政党时代"。詹姆斯·麦格雷戈·伯恩斯（James MacGregor Burns）甚至声称："我们今天遇到了美国基本政治制度解体的悲哀。由托马斯·杰斐逊领导的政党体制，正遭遇被瓦解的严重危险。"③

一直以来，"政党衰败论"在世界政党理论中占有一席之地④。"衰败论"者往往认为：（1）政党同其支持者的关系渐行渐远，使得政党不再具有足够的选民影响力⑤；（2）选举型政党不再能够良好地发挥其选举功能，个人、高薪雇用的选举顾

---

① HARMEL R, JANDA K. Parties and Their Environments: Limits to Reforms [M]. New York: Longman, 1982: 2.

② 谢茨施耐德. 政党政府 [M]. 姚尚建，沈洁莹，译. 天津：天津人民出版社，2016：44.

③ SCOTT R K, HREBENAR R J. Parties in Crisis: Party Politics in America [M]. New York: John Wiley & Sons, 1984: 351.

④ DAALDER H. A Crisis of Party [J]. Scandinavian Political Studies, 1992, 15 (4): 269-288.

⑤ 参见：DALTON R J. Citzen Politics: Public Opinion and Political Parties in Advanced Industrial Democracies [M]. Chatham: Chatham House/ Seven Bridges, 2002.

问与其他非政党组织的重要性超过政党本身①；（3）网络和数字媒体使得个体能够直接地就某一议题发表意见甚至进行投票，政党的中介必要性已不存在②；（4）发展中国家或欠发达国家的政党往往沦为军队、独裁者或其他利益集团的工具③。近年来，这种观点更是甚嚣尘上，一些论者认为，政党如果不能继续承担自己的功能和使命，应当尽早从现代政治生活中"退场"④。

那么，我们究竟应该怎样看待政党作为民主制度核心机构之一，在某些情况下所经历的影响力减弱、功能受损和支持度下降的现象呢？应该说，在包括社会结构的变迁、选民行为的转变、新兴政治运动的冲击以及政党自身适应性不足等在内的多重因素的影响下，政党与其社会基础之间联系的弱化、政治代表性的缺失以及在政策创新和民众动员中的能力下降的情况确乎普遍发生于现代政治生活中，然而，"政党政治发展是一个国家政治生活中充满生气的领域，从来没有静止的形态，没有终极的模式"⑤，我们应该更具主体性地看待"政党衰败"的相关问题，从而返回政党乃至关于政党本质的讨论上去：政党仅仅是国家与社会的桥梁或者管道吗？

第二节 再探政党的卡特尔化

在既有理论中，政党作为连接公民意愿与国家权力的核心中介，其组织形态、行为模式及其与社会、经济环境的互动关系，深刻影响着政治系统的运行效率与公正性。本节我们将"再探政党的卡特尔化"，深入剖析其内涵、成因、表现形式以及对民主政治的影响。

1. 政党卡特尔

政党的卡特尔化与卡特尔党虽然意思相近，但它们指的完全是两个对象。在卡茨和梅尔那里，卡特尔党是指"国家-政党卡特尔"中的政党一方。具体来说，在"国家-政党卡特尔"中"共谋的政党成为国家的代理人，并利用国家（政党国家）的资源来确保它们自身的集体生存"⑥。在进入国家后，政党为了自身组织的生存

---

① KATZ R S，MAIR P. The Ascendancy of The Party in Public Office：Party Organizational Change in Twentieth-century Democracies [M] // GUNTHER R，MONTERO J，LINZ J. Political Parties：Old Concepts and New Challenges. Oxford：Oxford University Press，2002：113－135.

② CHADWICK A. The Hybrid Media System：Politics and Power [M]. Oxford：Oxford University Press，2017：47－48.

③ PSHIZOVA S. Representative Rule or the Rule of Representations：The Case of Russian Political Parties [M] // LAWSON K，POGUNTKE T. How Political Parties Respond：Interest Aggregation Revisited. London and New York：Routledge，2004：235－257.

④ CHADWICK A，STROMER-GALLEY J. Digital Media，Power，and Democracy in Parties and Election Campaigns：Party Decline or Party Renewal? [J]. The International Journal of Press/Politics，2016，21（3）：283－293.

⑤ 周淑真．世界政党政治发展研究报告（2021—2022）[M]. 北京：当代世界出版社，2022：2.

⑥ KATZ R S，MAIR P. Changing Models of Party Organization and Party Democracy：the Emergence of the Cartel Party [J]. Party Politics，1995，1（1）：5.

与延续，将大量本属于国家的要素转移到政党中来，并通过国家来调整政党行为，控制其他政党的准入。在这一过程中，国家与政党形成了一种共谋关系，政党一方面从国家汲取资源而成为国家的一部分，另一方面国家则以国家行为来保障与政党共谋行为的可持续性。从而，政党日益依赖于国家，并距离自身诞生、成长的社会越来越远，实现政党对国家的"殖民统治"①。

卡特尔党仍然是党，它指的就是"国家-政党卡特尔"中的政党成分。而政党的卡特尔化则描述的是政党为了维护自身利益和地位而逐渐形成的一种相互依存、相互支持的状态，尤其是在获取和分配国家资源方面。早在1954年，基希海默就讨论了政党卡特尔的问题，他认为，从政党的实际运作来看，政党在政治生活中可以开展三种"政治共谋"（political collusion）②。第一种共谋形成在政党与政党之间，即全方位党之间的中间派党际卡特尔旨在维持它们在公共职位上的权力地位。随着目标导向的反对派消失和对大多数政治议题的共识达成，真正的政治竞争被大幅削弱。政治反对派的逐渐式微和权力从议会向行政部门的转移共同促成了一个稳固的政党间卡特尔，导致政治竞争者，尤其是一些更为激进的政党，越来越被边缘化。第二种共谋表现为国家一级的政党卡特尔，即卡茨和梅尔所讨论的"国家-政党卡特尔"。在这种情况下，政党与其社会基础的联系被切断，而与国家结合更为紧密，政治活动降低为仅由职业政客进行的"国家管理"。这种政党与国家之间的广泛合谋以及政党与社会联系的断裂，表明权力正从议会转移到政党。基希海默强调，议会党派和政党中央组织在个人层面高度交织，导致议会党派的纪律性不断增强。第三种共谋与全方位党的发展紧密相关，涉及政党、国家和强大利益集团之间形成的三方卡特尔。根据基希海默的观点，政党试图"封闭选举市场"，它们通过与利益集团的联系而非自身意识形态来赢取广大选民的忠诚。政党从利益集团获得的资金越来越多，利益集团也成为政党与选民沟通的主要途径。同时，政党基层受到忽视，政党与社会的距离越拉越大。最终，基希海默预见了行政部门、主要政党领导层与司法权力（法院）之间的进一步共谋，这暗示国家权力正在扩散。

可见，关于政党卡特尔化的批评主要集中在政党与其他政治经济主体间的共谋关系上，而政党、国家机构与社会之间的联系逐渐弱化是研究者们关注的核心：政客们常常同时在政党内履行正式职能，在国家内扮演正式角色（公务员或部长）。被假定为"中立的"国家机构与职业化的政治阶层之间的这种互利共生关系在强调"中立"官僚制的西方是不可接受的，因此，如普勒（Puhle）指出的，国家机构与政党组织的这种结构相近和重叠导致了严重的民主问题，因为政党已经不再是"中

---

① KROUWEL A. Otto Kirchheimer and the Catch-all Party [J]. West European Politics，2003，26 (2)：23－40.

② KIRCHHEIMER O. Party Structure and Mass Democracy in Europe [M] // BURIN F S，SHELL K L. Politics，Law and Social Change：Selected Essays of Otto Kirchheimer. New York：Columbia University Press，1954：245－268.

介”和“代表”，并且还可能导致更多的政治恩赐、裙带风和腐败①。总之，政党卡特尔的特征是：(1) 国家资助。政党越来越依赖国家提供的直接财政支持，减少了对民众捐赠的依赖，这降低了政党与其基本选民之间的联系。(2) 合作竞争。尽管政党在选举中表面上保持竞争，但实际上它们在关键问题上达成了默契，共同维护现状，避免对现有体制构成威胁。(3) 进入壁垒。新党进入政治舞台的难度增加，因为现有的政党卡特尔通过法律和规则设定障碍，限制竞争。(4) 政策趋同。政党间在政策和意识形态上的差异减少，导致选民的选择变得有限。从以上四个特征来看，我们回顾美国史学家梅里亚姆的一句话，可能会深有感触：“从某种意义上说，政党是我们真正的国家。”②

2. “作为社会的政党” 与 “作为国家的政党”

然而，作为卡特尔党的替代品——商业公司党的诞生，在竞争的条件下打破了那种“只能通过吸收和适应进入卡特尔党”来参与政治的局面。但是，即使如此，正如商业公司党不是政党发展的终点一样，政党的卡特尔化至今也没有停止。如果说，政党卡特尔是一种内部共谋的话，那么商业公司党恰恰就是政党卡特尔的外部共谋者——政党之间的共谋造就了它自身的对立面，而这个被制造的对立面则在反对制造者的基础上与反对者开展新的共谋。如此，在这个背景下，我们再来回顾米歇尔斯在“寡头统治铁律”所得出的判断：“当组织发展到一定规模时，为了伟大的原则（民主）而斗争就变得不可能。”③ 通过分析德国社会民主党以及其他党派，米歇尔斯认为：“当组织的力量增长时，政党便愈没有生机；它失去了变革的动力，在行动上保守，在思想上也日益慵散。”④ 虽然，政党是为了民主政治的有效运转而建立的，但是随着政党组织的发展，政党日益吞噬民主。他总结道，政党就是这样一种组织：“这个组织助长了候选人对选民的支配，也助长了领导者对服从者的支配，更助长了代议者对选举人的支配。提到组织，其实我们就是在说寡头政治。”⑤

事实上，“卡特尔”在西方本就不是一个好词，但西方学者关于政党卡特尔的描述——无论是基希海默的还是卡茨、梅尔的——对我们而言并不陌生。对于大多数革命党来说，国家、政府乃至社会（新社会）都是其造物，革命不仅仅意味着夺取政权，更意味着要打破旧有的统治机器而开展社会革命。因此，革命党所缔造的政治结构与革命党自身的组织结构、价值取向、行动逻辑乃至支配方式都具有天然的共性。我们都知道，民主集中制是由列宁创立的，是广大马克思列宁主义政党的根本组织原则；同时，我国《宪法》也规定，中华人民共和国的国家机构实行民主集中制的原则。可见，政党的卡特尔化确实提供了一个有用的视角，帮助我们区分

① PUHLE H J. Still the Age of Catch-allism? Volksparteien and Parteienstaat in Crisis and Re-equilibration [M] // GUNTHER R, MONTERO J, LINZ J. Political Parties: Old Concepts and New Challenges. Oxford: Oxford University Press, 2002: 58-83.

② 梅里亚姆．美国政治思想［M］．朱曾汶，译．北京：商务印书馆，1984：160.

③ MICHELS R. Political Parties: A Sociological Study of the Oligarchic Tendency of Modern Democracy [M]. New York: Free Press, 1958: 366.

④ 同③371.

⑤ 同③410.

“作为社会的政党”与“作为国家的政党”这两种概念。这一区分反映了政党在社会结构与国家机构中所扮演角色的不同方面，以及它们与社会基础和国家权力之间的关系如何随着政党卡特尔化而发生变化。

“作为社会的政党”强调的是政党与其社会基础之间的联系，包括政党如何代表特定的社会群体、利益集团或意识形态。这类政党通常更依赖于民众的支持和参与，更加注重基层组织和群众动员。它们倾向于通过反映和响应社会需求、争取选民支持来获得权力。在这种模式下，政党被视为民主体制中的重要中介机构，连接选民和政府，转化社会诉求为政策议程。相反，“作为国家的政党”则更强调政党与国家机构之间的紧密联系。这种关系可能表现为政党对国家资源的控制和利用，以及政党在国家决策过程中的主导地位。政党卡特尔化的情况下，政党可能更依赖国家提供的资金、媒体时间和其他资源，而非来自选民的直接支持。这本就与强调政党与其社会基础之间的联系的逻辑相悖，政党行为更多受到维持政治地位和掌控国家资源动机的驱动。

从“作为国家的政党”与“作为社会的政党”的区分来看，我们可以观察到一些国家往往展现出更多“作为国家的政党”的特征，而另一些国家中的政党则更倾向于体现“作为社会的政党”的特性。这种趋势与政治体制的本质和政党在其中所扮演的角色紧密相关。在大多数共产党国家中，政党（尤指执政的共产党）与国家机构高度融合，政党不仅在政治上占据主导地位，而且在经济和社会生活的方方面面都具有决定性的影响。党通常控制着国家的行政机构、军队和媒体，政党的政策和理念直接转化为国家的政策和法律。在这种体制下，政党更多地承担着领导国家和社会的责任，强调政党的指导和管理作用，这就使得共产党国家中的政党具有显著的“作为国家的政党”的成分。相比之下，“自由民主制”国家中的政党体制更加多元和富有竞争性。政党通常围绕特定的社会利益、意识形态或政策议程形成，它们通过选举竞争来争取公众的支持。在民主体制中，政党作为选民与政府之间的桥梁，反映和代表不同社会群体的利益和诉求，促进政策讨论和政治参与。因此，民主国家中的政党倾向于展现出更多“作为社会的政党”的特征，强调其在民主过程中的中介和代表性角色。

关于政党卡特尔的讨论，恰恰显示“作为国家的政党”与“作为社会的政党”都是政党组织生存发展所必需的成分。在“自由民主制”中，政党也可能展现出“作为国家的政党”的特征，特别是当它们长期执政或形成政党卡特尔时。同样，在共产党国家中，政党亦可能以“党的建设”的方式努力扩大其社会基础，增强与社会的联系。

3. 政党卡特尔化与政党衰败

如果我们仔细分析问题的症结，“政党衰败”其实是从政党与社会的关系而言的，政党的衰败其实是指“政党通过党员、思想交流、社会化、利益表达和利益聚合而建立的许多社会基础正在萎缩”①。这也从一方面说明了为什么现代政府在政

① 布隆代尔，科塔．政党政府的性质：一种比较性的欧洲视角［M］．曾森，林德山，译．北京：北京大学出版社，2006：45.

府与政党之间的博弈中能占据优势，因为西方政党现在的竞争者如社会运动、利益集团、智囊团、民意调查机构等可以直接跟政府接触，而非通过政党；政府甚至可以完全绕开政党，通过更多的全民公决或者“远程民主”来实现与社会的联系。

但是，如果换一个角度，从政党与国家的角度看，政党控制国家的能力却越来越强。“令人惊讶的是，就在人们更多地谈及‘政党的衰弱’时，又听到有关‘党治国家’（德国）、‘政党统治’（意大利）、‘政党权力’（比利时）的警告……作为精英——群众的联系机制，政党已经占据了与国家相近的地位，这体现为它们越来越依赖于国家财政拨款，而非政党经费”①。梅尔也看到了这种悖论，“因为对政党的疏远，甚至对政党的仇视不能简单看作是政党衰弱本身的表现；事实上，如果政党作为管理者和民意代表者完全处于衰弱状态，那么对政党的不满应该会消失。但是不如说在于一系列互相矛盾的发展趋势：一方面政党越来越无能，另一方面又更加引人注意；一方面越来越不重要，另一方面却更加有特权”②。

卡茨和梅尔对这种现象进行了解释，“一方面，政党的成员数量减少，对政党的支持也往往不及选民的增长速度快；而另一方面，正当活动的经费又迅速上升。因此，政党不得不从其他地方寻找资源。在这种情况下，政党作为领导者和法律的制定者，求助于国家便是自然而然之事”③。他们进一步指出：现在的政党已经不仅仅是沟通国家与社会之间的桥梁，而是被国家吸收……变成了半国家的机构④。同时，他们指出，政党具有内在的转变为超国家组织而宰制国家民主的危险：这种情况可能阻碍或限制社会对政府和国家做出反馈，最终导致国家因内部压力过大而崩溃，或者导致各种反对意见聚集起来，直到找到一个可怕的宣泄口⑤。他们认为苏联和意大利政党的垮台就从某种角度说明了这一点。可见，政党正处于一种自相矛盾的处境：政党是强大的，而同时又是弱小的。实际上，“政党衰败”体现的是政党功能的一种转化，即由原来的利益表达功能为主转化为控制政府功能为主。

从政党自身来看，政党卡特尔的出现使得政党在国家政治生活中的作用似乎得到加强。但是政党产生、发展和功能之本质在于代表一部分人的利益而控制政权或影响决策，充当民主政治的枢纽，“卡特尔政党”实际上由于它淡化了这种代表性意识形态，也就丧失了政党政治的本质与价值，使之与其他社会组织例如利益集团等的界限日益模糊；而且，它日益脱离社会，实际上也就脱离了它赖以存在的基础，从根本上失去了同国家、政府进行平等竞争的关键武器。从西方政党政府的实

---

① ANDEWEG R B. Elite-mass Linkages in Europe: Legitimacy Crisis or Party Crisis [M] //HAYWARD J. Elitism, Populism, and European Politics. Oxford: Clarendon Press, 1996: 157.

② MAIR P. Political Parties, Popular Legitimacy and Public Privilege [J]. West European Politics, 1995, 18: 40-57.

③ KATZ R S, MAIR P. Changing Models of Party Organization and Party Democracy: the Emergence of the Cartel Party [J]. Party Politics, 1995, 1 (1): 15.

④ 同③16.

⑤ 布隆代尔，科塔．政党政府的性质：一种比较性的欧洲视角［M］．曾森，林德山，译．北京：北京大学出版社，2006：54.

际运作中我们也可以看到，实际上政府在政党与政府的博弈中将越来越处于有利地位，政党也就变成了“小国家”或“准政府”。

总之，政党从社会到国家（政府）的转变是对当代政党近乎必需的生存策略。“作为社会的政党”与“作为国家的政党”两种成分之间有没有一个最佳的比例以同时发挥两种成分的长处又避免其带来的恶果是我们需要思考的问题。进一步而言，政党衰败的后现代危机是真命题，还是伪问题，实际上依赖于三个判断：第一，政党的本质是什么？第二，政党是否仅仅就是不完全民主的产物，即公共选择理论的适用性问题；第三，政党的功能在不久的将来能不能够完全被其他组织所取代？前两个判断是理论问题，后一个判断是实践问题，正是对这三个判断的不同看法，导致了对于政党衰败问题的不同认识。

第三节　社会运动、“运动党”与政党极化

如果说卡特尔化的教训是，“作为社会的政党”与“作为国家的政党”同时是政党生存所必需的两种成分，那么，2016 年以来，欧美发达国家愈来愈陷入政党极化、社会分化和政治衰败的“否决政治”，当下西方政党政治的乱象频发则显示政党遇到了新的难题。

1. 社会运动、利益集团与“运动党”

社会运动、利益集团与政党构成了政治利益表达与协调的主要载体。通常情况下，这些组织形态通过不同的途径与策略来推动集体目标的实现，尽管它们之间的界限有时并不清晰。社会运动是一种自发或有组织的、非制度化或半制度化的集体行动形式，通常由一群共享某种社会、经济、环境或文化理念的个体组成，他们团结起来，旨在通过公开抗议、示威、请愿、抵制、教育宣传、直接行动等各种手段，对现存社会秩序、政策或制度提出挑战，争取或捍卫特定的社会变革或权益诉求。社会运动的特点包括以下四点：第一，非制度化或半制度化。相较于政党或利益集团，社会运动往往更侧重于直接对既有政治体系施加外部压力，而非通过正式的政治渠道参与决策过程。第二，草根性与动员性。社会运动通常源自基层民众的不满与诉求，具有较强的群众动员能力，能够迅速集结大量的参与者，形成广泛的公众关注与社会舆论。第三，议题特定性与目标导向。社会运动通常围绕某一特定议题展开，如环保、性别平等、劳工权益、人权保护等，目标明确且聚焦，有时甚至带有鲜明的激进色彩。第四，策略多样性。社会运动采用的行动策略丰富多样，包括非暴力抵抗、公民不服从、街头抗议、网络动员、文化抗争等，有时也会与法律诉讼、政策倡导等制度化手段相结合。

利益集团则是指由具有共同经济、政治、社会利益的个体或组织组成，旨在通过合法、制度化的手段，影响政府决策、立法过程或公共政策，以维护或增进其成员利益的非正式组织。利益集团的主要特征包括：第一，制度化参与。与社会运动

相比，利益集团更倾向于通过正式的政治渠道（如游说、提供专家意见、资助政治竞选等）影响政策，而非直接对抗现有体制。第二，专业性与组织化。利益集团通常具备专业化的工作人员、明确的组织结构、充足的财政资源，能够进行长期、系统的政策研究与游说活动。第三，多元性与代表性。利益集团种类繁多，涵盖经济、社会、环境、文化等多个领域，代表不同群体的利益，如工商企业、行业协会、工会、非政府组织、专业协会等。第四，利益聚合与分化。利益集团通过聚合其成员利益，形成统一的政策诉求，同时在不同利益集团之间可能存在竞争与冲突，导致政策议程的分化与复杂化。

可见，社会运动更侧重于非制度化动员与直接挑战，旨在推动特定的社会变革；而利益集团则主要通过制度化途径影响政策，维护其成员的特定利益。当下，在社会运动与利益集团之间，一种新兴形态出现了，它兼具社会运动与利益集团的两种特征，这种新型形态就是“运动党”（movement party）。运动党可被理解为一种由政治企业家——那些积极利用政治过程来追求特定政策目标、构建利益联盟或影响公共政策的个体或团体，他们投入资源以推动政治变革或维护特定利益——引领的过渡形态，其特征在于既有运动的激进性与直接行动策略，又有政党对选举竞争与立法参与的关注。

韩国正义党（Justice Party）可以被视为一个典型的“运动党”案例，它起源于社会运动，并在政党竞争领域中继续保持着运动的组织办法和战略特色。正义党成立于 2012 年，其前身是韩国进步政治力量的整合，特别是与一系列社会运动紧密相连。2008 年，韩国爆发了大规模的烛光示威，即“五五运动”（又称“反美牛肉进口示威”），抗议政府决定放宽对美国产牛肉的进口限制，民众担忧此举可能带来食品安全风险。这场运动迅速发展为对时任政府政策不满的广泛表达，涉及对政治腐败、经济不平等、社会正义等问题的关注。运动中涌现出一批活跃的公民组织和社会活动人士，他们后来成为正义党的核心成员。

正义党的运行有着以下特征：第一，在组织结构与动员模式上，正义党在组织上保持了与社会运动的紧密联系，党内成员很多具有社会运动背景，具有较强的草根性。其内部决策过程倾向于开放、参与式，鼓励基层党员和志愿者的积极参与，类似于社会运动中的共识寻求与动员方式。此外，正义党在选举活动中也常常结合街头抗议、集会、示威等非传统政治手段，延续了运动党在制度化政治与街头政治之间的双重路径。第二，在议题选择与政治立场上，正义党继承了社会运动中的核心议题，如食品安全、环境保护、劳动权益、性别平等、反腐败等，并将这些议题转化为明确的政治纲领。其政策主张往往具有鲜明的进步主义色彩，强调社会公正、经济民主化以及对弱势群体的保护。与传统政党相比，正义党在议题选择上更具针对性和激进性，反映了其运动党的属性。第三，在选举策略与影响上，正义党在选举中虽未取得绝对多数，但凭借其鲜明的议题立场和草根动员能力，成功吸引了年轻选民、进步知识分子以及对主流政治失望的民众的支持，成为韩国政坛不可忽视的反对力量。尽管在组织规模和资源上无法与大型主流政党抗衡，正义党通过积极参与立法、监督政府以及在公共议题上发声，对政策议程产生了显著影响，体现了其从社会运动向政党过渡后的持续影响力。

2. 如何划分政党与其他社会成分：基奇特模型

从制度标准来看，社会运动、利益集团与政党在集体利益表达上呈现出显著差异。社会运动主要通过街头抗议、破坏性行动或非暴力抵抗，直接针对制度外或与既有制度相悖的议题进行动员；利益集团则通过与合法政党合作、游说、资金支持等方式，间接影响立法与行政决策；而政党则通过参与选举，进入地区性民主代表机构，形成有组织的竞选团队和支持者网络。从功能标准出发，各类组织在解决集体行动问题与社会选择问题上的投入程度与方式有所不同。社会运动在组织结构上投资较少，时空范围有限，主要针对单一、可分离的利益诉求；利益集团和政党则在组织结构上投入较大，时空范围更广，能够处理更为复杂、相互依赖的集体目标。政党尤其注重构建解决集体行动和社会选择问题的组织基础设施，形成具有约束力的集体优先计划，以及确保成员对组织目标的服从。那么，如何在一个整体框架下理解政党、社会运动、利益集团以及其他活动在政治中的主体？赫伯特·基奇特（Herbert Kitschelt）为我们提供了一个理解不同主体及其相互之间转化以及变迁关系的框架①。

首先，基奇特认为，无论是利益集团、政党还是社会运动，在西方都事实上由政治企业家所领导，那么这些政治企业家在选择什么样的政治组织模式时就会有策略考量。具体来说，这种策略考量根据奥德里奇②的研究可以分为两个维度：第一个维度着眼于集体行动（collective action）投入；第二个维度则着眼于社会选择（social choice）投入。前者通常指社会成员在追求共同目标时的组织化程度、参与度和协调性，这取决于诸如利益一致性、集体认同、沟通效率、领导力、信息传播等因素；后者则是关于社会通过何种途径和规则来聚合个体偏好，形成集体决策或社会秩序，这可以是正式的制度安排（如选举、投票、市场机制）或是非正式的社会规范、习俗和共识的形成过程。那么，根据这两个维度不同程度的配置，我们可以得到表 6-1。

表 6-1 功能挑战与集体动员模式

		集体行动投入	
		慷慨的	微薄的
社会选择投入	慷慨的	政党	公共知识分子俱乐部
	微薄的	利益集团	社会运动

资料来源：卡茨，克罗蒂．政党政治研究指南［M］．吴辉，译．南京：江苏人民出版社，2020：504.

表 6-1 显示，(1) 当集体行动投入低、社会选择投入低时，政治企业家就会选择社会运动策略。政治企业家在社会运动中的参与程度较低，可能仅提供有限的支持或借助运动声势，而不积极投入大量资源组织大规模行动。社会选择投入低则

---

① KITSCHELT H. Movement Parties［M］// KATZ R S，CROTTY W J. Handbook of Party Politics，2006：278-288.

② 参见：ALDRICH J. Why Parties［M］. Chicago：University of Chicago Press，1995.

意味着政治企业家同样在正式政治制度内的参与程度较低，较少通过选举、立法等渠道寻求改变，可能认为这些途径难以产生即时或显著的影响。（2）当集体行动投入高、社会选择投入低时，利益集团策略则是一个好策略。因为集体行动投入高暗示了政治企业家在利益集团的形成与运作中扮演关键角色，积极投入大量资源（如资金、时间、影响力），参与游说、制定政策议程等集体行动。而社会选择投入低则意味着，尽管在集体行动层面投入高，但他们对通过选举、立法等正式政治途径改变现状的投入相对较少，可能更侧重于通过非选举的、与政府直接互动的方式来影响政策。（3）当集体行动投入低、社会选择投入高时，葛兰西所讲的那种公共知识分子的清议俱乐部就会是比较好的选择。因为集体行动投入低可能对应于较为松散的联结形式，如自愿加入的社团、兴趣小组，或是独立思考、发表观点的知识分子群体。社会选择投入高可能意味着存在成熟的制度平台，如言论自由、学术交流机制，使得个体能够在相对较小的组织化程度下，通过表达个人观点、撰写文章、开展讲座等形式影响公众观念或政策讨论。（4）当集体行动投入高、社会选择投入高时，政治企业家就会选择创建政党。因为集体行动投入高体现在政党作为高度组织化的政治实体，有明确的意识形态、政策纲领、党员体系、竞选机器等，能够系统地动员选民、参与选举。社会选择投入高同时意味着他们坚信并大力投资于通过政党参与选举、赢得政权，利用成熟的政治体制内机制来直接影响政策制定和执行，视此为最直接、最有效的政治参与方式。

但是，这个模型非常基础，以至于基础到不能很好地解释现实政治生活中的例子。唐纳德·特朗普是一个成功的商人，坐拥众多资产，但为什么他仍然需要MAGA（Make America Great Again）运动同美国共和党站一起呢？基奇特进一步指出，在表 6－1 的基础上，还要考虑到是哪一个制度领域的集体行动，如此，我们就有了表 6－2。

表 6－2 在集体动员模式选择中功能条件和制度条件的相互影响

		集体行动的制度领域		
		制度外的破坏	政治影响	选举的代表性
在解决集体行动（CA）或社会选择（SC）问题方面的投入程度	CA：低 SC：低	社会运动	改革运动	运动党，魅力型政治家
	CA：高 SC：低	激进的利益集团	利益集团	特殊利益党，扈从党
	CA：低 SC：高	激进的知识分子俱乐部	游说的俱乐部	议会俱乐部（“干部党”）
	CA：高 SC：高	革命组织	工团主义者和法团主义者集团	纲领性议会党

资料来源：卡茨，克罗蒂．政党政治研究指南［M］．吴辉，译．南京：江苏人民出版社，2020：505.

表 6－2 很好理解，“一致的”动员模式从表的顶部左边（使得在解决集体行动和社会选择问题方面极少投入的破坏性原因）沿对角线延伸到表的底部右边（寻求

选举代表性，并在解决集体行动和社会选择问题方面进行投入的原因）。让我们把目光聚焦在运动党上。

运动党起源于社会运动，它们以较少的正式组织结构和对内部权威机构的依赖特征，尝试在传统政党竞争领域采用社会运动的策略。这些党派在社会选择的问题上投资不多，决策过程通常较为民主和分散，经常受到魅力型领导人或草根民主原则的影响。它们既参与体制内的民主进程，也可能参与体制外的行动，如示威活动。运动党的转型与环境条件有关，这些条件可能包括技术、选民教育水平等因素。运动党的形成可能缘于社会运动的领袖认识到其目标的广泛性，需要更广泛的社会变革而非仅是单一的政策改革，因而选择进入更广阔的政治竞选领域。

那么社会运动为何会转化为运动党？有几种理论视角试图对此进行解释：

第一，政治学习论。社会运动积极分子意识到其关切需要广泛的社会重组，而非单一政策改革。当提出广泛的意识形态和纲领，与既有政党在诸多议题上产生冲突时，运动企业家可能选择创建新党参与选举竞争。第二，信息不对称的博弈论。运动企业家可能掌握选民规模的“私人信息”，而既有政党低估其进入选举领域的威胁。在信息优势的作用下，运动党得以进入政党竞争领域。第三，选举准入门槛与未代表利益的互动。运动党更可能出现在集体利益强烈、既有政党不愿代表、选举准入门槛适中的环境中。运动党通过将制度内与制度外动员相结合，填补了政治代表的空白。社会运动党最可能出现在这些地方：（1）集体利益被大量选民强有力地坚持，他们情愿通过破坏性的、制度外的行动表达他们的利益；（2）由于担心分走它们自己的选民，既定政党对超出本党群体之外的利益群体表现出高度冷淡；（3）政治代表的正式和非正式的门槛适度地降低了。

此外，运动党向纯政党或保持混合形态的转变，取决于组织结构与利益聚合模式的投资意愿，这又受到环境因素与外源性条件（如技术、人力资本）的影响。运动党向其他政党形式的转型通常涉及对组织结构、利益聚合模式的深化投入，以克服其在集体行动协调、社会选择解决、议题范围扩展等方面的局限性。运动党作为一种独特的、不稳定的政治现象，既是社会运动向政党过渡的产物，又在组织结构、战略诉求等方面体现出与传统政党的显著差异。它要么突然消失，与其他势力进行改组重组，要么转向卡特尔党或者商业公司党。

3. 政党极化

政党极化（party polarization）是指政治体系中主要政党在意识形态、政策立场以及价值观等方面的分歧和对立加剧，导致政治立场两极分化的现象。这种极化通常表现为政党之间合作的减少、对立情绪的增加以及在重要政策议题上难以达成共识。政党极化可以发生在多个层面，包括政党精英（如政党领导人、议员等）和基层选民。一般来说，政党极化的特点包括：第一，立场分化。政党在关键的政治、经济或社会议题上的立场变得更加尖锐和对立，减少了立场上的灰色地带和中间立场。第二，合作减少。政党间在立法和决策过程中的合作变得更加困难，即使在对国家至关重要的议题上也难以跨党派合作。第三，情绪对立。政党及其支持者之间的情绪对立和敌意加剧，政治对手往往被视为“敌人”而非“对手”，政治辩论往往变得更加激烈和个人化。第四，选民分化。选民根据政治立场和身份标志（如种族、宗教或社会经济地位）在政党之间产生更加明显的分化，形成相对封闭和同质的政治气泡。

举例来说，以色列作为一个多党制国家，其政党体系中的极化现象尤为显著，尤其是在近年来的政治发展过程中。首先，从表现上来说，以色列国内各势力的政治立场极端化。以色列政党体系大致可分为左翼、中左、中右、右翼以及宗教政党阵营。左翼政党如工党、梅雷茨党等，通常主张和平谈判、巴以两国解决方案、社会福利政策以及世俗化改革；右翼阵营如利库德集团、犹太家园党等，强调国家安全、定居点扩建、对巴勒斯坦的强硬立场以及宗教传统价值的保护。宗教政党，如沙斯党、联合妥拉犹太教联盟等，则重点关注宗教教育、宗教权益保护以及对犹太律法（哈拉卡）的重视。近年来，这些阵营的立场日趋极端。左翼政党在和平进程问题上更加坚定，呼吁立即结束占领，甚至支持单边撤军；右翼政党则进一步强化对领土完整的要求，主张吞并约旦河西岸部分地区，并对巴勒斯坦人权利持更为严苛的态度。宗教政党在宗教与国家关系问题上立场强硬，要求在公共生活和教育中强化宗教影响。其次，政策分歧加剧。在核心议题如国家安全、巴以关系、宗教与国家关系、社会福利改革等方面，各政党间的分歧日益尖锐。立法提案往往遭到强烈反对，导致立法进程受阻，关键法案难以通过。例如，关于西岸定居点合法化的议案、关于同性婚姻合法化的议案等，均引发激烈争论，难以在议会达成共识。再次，中间派力量衰弱。中间派政党如蓝白党、前进党等，在选举中表现挣扎，选民基础不断流失，难以在议会中发挥关键的平衡作用。选民在政治选择上更倾向于明确表达对左翼或右翼的支持，导致中间立场的政治力量在政治决策中影响力减弱。最后，党派忠诚强化。以色列社会政治氛围日益分裂，选民对所属政党的忠诚度提高，政治立场成为社会身份的重要标志。政治对话常常陷入对峙，妥协与共识变得稀缺。媒体与社交媒体进一步强化了这种极化趋势，形成“信息茧房”，强化了选民原有的政治立场。

以色列政党极化的结果对以色列政坛造成了比较恶劣的影响。第一，政府组建与稳定性。政党极化导致政府组建困难，往往需要多个政党组成联合政府，政府内部矛盾重重，稳定性差。如 2019 年以色列议会解散后，经历了连续三次选举才艰难组阁，政府寿命短暂。第二，政策制定与执行。在极化环境下，重要政策往往因各方分歧过大而难以推进，如和平进程、教育改革、经济政策等。政策的连贯性和执行力受到影响，国家治理效能降低。第三，社会分裂与冲突。政党极化加深了社会分歧，导致社会群体间的对立与冲突加剧，如宗教与世俗群体、犹太人与阿拉伯人之间的紧张关系，社会和谐与凝聚力受损。第四，公众对政治的信任度降低。持续的政党争斗与政策僵局，导致公众对政治体系的信任度下降，政治冷漠感增加，对政治进程的参与度降低。

可见，一般来说，政党极化有比较严重的影响：（1）导致决策僵局。极化可能导致政府决策过程中的僵局和效率下降，特别是在需要广泛共识或跨党派合作的重要政策制定上。(2) 加剧社会分裂。政党极化可能加剧社会分裂，削弱社会凝聚力和国家统一性。(3) 民主质量受损。极化可能损害民主的协商和妥协精神，降低政治体制的质量和效能。(4) 民粹主义兴起。政党极化常常伴随民粹主义政治风格的兴起，其中政治领袖可能利用分裂的社会情绪来巩固其政治基础。

总之，政党的卡特尔化显示，政党虽然来自社会，但政党也要进入国家，而进入国家的政党又有脱离社会的倾向；近来西方政党政治的乱象则进一步说明，西方没有很好地解决政党卡特尔的问题，从而使得政治参与机制的稳定性下降，政治分化加剧，以民粹主义为底色的运动党及其所带来的政党极化现象值得我们深思。

阅读与思考

一、阅读

1. 林红. 当代民粹主义的两极化趋势及其制度根源 [J]. 国际政治研究，2017，38 (1)：36-51.

2. 戈德斯通. 国家、政党与社会运动 [M]. 章延杰，译. 上海：上海人民出版社，2009.

3. 赵鼎新. 社会与政治运动讲义 [M]. 北京：社会科学文献出版社，2012.

二、思考

1. 参考最新的世界政党政治数据，思考一个问题：政党衰败了吗？

2. 从解决“政党卡特尔”危机的角度，如何理解20世纪末以来中国共产党强化基层党的建设以及目前形成的“党建引领”模式？

3. 简述基奇特模型。

第三编

政党政治的运行论问题

在探索政党政治的运作中，我们不仅仅关注政党的结构和形式，还要更深入地审视它们在政治系统中的实际功能与操作。政党不只是选举的工具或意识形态的载体，它们是政策制定、公共意志形成和政治力量平衡的关键参与者，它们发挥着各式各样的功能，形成了多种多样的文化，受到了不同层次的规制。本编旨在前两编的基础上，动态观察当代世界政党在权力机构中的作用，以及它们如何在不同的政治文化、经济结构和法规框架下运行，并在变革与稳定之间寻找平衡点。更重要的是，读者将会看到，在运行论视野下，我们对于政党本身的理解也会进行一种动态的更新。

第七章
政党功能

如果在现代写一部新的《君主论》，那么它的主要人物不会是英雄的个人，而是某一个政党。

——安东尼奥·葛兰西《狱中札记》①

政党功能是政党政治学研究中的一个重要领域。从方法论角度而言，结构功能理论是政治学研究中的一个重要理论与方法，是以政治结构为起点，通过剖析政治结构和政治功能之间的关系来揭示政治系统运转的规律。西方的政党政治学研究中，组织研究路径和功能研究路径是两个基本的研究路径。研究政党的功能实际上要追问政党存在的价值和正当性。而政党功能的扩展与收缩实际上反映了政党随着时代的发展而不断与时俱进，折射出政党的兴盛与衰亡。

第一节　政党功能的含义

功能是指事物（具体讲是系统、机构）主体所具有的能力和作用的总和，它是由这一事物（系统、机构）内在的素质及其结构组成所决定的。简言之，功能是某一事物（系统、机构）所能发挥的效能与作用。例如政府的基本功能是保卫国家与管理国家，或者说政府的功能主要有：保卫功能、管理功能、服务功能等。当其一个组织机构建立、出现的时候，它的功能基本上也就确定了，一般是不因人们的主观意愿随意变化的。学理上的区分有时并无益于政治现实问题的解决，反而使得实

① 葛兰西．狱中札记［M］．葆煦，译．北京：人民出版社，1983：121.

践更加复杂化。实际上，政党功能与政党职能也并非有多么大的区别，在西方学者看来是一样的，即 the function of political party，也并非有所谓“实然”与“应然”的差别。就像达尔曾经指出的，“民主”一词本身就包含着多种的意蕴——既是一种理想，也是一种现实；既是一种价值，也是一种制度；既是应然的，也是实然的。政党功能①也是如此。

因此，本书认为，政党功能就是政党在现实社会生活中所发挥的作用和所承担的社会角色。其内容应该包括上述所讲的实然加应然两个层次。

还需要强调的是，我们一般意义上所讲的政党功能中的“政党”主要是指以大众党为原型的那种发达政党。从政党组织角度而言，西方政党组织的发展大概经历了精英党、大众党、全方位党、卡特尔党和商业公司党五个发展阶段，而后四个阶段也是在西方政治学界对于政党政治研究产生比较重大的影响且形成先后替代关系的政党分析模式。19 世纪中后期以来，工业化在西欧北美的深入发展彻底摧毁了西方上层阶级试图将政党政治控制在议会政治范围的企图，一种新型的政党——大众党逐渐发展起来。这类政党的出现是工业化中期资本主义社会矛盾深刻化，阶级冲突尖锐化，并且伴随而来的选举权扩大的结果。大众党的兴起，象征着政党与社会之间建立了更为紧密的互动关系②。在这一阶段，政党不再仅仅是上层政治精英之间的协调工具，而是成为社会各阶层表达诉求、参与公共事务的重要组织形式。具体而言，大众党以其包容性和广泛的群众动员能力，不仅承担了传统意义上的选举功能，还在政治教育、利益整合、政策倡导等方面发挥了前所未有的作用。通过广泛的社会网络和系统的基层组织，大众党能够有效整合不同群体之间的利益诉求，将分散的社会力量转化为具有政治行动力的组织资源。此外，这一时期的政党功能的全面发展与工业社会的复杂性高度相关。工业化带来的社会分化和矛盾激化，使得大众党成为协调社会冲突、稳定政治秩序的重要机制。与此同时，随着世界范围内普选权的逐步扩大，政党需要面对更加广泛的选民群体，进而促进了其组织运作的专业化。如果不从长度而从高度而言，大众党代表了政党发展的最高峰。而组织形态的发展高峰也无疑带来了政党功能的全面发展，政党功能在这一阶段有着最为全面和最为清晰的展现。

第二节 政党功能的内容

在政党组织的高峰形态期，政党都承担着哪些功能呢？

1. 汇集与反映民意

在政党政治的条件下，政党集团或阶级利益的代表，是公民向政治系统输入信

---

① 出于习惯，笔者把 the function of political party 译为政党功能。

② 关于“大众党”，见第二章。

息的最为重要的渠道。大众把自己的意愿和主张提出给政党，再由政党转达于国家政治系统。这个转达的过程并非简单的归纳和输出，而是按照政党本身的价值取向进行分析、取舍与系统化之后，才向国家政治系统输出，这个过程就是利益的集约过程。

2. 制定政策

现代政治的显著特征是，随着社会问题的复杂化，政治也不断扩大化、精密化和专业化。“为了有效地处理远远超过每个决策者理解力的复杂的政治课题，如果没有保持议员之间的统一和秩序、集中专业知识和信息以及谋求充实审议内容的组织，作为最高决策机构的议会则不仅难以实现迅速的运转，而且会完全流于形式。议会把信息的收集和公开活动、政治调查活动、审议讨论活动以及立法活动的命运委之于政党。”①

3. 实现政治理想

政党阶级性的集中表现就是政党的意识形态，即其政治理想。政党的目标、政党政策的价值取向、政党的动员力和整合力，以及一个政党与其他政党的区别，都在很大程度上要依靠政党的政治理想来体现。政治理想在政党认同中起着“灵魂”的主导作用，是政党认同形成的意识性资源。政党依据政治理想拟定“政纲”与“政见”，争取人民支持。胜选取得执政地位，落实其政治理想，即使落选亦可影响民众观念。

4. 甄选和培植政治人才

政党向政治系统内的各种职务和机构（例如内阁、议会、法院以及国有企业的领导职位等）输送精英，使之获取政治职位。如果没有在选举中动员众多的选民和把自己推举到领导职位的组织，就等于没有成功的可能性。从这个意义上说，政党是权力渴望者不可忽视的通往权力的运载工具。伯恩斯等人指出，政党可以物色政治领导人。对许多美国人来说，地方政党不仅是进身之阶，而且是活动的基地。由于政党是在全国范围内组织起来的，地方社团便有助于在地方社区与全国政府之间建立个人的和政治的联系。政党通过掌握职位的权力，一直起着一种职业介绍所的作用，在地方一级尤其如此②。

5. 组织与监督政府

在西方国家中，赢得竞选的政党往往获得组阁的权力，能够以本政党为主体来组织政府，而没有赢得选举的大党则在议会中起着监督政府的职能，在议会之中一般会有一个稳固的“反对派”。在中国，中国共产党作为执政党起着组织政府的主要作用，而各个民主党派则在其中起着监督执政党和执政党政府的责任。

---

① 冈泽宪芙．政党［M］．耿小曼，译．北京：经济日报出版社，1989：6.

② 伯恩斯，佩尔塔森，克罗宁．美国式民主［M］．谭君久，等译．北京：中国社会科学出版社，1993：352－355.

6. 政治社会化

政治社会化是指个人经由各种社会化媒介，获得与政治有关的知识、态度、价值与行为模式，以适当地扮演其在政治系统内的角色。在有宣传媒介为政党和公民增加接触机会的今天，政党已成为公民的政治信息源、党派精神的培养者和行动指向的提供者。政党向公民宣传本党的思想、政治态度和意见，往往更多地是为了取得永久性的支持基础。政党对公民的有意的信息输入，并非政党单方面的需求，公民对政治问题的决策也越来越需要政党提供依据。这样，政党的政治社会化功能就得以不断强化。

7. 政治发展

政党的政治动员功能，能够有效地使公民参与到政治生活中来，有利于政治参与的扩大。同时，政党的权威替代功能有利于政治权威化，为政治发展提供新的政治认同。另外，政党的政治创设功能有利于现代政治体制的建立。亨廷顿曾经指出："许多不同类型的集团——宗教的、民族主义的、阶级的——都能把新的参与者带入政治，但是只有共产党人才一贯表现出有能力去组织和规划这种参与，并由此而创立一套新的政治制度。"①

8. 政治稳定

政党的秩序供给功能有利于政治现代化过程中的政治稳定。通过提供利益表达和利益整合的渠道，通过领导权更替和吸收新集团进入政治体系的程序规范化，政党就为稳定和有秩序的变革打下基础，使动荡无由发生。竞争性政党制度通过政党轮流执政实现政治稳定，而非竞争性政党制度则通过一个强大的政党来维持政治稳定。

9. 政治协调

政党能够在幕后对于各种权力做出统一和协调。政治学家古德诺指出，由于权力的分立，使得权力之间缺乏协调和统一控制，而协调各种权力在客观上又是必要的。政党作为一种超越各种权力之上的组织出现，就解决了这个矛盾。"过去，由于宪法为行政首脑和行政官员规定了独立地位，一直不可能在正式政府制度内部发展政治对行政的必要控制。这种控制因而就在政党制度内部发展起来了。"②

第三节　政党功能的逻辑

在如上的种种功能中，哪种功能是基本的功能，哪种功能是衍生的功能？即政党功能的逻辑如何？

西方学者道尔顿和马丁·瓦滕博格（Matin P. Wattenberg）认为政党存在三个

---

① 亨廷顿．变化社会中的政治秩序［M］．王冠华，刘为，等译．上海：上海人民出版社，2008：307.

② 梅里亚姆．美国政治思想［M］．朱曾汶，译．北京：商务印书馆，1984：172.

面相：选举中的政党（政党在选举中的作用）、组织中的政党（政党自身作为一个组织的作用）、政府中的政党（政党在政府中的作用）。这三个不同的面相，应该具有不同的功能。选举中的政党的作用：简化选民的选择、教育公民、塑造政党认同、政治动员。作为组织的政党的作用：录用、培训政治精英，争取政府职位，表达、整合各种政治利益。政府中的政党的作用：组织政府，实现政策目标，确保政策的稳定性①。巴尔托利尼和梅尔在吸收前人成果的基础上，首次将政党的上述功能分为两个层次：代表性功能与程序性功能。代表性功能包括利益的表达、整合和政策的制定等；程序性功能包括政治领导的录用、议会和政府的组成等②。

这为我们思考政党功能的内在逻辑提供了一个较好的分析视角。

1. 利益代表是政党功能的基础与根本

政党是部分政治主张相同的人所结合的团体，政党的产生源于分歧。政党为部分之意，所谓部分，是指全体中的一部分。从理论上说，如果在全体国民中，每个人对政治问题的意见一致，则无结合政党的必要。反之，如果每个人对政治问题的意见都不一致，亦无结合政党的可能，所以政党必须是部分对政治有兴趣，而且政治主张相同的人所结合的团体。从更深层次来讲，政党的产生基于不同阶级、利益集团的不同利益。

马克思曾讲："人们奋斗所争取的一切，都同他们的利益有关。"③ 马克思主义认为，政党是阶级的组织，是阶级斗争发展到一定历史阶段的产物。政党的产生只能是出于本阶级利益的需要。因此，政党存在的基础和根本就是利益表达，首先表达的是本阶级的利益。

当然，政党要想获得社会大多数人的支持，就必须在代表好本阶级利益的前提下，尽可能地考虑和照顾到其他社会阶级阶层的利益。政党（尤其是执政党）进行利益整合，只不过是如何将代表本阶级利益与代表其他社会阶级利益结合起来的问题。

李普塞特在《一致与冲突》中鲜明地指出，政党是"冲突的力量和整合的工具"。在他看来，政党作为工具有两个基本特征：第一，由于政党是作为"部分"来行动的，它要维护所代表阶层和群体的利益，并为了这种利益和其他政党斗争、讨价还价。由此而论，政党是社会中一部分人与另一部分人相抗衡的代表，扮演着冲突的角色。第二，政党又是起整合作用的力量。为了完成某个特定的目标，政党会想方设法把各种有用的力量都动员和利用起来。政党具有工具功能和代表功能，它强迫诸多不同的利益和见解的代言人互相让步，达成妥协，或抑制需求或施加强大的压力④。

---

① DALTON R，WATTERBERG M P. Parties without Partisans：Political Change in Advanced Industrial Democracies [M]. Oxford：Oxford University Press，2000：28.

② 巴尔托利尼，梅尔．当代政党面临的挑战 [M] // 冈瑟，戴蒙德．政党与民主．徐琳，译．上海：上海人民出版社，2012：356.

③ 马克思，恩格斯．马克思恩格斯全集：第 1 卷 [M]. 北京：人民出版社，1956：82.

④ 李普塞特．一致与冲突 [M]. 张华青，等译．上海：上海人民出版社，1995：137.

从政治系统论的角度而言，利益表达和利益整合是政治系统的输入过程，而当政党执掌政权或者通过影响权力而输出政策或决策时，则是政治系统的输出过程——是利益表达和利益整合结果的体现。

在政党的基本功能中，利益代表功能无疑是政党功能的逻辑起点，也是政党真正存在的理由。政党的其他功能诸如控制政权、政治录用、政治稳定等都是围绕这一功能产生的。从这个意义上而言，政党的生存基础在社会，而非国家与政府。

2. 影响权力是政党功能的直接目的与显著体现

在英美政治学教科书中，权力说在政党理论中居于主导地位。如在《政治学导论》中，编者把政党定义为“一个持续性的、为官方正式确认的（identified by official label）组织，它的首要目的是竞争选举和在政府中赢得权力。政党行使许多其他功能，包括在政治中动员公众参与、精英录用和代表（部分的）公共机构（the public）。但是，赢得选举和控制国家权力机器是首要的”①。

马克思主义者认为，政党本质上是特定阶级利益的集中代表者，是特定阶级政治力量中的领导力量，是由各阶级的政治中间分子为了夺取或巩固国家政治权力而组成的政治组织②。因此，追逐权力成为政党功能最直接的目的和最显著的体现，在林林总总的能够影响权力的政治集团中，政党对权力的影响力无疑是最大、最直接的。

但需要指出的是，政党对权力的追逐应该是利益表达的途径和方式，利益表达才是根本和基础。政党表达自己的利益需要制度支撑，也需要管道和途径。而执掌权力无疑是表达利益的最佳途径。但还需要指出，并非所有的政党都是以执掌权力为自己的直接目的的，有些政党仅仅是表达诉愿、影响决策，比如一些单一问题党、一些后现代主义政党等。因此，“影响权力”才能够更加准确地涵盖大多数政党的直接目的。

为了影响权力，政党就需要使自己的政治理想更加具有号召力，需要甄选和培植自己的政治领袖和党务人才，需要控制政府、影响政府或者监督政府。只有这样才能使它们的利益代表和整合更加直接。

3. 沟通国家与社会的桥梁应该是政党角色的基本定位

政党的功能既表现为一种作用，也表现为一种角色。从最根本的意义上而言，政党就是一座沟通国家与社会的桥梁。政党的利益表达本质就决定了政党的角色就是一座桥梁。剑桥大学政治学教授欧内斯特·巴克在 1942 年对政党做出了一个经典的评价，“政党具有双重性格或性质。也就是说，政党是把一端架在社会，另一端架在国家上的桥梁。如果换一种表达方式，政党就是把社会中思考和讨论的水流导入政治体制的水车并使之运转的导管和水闸”③。如果从公共选择的理论来看，

---

① AXFORD B. Politics: An Introduction [M]. New York: Routledge, 2002: 60.

② 王浦劬．政治学基础［M］．北京：北京大学出版社，2005：78.

③ HARMEL R, JANDA K. Parties and Their Environments: Limits to Reforms [M]. New York: Longman, 1982: 2.

政党实际上是公民为了政治参与而节省交易费用的产物，是民主政治发展不够充分的产物，是间接民主、代议制民主的一种表现形式。比如，李景鹏认为，政党政治是“人类的政治发展已提供了这样一种可能，既使得社会上的多数人（以劳动群众为基础的多数）能够广泛参与政治生活，但是另一方面，多数人还没有成长到能够直接管理社会（即不需要借助于凌驾在社会之上的组织而由全体社会成员直接管理）的程度”①。

政党的政治社会化功能就是这种桥梁角色的典型体现。政党的政治发展、政治稳定、政治协调功能也无疑都是在强化这种桥梁的角色。当然，我们也应注意区分“作为社会的政党”与“作为国家的政党”是同一个政党中的不同成分。特别是，当一个国家及其政府是政党的造物，而政党相对于国家、社会乃至市场而言都表现为缔造者和领导者时，这种桥梁的作用则以一种很复杂的面貌展现出来。巴克的“桥梁说”与萨托利的“管道说”具有很强的社会中心主义色彩，但它们反映了政党功能的本质——政党作为产生于社会裂隙的政治组织——无论如何，如果政党不能连接国家与社会，那么它就不是政党；同时，作为“桥梁”与“管道”的政党，又不必然是“中介”。

4. 政党功能的缺位、越位与异化

上述政党功能的内在逻辑是一种理想化的形态，在现实政治生活中，由于各国的政治生态和政治发展阶段不同，所面临的主要政治问题不同，其政党发挥功能的方式也不尽相同。但从一般的理论层面而言，如果政党按照政党功能的内在逻辑恰当地发挥作用，很容易出现政党的缺位、越位与异化等问题。

政党功能的缺位是指政党没有有效地发挥其功能，尤其是能代表政党本质的利益代表（与整合）功能缺位。在当今的西方社会，政党功能的缺位集中表现为利益代表功能的削弱，政党认同度下降。在20世纪八九十年代，一些西方国家的政党在利益代表与利益整合方面的作用逐渐式微，政党集会越来越少，政党刊物越来越没有市场，政党的教化活动也越来越趋于边缘，政党组织人数也呈相应的下降趋势。

由表7-1可以看出，大约20年间，西欧相关国家的政党人数呈显著下降的趋势。其中尤以意大利和法国的表现最为突出，前者党员人数减少了200多万，后者人数减少了110多万；而英国的党员人数也减少了50%。

表7-1 西欧相关国家政党人数变化趋势表

国别	年份	党员占选民比例的变化（%）	党员总人数的变化	党员增减人数占原党员数的比例（%）
法国	1978—1999	−3.48	−1 122 128	−64.59
意大利	1980—1998	−5.61	−2 091 887	−51.54

① 李景鹏．权力政治学［M］．哈尔滨：黑龙江教育出版社，1995：59.

续表

国别	年份	党员占选民比例的变化（%）	党员总人数的变化	党员增减人数占原党员数的比例（%）
英国	1980—1998	−2.20	−853 156	−50.39
挪威	1980—1997	−8.04	−218 891	−47.49
芬兰	1980—1998	−6.09	−206 646	−34.03
荷兰	1980—2000	−1.78	−136 459	−31.67
奥地利	1980—1999	−10.82	−446 209	−30.21
瑞士	1977—1997	−4.28	−118 800	−28.85
瑞典	1980—1998	−2.87	−142 533	−28.05
丹麦	1980—1998	−2.16	−70 385	−25.52
爱尔兰	1980—1998	−1.86	−27 856	−24.47
比利时	1980—1999	−2.42	−136 382	−22.10
德国	1980—1999	−1.59	−174 967	−8.95

资料来源：MAIR P，VAN BIEZEN I. Party Membership in Twenty European Democracies，1980—2000 [J]. Party Politics，2001，7（1）：12.

从政党与社会的关系而言，政党功能的缺位其实是指“政党通过党员、思想交流、社会化、利益表达和利益聚合而建立的许多社会基础正在萎缩”①。这也从一方面说明了为什么现代政府在与政党之间的博弈中能占据优势，因为政党现在的竞争者社会运动、利益集团等可以直接跟政府接触，而非通过政党；政府甚至可以完全绕开政党，通过更多的全民公决或者“远程民主”来实现与社会的联系。从政党的组织发展来看，由于党员人数的减少、基层组织的萎缩，政党中央组织的活动经费越来越多地依靠政府的公共补贴，而这种补贴的费用远大于以前党员所缴纳的党费。政党的中央组织掌握了较为丰厚的财政支配收入，视具体情况拨给基层组织少量资金来维持它们的运转，这更加剧了西方政党组织的中央集权，使得地方无钱、基层萎缩②。因此，政党功能缺位的实质在于政党的利益代表功能在相对弱化。

解决政党的功能缺位和越位的方法，就是要认真对待“利益代表”，降低政党对于国家和社会的控制范围，稳妥地处理政党与社会、国家、政府的界限，使四者“各安其位、各得其所”。政党功能的异化使得政党背离其原初目标，成为其他行为主体达成其目的的工具。米歇尔斯在《寡头统治铁律——现代民主制度中的政党社会学》一书中，就详细地阐明了政党如何变成政党领袖实现自己目的的工具的过程。米

① 布隆代尔，科塔．政党政府的性质：一种比较性的欧洲视角［M］．曾森，林德山，译．北京：北京大学出版社，2006：45.

② VAN BIEZEN I. Political Parties as Public Utilities [J]. Party Politics，2004，10（6）：701－722.

歇尔斯认为，组织连通了大众与领袖，“任何斗争成功与否往往取决于那些具有共同利益的个人之间的团结程度。……在我们所生活的时代，合作观念已深入人心，即使百万富翁也认识到共同行动的必要性”①。建立政党要有政党目标和理想，更要有政党组织和政党领袖。

当大众把权力交由领袖行使后，自身的特性决定了其对于组织工作的漠不关心。组织发展壮大起来后，职业化的少数领袖控制着组织的方向及活动。组织的发展导致了领袖的产生，组织赋予了领袖一定的权力。领袖为了保证所拥有权力的长期稳定，必然尽力维持组织的存续，而组织建立之初所要追求的目标被遗忘，甚至遭到抛弃，时刻保证组织本身的发展成了领袖带领下成员的目标。组织从当初的手段变成了目的。这是政党功能的第一步异化，即从原来的实现政治理想变成了仅仅维系政党组织的存在。

组织本身作为人们实现目的的工具，在活动方面有集权化的必要性。决策及时、政令统一、纪律严明同样适用于现代政党组织活动。政党组织领袖的权力在经历了集权之后是空前巨大的，权力的魔力使他们以寡头思维思考问题，把组织等同于自身，组织在一定程度上成了领袖进行寡头统治的工具和手段。至此，政党的功能已经完全发生了异化，由最初的手段变为目的，最后又成为手段。

需要指出的是，米歇尔斯所提出的“寡头统治铁律”和政党功能的异化虽具有很强的警醒作用，但也过于极端，且忽略了其存在的历史条件。正如 20 世纪 30 年代早期的马克思主义者西德尼·胡克所言：“米歇尔斯忽视了……历史上的寡头统治赖以建立的社会经济前提。在以往的社会中，政治上的领导地位往往是经济权力的反映。教育和传统促使某些阶级以牺牲大众的政治利益为代价保全自身的利益。在社会主义社会，政治领导人行使的是管理职能，他们并不掌握经济权力；教育过程将导致寡头统治野心的心理趋向转变成为一种道德和社会诉求，某一阶级垄断教育的局面将消失，体力劳动与脑力劳动的差别将逐步被取消——那种对米歇尔斯所称的‘寡头统治铁律’将再次出现的担心也就成为多余的了。”②

《 阅读与思考 》

一、阅读

1. ALDRICH J H. Why Parties [M]. Chicago: University of Chicago Press, 1995.

2. SARTORI G. Party Types, Organisation and Functions [J]. West European Politics, 2005, 28 (1): 5 - 32.

---

① 米歇尔斯．寡头统治铁律：现代民主制度中的政党社会学 [M]. 任军锋，译．天津：天津人民出版社，2003：18.

② 参见《寡头统治铁律——现代民主制度中的政党社会学》一书英文版前言。

3. SCARROW H A. The Function of Political Parties: A Critique of the Literature and the Approach [J]. The Journal of Politics, 1967, 29 (4): 770-790.

二、思考

1. 政党最本质的功能是什么?

2. 为什么说政党的角色可以是“桥梁”“管道”,但不是“中介”?

3. 试根据克罗维尔模型分析每一种政党的核心功能。

第八章
政党文化

文化意味着一套风格、技术以及既定程序。

——特里·伊格尔顿《论文化》①

政党作为国家政治生活的领导力量，同时也是某种类型政治文化的载体。近年来，政党文化成为政党政治学、文化学等学科和领域研究的一个热点问题。研习政党政治学，不仅要认识政党的组织架构，同时，也需要了解政党的文化样式，这对于我们全面理解政党这一最为重要的政治主体有着重要的意义。

第一节　政党文化的概念

虽然政党作为一种政治组织，早已经引起了现代政治学者的广泛关注，但对于政党文化，人们的研究却相对较少。综合我国学术界对于政党文化的理解，我们可以归结出三种不同的观点。

1. 政治文化角度

王沪宁在1989年《解放日报》发表的《从政党文化看执政党建设》一文，在国内学术界比较早地使用了政党文化的分析方法。他认为："政党文化是政治文化的一部分，政治文化包括人们对政治的理念、价值、情感、信仰、思想、原则等各个方面。政党文化大致相同，它包括人们对政党的观念、价值、情感、信仰、理想

① 伊格尔顿．论文化［M］．张舒语，译．北京：中信出版社，2018：5.

和原则择取。”[①] 无独有偶，施雪华曾经指出，政党文化是“人们对政党组织、政党活动和政党制度的价值判断、认同心理和评价取向等因素形成的政党活动的社会环境、文化氛围”[②]。

2. 组织文化角度

从组织文化的角度来认识政党，是将政党理解为一种政治组织，从组织行为学、组织心理学、组织文化学的角度来理解政党文化。这是比较晚近的一种认识。比如，政党文化是指一个政党所具有的为其党员所认同的意识形态、组织心理、制度规范和行为作风，以及由此决定的一个政党区别于他党的政党形象。它是一种在以取得和维护国家政权为目的的政治组织中形成的组织文化。因此，政党文化既是一种政治亚文化，也是一种组织文化。

3. 文化学理论的角度

从文化学的角度来看，学者们往往认为，“政党文化的本质便是一定政党因子的转化过程”，或者把政党文化界定为“政党意识的外化形态”。文化包括物质成分和精神成分；文化是一个积累、发展和转化的过程。因此，政党文化的本质是一种“政党意识的转化过程”[③]。

综合以上三种认识，我们认为，政党文化应该以组织文化为主，同时兼具政治文化和一般文化的意义。所谓政党文化，就是在政治生活中，政党所具有的意识形态、政党标识、政党认知、政党评价等文化因素的总和。

第二节　政党文化的特征

政党文化除具有政治文化的一般特征（比如阶级性、继承性、民族性）外，还具有自己的独特特点。

第一，政党文化是一种权力文化。马克思主义认为，政党本质上是特定阶级利益的集中代表者，是特定阶级政治力量中的领导力量，是由各阶级的政治中间分子为了夺取或巩固国家政治权力而组成的政治组织[④]。实际上，在政治实践中存在的政党，其目的并非都是要“执掌”、“夺取”或者“巩固”政权，而更多的是为了表达诉愿，影响权力。而在林林总总的能够影响权力的政治集团中，政党对权力的影响力无疑是最大、最直接的。所以，各个政党尤其是执政党和大党的政党文化都体现出明显的权力特征，党的纲领和目标往往与国家、国家权力相联系。而政党的组织成员加入政党的目的，往往或多或少具有掌握或试图掌握国家权力的动机。

第二，政党文化是一种意识形态文化。政党文化同一般的组织文化相比，其意

① 王沪宁．从政党文化看执政党的建设［N］．解放日报，1989-05-24.

② 施雪华．论战后西方政党文化的新变化［J］．复旦学报（社会科学版），1993（3）：103-107.

③ 桑玉成，李冉．政党文化与中国共产党政党文化研究［J］．毛泽东邓小平理论研究，2006（1）：58-65.

④ 王浦劬．政治学基础［M］．北京：北京大学出版社，2005：78.

识形态色彩往往更强烈、更鲜明。意识形态按照其范畴又可以区分为三种形式：国家意识形态、社会意识形态和政党意识形态。政党的目标、政党政策的价值取向、政党的动员力和整合力，以及一个政党与其他政党的区别，在很大程度上都要依靠政党的意识形态来体现。从产生维度上讲，理论上而言，"意识形态把政党当作自己的物质武器，任何政党的产生和存在都有自己的意识形态前提，从逻辑上说，先有意识形态和意识形态认同才可能有政党"①，在这一点上，无论"主义政党"还是"选举政党"、中国政党还是西方政党都是如此。提起共产党，我们会想到社会主义；提到自由党，我们会联想到自由主义；提到保守党，我们会联想到保守主义；提到纳粹党，我们会联想到法西斯主义……而且，政党的意识形态必须是具有自己的鲜明特色和主张的，这样的政党才能够具有强大的生命力和持久的凝聚力。"如果一个政党没有自己的一整套思想、理论、主张和政策，或者说它的这一套东西与别的政党毫无两样，它就会失去存在的基础和理由。"②

第三，政党文化具有浓厚的理想主义色彩。与生产性组织和一般的社团组织不同，政党一般都有高于自己政党成员利益的理想和目标，而一般的组织或社团往往是为了组织或社团的利益。从世界范围来看，政党可能基于全人类的立场，也可能基于民族立场和国家立场，至少要基于阶级立场来确立自己的纲领，几乎没有政党会宣称它纯粹是为了自己组织成员的利益而存在。因而，政党的文化系统往往着力宣传和塑造本党的理想，努力将其固化为党员的信念。并且，政党组织的标识和特殊的仪式也会赋予这一信念光荣性和神圣性。政党文化的这种巩固其成员的理想、信念的作用，在政党取得和保持执政地位的过程中体现得尤其明显。在这一过程中，政党文化尤其是左翼政党的政党文化往往强调责任大于权利，义务先于权利，更多地强调政党的理想和信念，这种理想主义和牺牲精神是政党文化的一个重要特点。比如，《中国共产党章程》就规定：中国共产党是中国工人阶级的先锋队，同时是中国人民和中华民族的先锋队，是中国特色社会主义事业的领导核心，代表中国先进生产力的发展要求，代表中国先进文化的前进方向，代表中国最广大人民的根本利益。党的最高理想和最终目标是实现共产主义。

第四，政党文化对国家社会文化有着重要的影响作用。应当说，一个国家的文化是政党文化产生和发展的基础，因此国家文化对政党文化有着决定性的作用。但是，政党文化并不是被动地接受国家社会文化的影响，它一旦形成不同于国家社会文化的特质，则会对其产生重大的影响。特别是那些长期执政的政党的文化，对一个国家的社会文化有着非同寻常的影响力。在一些国家，执政党的政党文化就是社会的主流文化，它影响甚至改变社会的其他文化，引领国家社会文化发展的方向。1949 年中国共产党成为执政党后，迅速用自己先进的政党文化改造了全社会的文化，将各种亚文化整合到主流的马克思列宁主义的意识形态方向上来，就是一个典型的例证。

---

① 王邦佐，等．中国政党制度的社会生态分析［M］．上海：上海人民出版社，2000：235.

② 同①236.

第三节　政党文化的要素

关于政党文化的构成要素，学界有以下观点：一是“二分法”。这种观点认为，政党文化包括价值性层面（政党理论、政党目标、政党价值、政党意识、政党伦理、政党利益）和操作性层面（政党规范、政党体制、政党能量、政党经济、政党形象、政党感情、政党艺术）。二是“三分法”。这种观点认为，政党文化包括核心性要素（政党意识形态）、二级标识性要素（制度规范、党纪党风、执政理念和方式等）和评价性要素（政党形象）。三是“四分法”。这种观点认为，政党文化包括政党的指导思想、属性色彩、政治观念和权威模式。四是“五分法”，把政党文化划分为政党的意识形态、政治心理、行为作风、规范文化和标识性文化。

这些分类意义各不相同，各有千秋。我们认为，正像政治文化一般不将政治制度包括在内一样①，政党文化不应该包括组织制度规范，但应该包括政党评价；从范畴而言，应该包括主体的组织因素和客体的评价因素。从这个意义上讲，我们将政党文化的要素划分为三个层次：核心性要素、标识性要素和评价性要素。政党意识形态是政党文化的核心性要素，政党名字、党旗、党章、党纪党风、党歌、执政方式与风格等就是政党文化的标识性要素，政党形象就是政党文化的评价性要素。

1. 政党意识形态：政党文化的核心性要素

由于意识形态具有强大的功能和作用，政党在其产生、发展的运作过程中显然要重视其作用的发挥，而政党意识形态也成为政党文化的核心要素。政党意识形态，就是政党关于自然界、人类社会、客观世界与主观世界的系统的思想观点、见解和理论，特别是关于政治、法律、艺术、宗教、哲学、道德、国家、社会等的理论和见解。它在一定程度上决定政党的纲领、目标、政策以及活动方式和方法，并与一定的政党制度、政治制度相联系。一般的政党都与意识形态有着天然而密切的联系；政党意识形态是意识形态的一种重要形式，政党也是意识形态的重要载体之一。根据传统的政党意识形态的划分方法，可以将其划分为左、中、右三种。那么，左右是如何区分的？这种习惯来源于法国大革命时期的三级会议。当时在法国，第一等级和第二等级是特权等级，包括教士和贵族，他们不纳税，享有高官厚禄。第三等级包括资产阶级、工人、农民和城市平民，他们创造财富，但在政治上没有地位，在经济上受盘剥，要纳税。1789 年 5 月，为了解决财政危机，法国国王路易十六在巴黎郊区的凡尔赛宫召开了三个等级代表参加的会议。国王企图对第三等级增税，第三等级则希望限制王权，实行改革。第一等级和第二等级的代表绝大多数支持国王的意见，坐在国王的右边；第三等级的代表反对国王的意见，坐在国王的左边。从那以后，国民会议召开时，主张民主、自由的激进派坐在左边，保皇派、保守派坐在右边，无形中

① 徐大同，高建．中西传统政治文化比较研究［M］．天津：天津教育出版社，1997：8.

形成左右两派。19 世纪，欧洲国家的议会也以议长座椅为界，分左右两派就座。这样，政治上激进或革命的派别或政党就被称为“左派”或“左翼”；政治上保守或反动的派别或政党就被称为“右派”或“右翼”。现代有些资本主义国家的一些政党或团体，由于历史原因，有自称或被称为左派或右派的。19 世纪法国政治舞台上还出现了一些没有固定政治见解，随机应变的政党或政客，被称为“机会主义”。

在当代世界各国，根据这种政党意识形态、代表阶层、政治主张、对市场经济的态度、对外主张、文化主张等多个方面将一国的政党划分为左、右两种或是左、中、右三种。表 8－1 对左派和右派进行了一个一般性的大致的划分①。

表 8－1　当代世界各国政党左派和右派的大体观点差异

划分依据	左派	右派
意识形态	社会主义、民主社会主义等	自由主义、保守主义、国家主义等
代表阶层	以中下阶层为主	以中上阶层为主
政治主张	革命、革新	改良、渐进，崇尚传统
市场经济	合理利用、国家干预	自由市场、国家纠错
对外主张	世界主义（往往导致和平）	民族主义（往往导致战争）
文化主张	各国、各民族文化独立发展与交融	先进文化同化，甚至是消灭落后文化

我们看到，这种划分在很大程度上有贴标签的嫌疑。实际上，左派政党中有一些主张，比如“输出革命”，也会导致战争，而一些右派政党更注重经济发展与全球经济往来，而倾向于和平。这种二分法对于一般性地认识政党意识形态是有好处的，但是，应该看到，其中每种大的范围中，又可以根据其具体偏向分成若干小的倾向。如果一个国家存在的政党类型比较齐全且把这个国家中所有政党都按意识形态标准放在一条横轴上，那么比较规整的政党分布应该如图 8－1 所示②：

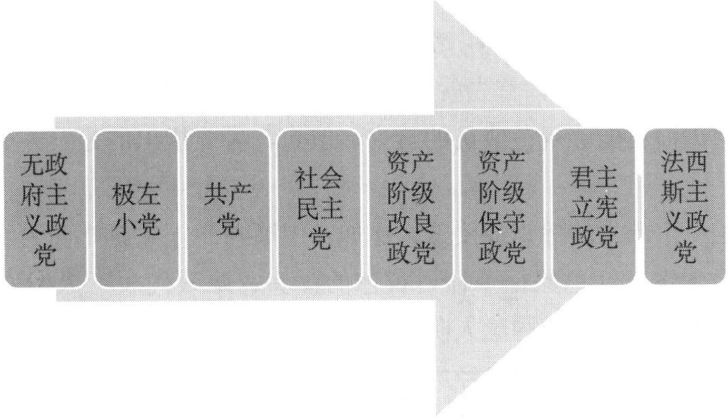

图 8－1　政党的谱系（按照政党意识形态划分）

① 当然，这只是比较粗浅的、不成熟的（甚至是非常勉强的）划分，因历史和国情差异，实际情况往往比这复杂得多。

② 当然，这只是一种学理上的粗线条的、不成熟的划分，在政党政治运行过程中，实际情况远比这要复杂、混乱得多。

需要注意的是，我们在进行左右区分的时候，要区分左右的时代性、区域性和学科性。

首先，在不同的历史时期，左、右翼政党有不同的内涵。19 世纪后半叶，左翼政党强调社会平等重于经济增长，他们一般信仰马克思主义，反对资本主义。如欧洲各国的社会党、社会民主党和共产党。右翼政党追求的目标是经济增长重于公平，追求总体经济成就和个人自由的最大化。20 世纪 70 年代后，左、右翼政党理念发生了变化。传统左翼政党把抗议和反对资本主义现存秩序的一切人群作为自己争取的对象，传统右翼政党则在社会福利、社会保障制度方面吸收了左翼政党的做法。在政党政纲和政治意识形态上，各种类型的政党都有淡化左与右政治分野的趋向，表现出博采众长的中间主义精神，以最大限度地扩大其政治支持基础。

其次，在不同的国家，左右区分的含义也不相同。比如：中国现在的绝大多数学者都是用“右”指称自由民主派，用“左”指称“新左派”“民族主义”“新国家主义”“新保守主义”“新权威主义”，甚至还包括新儒家、新道家。我们需要根据不同的语境来解释“左”和“右”。

最后，区分的学科性，即政治学与经济学、哲学、文化学等讲的“左”和“右”是有很大差异的。所以，概念是会随着历史、使用环境而发生变化的。同样的概念，在古代与现代，在中国与外国，在不同的学科可能是不同的，有的甚至是完全相反的。

2. 政党文化的标识性要素

如上所述，政党文化的标识性要素主要包括政党名字、党章、党旗、党纪党风、党歌、执政方式与风格等。

党章是凸显政党文化的一个重要因素。恩格斯在共产主义者同盟时期指出，共同章程和组织条例，代表大会的决议等等，都属于同一范畴，而遗憾的是，任何一个团体，即使是最高革命的团体，都非有它不可。列宁在《关于同盟章程的发言》中指出：“因为要建立组织，首先就要制定章程。”党章对外而言可以让他人知道其党的性质，对内而言能够规范成员的行为。但是，需要指出的是，并非所有的政党都有党章。

党旗也是一个政党的标识性要素。比如：中国共产党党旗旗面为红色，旗面缀有金黄色党徽图案。红色象征革命，黄色的锤头、镰刀代表工人和农民的劳动工具，象征着中国共产党是中国工人阶级的先锋队，代表着工人阶级和广大人民群众的根本利益。中国共产党的党旗经历了斧头到锤头的演变①。党歌也是政党文化的重要载体。另外，服装、着衣风格等其他形式也可能成为政党文化的表现形式。例如，绿党提出绿色环保，反对形式主义。穿着随便是绿党的一贯作风。绿党人士一般进行演讲宣传都不刻意打扮，有的候选人甚至穿着牛仔裤、运动鞋就上了台。他

① 毛泽东在《西江月·秋收起义》中写道：“军叫工农革命，旗号镰刀斧头，匡庐一带不停留，要向潇湘直进。地主重重压迫，农民个个同仇。秋收时节暮云愁，霹雳一声暴动。”

们认为，政治家应该真实可信，不应为了选民而刻意进行装扮，而应让选民看到自己的本来面貌。所以他们平常穿什么上街，这一天也就穿什么上台。20 世纪 80 年代绿党初涉政坛时，他们的议员就穿着套头毛衣坐在其他西装笔挺的议员中间。

3. 政党文化的评价性要素

政党形象是政党文化的评价性要素，是政党文化形态化的成果在社会心理中的反映。这一反映对于政党来说既具有客体价值，也具有主体意义。从客观的角度而言，政党形象是党的全部理论和现实外在的、整体的表现。从主观的角度而言，政党形象是组织成员和公民乃至国外公众对政党本身、政党的各项活动及其成果给予的总体评价和认定。纵观世界政党史，我们不难发现，一个政党的执政地位是否牢固，是否被社会所认同，很大程度上决定于政党文化的外向性表现状况，也就是政党形象。在国外的政治实践中，许多选民或许并不清楚参加选举的政党的政治主张，而是单单因为该党的政党形象良好而投票，可见政党形象之重要性。进一步讲，政党形象往往反映了社会心理对于政党合法性与执政有效性的认可程度，能够提升执政党的民众信任度，降低执政风险。一个形象良好、被广泛认可的政党，具有强大的号召力和凝聚力，有能力调动广大民众对执政党的情感拥护和智力支持，树立民众对政党的信心。当民众对政党有足够的信任时，即使政党及其政府在施政过程中出现失误，民众多数也会持宽容和谅解的态度，情愿与执政党及其政府同舟共济克服困难，这极大降低了执政党的执政风险。这种信任还能促使民众更自觉地接受执政党的决策方针，使得执政党的各项政策得到更有效的执行。

政党良好形象的塑造从宏观来讲是对政党总体各种因素的一种综合检验，如政党的执政理念、决策方针，政党组织的高效廉洁、凝聚力强、吸引力大等，这些有助于塑造良好政党形象的因素，实际上都在提升执政党的公众信任度。而在这些因素中，政党领袖无疑是非常重要的，因为政党领袖是政党组织的核心，而一般公众习惯通过他们的言行判断政党组织形象的优劣，在这个意义上来讲，政党领袖就充当了政党的主要形象代言人。政党领袖素质的高低、形象的优劣，直接关系到整个政党组织的形象如何。有学者指出："一个影响短期投票的因素便是政党领袖的个人特质和公共形象，这一点相当重要，因为媒体的曝光会使领袖成为政党的形象标牌。"① 新加坡"人民行动党之父"李光耀凭借其不凡的人格魅力及精明睿智，在全世界范围内树立了卓越的领袖形象，这种形象，作为一种信心的支撑，对人民行动党及新加坡的发展都发挥了积极作用。

第四节　政党文化的功能

政党文化在国家整体政治生活中扮演着极为重要的角色，尤其是执政党或者主

① 海伍德．政治学［M］．张立鹏，译．北京：中国人民大学出版社，2006：287.

流大党的政治文化很可能就是国家主流的政治文化。就政党组织自身而言，政党文化的功能主要体现在以下几个方面。

1. 提供政治合法性的依据

政党的合法性主要包括两个方面，第一是政党自身存在的合法性，第二是政党执政的合法性。第一个方面主要体现在对政党意识形态运作能力、制度规范、行为作风、外在形象等各个方面的认同上，而这些都是政党文化的核心和主要内容。而第二个方面主要是说明政党为什么能够上台执政或者长期执政？这是政党尤其是长期执政政党的政党文化中不能回避的部分。在当代世界的左翼政党的政党文化中就包含了对上述两种合法性的论证。

但是，这样的合法性说明也孕育着一定的危险，有学者指出，“全民式的伦理生活的正当性论证，最终由政党意识形态的神圣性来承担，这样，政党国家就承担着社会伦理的正当性的证据性负担。一旦党的意识形态发生变化，社会伦理秩序就会出现失序。近十年来的情形正是：政党对其意识形态的修改和改善，使由政党国家负担的社会伦理证据资源出现亏空”①。

2. 促进政党组织价值整合

政党文化具有培养共同价值观，实现党内整合的功能。政党为了实现其远大理想，全体党员必须尽可能地具有统一的价值观。要做到这一点，最根本的就是全体党员对本党价值观念和意识形态的认同。为实现政党文化对政党组织的价值整合，许多政党都有意识地用本党价值观念去教育党员。英国保守党在1945—1950年，鉴于在战后第一次选举中失败，设立了附属于全国联盟委员会的“政策和政治教育咨询委员会”，开展政治教育运动。1949年12月，还建立了保守党政治中心，并在各选区建立保守党政治中心讲座小组，目的在于“提供一种保守主义的成人教育”，促进一般党员了解和接受党的全国领导人所赞成的各项政策。

政党文化具有培育政治精英的功能。塑造和培养一大批思想先进、能力超群、魅力十足的政治精英是现代政党成功的关键，而政党文化在塑造和培育政治精英人物方面起着不可替代的作用。这是因为：一方面，政党文化会吸引非本党的优秀分子加入本党，使之在本党文化的长期濡染之下得到锻炼和成长；另一方面，政党文化会激励广大党员充满活力，锐意进取，有事业心，并提供一个宽松、民主、昂扬向上的环境。在这样一个良好的氛围中，党员会不断加强学习，提高自己的素质和能力，把自己锻造成党的优秀人才；而具有先进政党文化的许多政党也常常会采取积极的措施，用本党的先进价值观念和意识形态来教育党员，用党的制度和纪律来约束党员，使党员按照党的期望成长为符合本党要求的精英人物，从而带领政党走向成功之路。

政党文化具有确立政党组织结构和制度框架的功能。现代政治学的实证研究表

---

① 刘小枫．现代性社会理论绪论［M］．北京：生活·读书·新知三联书店，1998：520.

明，一个国家的政治制度或体制的形成在一定条件下是由其政治文化决定的。比如同样是现代资本主义国家，美国实行总统共和制，德国实行议会共和制，英国和日本则建立了议会君主制。这种现象既与这些国家不同的历史发展道路有关，又在很大程度上取决于各自不同的政治文化。因为日本和英国有悠久的历史，而且注重传统，所以这种议会君主制是符合其民族传统文化和传统心理的。而美国政治文化中反传统的倾向十分明显，因此其能够抛弃传统的政治形式，实行总统共和制。政党文化是政治文化的亚文化，其在政党内部结构和制度的形成中所起的作用，与政治文化对政治制度的影响类似但更深刻。

3. 影响政党执政政策

不同的政党文化尤其是不同的政党意识形态，往往决定着政党的不同政策。比如：英国工党纲领的传统理论基础是费边社会主义，它主张生产资料、分配手段和交换手段的公有制，实行计划管理，以达到公平分配。第二次世界大战后，艾德礼工党政府将其付诸实施，1948 年宣布建成福利国家。20 世纪 50 年代开始，随着英国经济的发展，工党内出现意识形态分歧。右派认为，资本主义已经变了，社会主义应是“增加社会福利，实现社会平等”，而不是以实现生产资料公有化为目的；反对以新的社会制度代替现存的社会制度，主张在现存制度基础上追求更高程度的完善。而英国的保守党往往强调自由市场经济，主张最小限度的国家干预。撒切尔夫人在 1975 年的保守党党魁选举中胜出，之后更在 1979 年大选中胜出，成为英国历史上首位女首相。在其任期内，保守党推行了一系列以货币主义为纲的经济措施，并且将工党在 20 世纪四五十年代进行国有化的工业与公共事业，重新加入自由市场的元素，以及推行私有化。在这种背景下，保守党成功在 1983 年与 1987 年的大选中接连取得压倒性胜利。

4. 彰显政党形象， 塑造政党认同

政党组织在一种政治体系中有效地发挥功能的根本条件是群众、党员等对它的认同，而政党文化在政党认同中起着“灵魂”的主导作用，是政党认同形成的软件支撑。市场经济发展所造就的利益群体的分化是现代社会不得不面对的一个客观现实，如何对各个利益群体（阶级、阶层、利益集团）进行号召和动员，在现代政治社会中形成一种精神上的信仰和凝聚力，就成为每个国家都必须审慎处理的问题。实际上，政党文化尤其是核心性要素政党意识形态就承担了这一功能，它所包含的世界观、思想和信仰体系以及其衍生的政治纲领、政策议题等成为政党乃至国家动员和联系社会公众的一面旗帜和一个方向。在这面旗帜的指引下，政党可以营造一种有利于政党发展和政党上台执政的社会文化氛围与体系，并逐渐渗透，将各个集团、各个阶层的思想和行为纳入某种统一的思想和政治运行体系之中。从这个意义上讲，政党之间最基本的竞争就是政党文化之间的斗争，如果哪一个政党所信奉的政党文化及其政治纲领为大多数的社会成员所认同，这个政党就会在竞争中占据优势地位，而成为主流的、支配性的或者上台执政的政党。

第五节　政党文化的发展

作为政党文化的核心要素，政党意识形态在政党文化中具有举足轻重的地位。一般来讲，政党文化的标识性要素很少发生变化，即使发生变化，其重要性也远不如政党意识形态的变化。政党文化的评价性要素发生变化的可能性会更多一些，但这主要反映了社会对政党形象的认可。从某种程度上讲，政党文化的发展，就是政党意识形态的发展。同时，对于政党意识形态的研究也更为重要。在这一研究当中，不仅有对政党意识形态走向的关注，同时，也有对政党意识形态的现实分析。因此，政党文化的发展，主要是政党意识形态的发展。

1. 政党意识形态的中间化

随着西方工业革命引起的矛盾和冲突在较大程度上的缓和，20 世纪 50 年代西方学者“意识形态终结”的观点闪亮登场，甚至一度占据西方政治学界和社会科学界的主流。就像德国学者基希海默所指出的，建立在党派基础上的意识形态色彩浓厚的“庞杂的政党综合体制，是过去阶级界线较为分明、党派结构较为突出的时代的产物，现在它正在向范围广泛的‘全民’党转化……目前人们趋于世俗和追求更多的物质消费、阶级界线发生变化并变得愈来愈模糊不清的情况下，从前以阶级成分为基础的政党和以派系成分占多数的政党都面临着转变为‘全民党’的压力”①。政党意识形态中间化的趋势，给我们提出了一个非常尖锐而又无法回避的问题，这是否意味着政党意识形态已经变得无足轻重，根据意识形态划分政党的传统方式已经终结，政党的意识形态会不会随着社会的发展而自然地退出政治历史的舞台？

虽然西方国家政党的意识形态在历史形成上并非那么复杂，但在二战前，政党意识形态更多地呈现一种多极化态势，各个政党相互之间尖锐对立，刻意拉大意识形态的距离和差异，以保持自己的意识形态特色以及政纲、主张的相对独立性与区别性。而在二战之后，由于社会背景的变革和经济形势的变迁，这种状况开始出现新的变化，西方国家的各个政党之间不再刻意宣扬意识形态的差异和对立，而是逐步淡化体现政党特色的政党意识形态和阶级本质，不断地相互吸收、借鉴、融合，意识形态的对立被阶级合作与共识政治所取代。约翰·肯尼思·加尔布雷思指出，二战后工业发达国家在思想和政策的广泛领域内保持着一致的看法。美国学者约翰·克莱顿·托马斯对西方 12 个国家的 54 个政党按照 10 个方面进行了系统分类，对它们在 20 世纪初直到 1976 年的政治倾向进行了综合比较，发现它们之间的分歧在不断缩小。“20 世纪 60 年代至 70 年代期间，所有政党体制都缩小了党派问题的分歧，不

① BUDGE I, FARLIE D. A Comparative Analysis of Factors Correlated with Turnout and Voting Choice [M] // BUDGE I, CREWE I, FARLIE D. Party Identification and Beyond: Representations of Voting and Party Competition. New York: John Wiley and Sons, 1976: 104 - 126.

管是两个大党集团之间的分歧，还是一些只占百分之五选票的政党之间的分歧。”①

这种趋势表现在实际政治活动中，就是政党本身的纲领和政策显示出越来越强的包容性，政党之间某些政策的趋同性日益明显，“左往右转，右往左转”——左翼政党的政策向中间靠拢，右翼政党的政策则走向温和。政党意识形态作为选民选择政党的主要标准的重要性下降。选民们主要根据政党执政绩效、政党领袖魅力以及一些相关的政策议题来进行投票。德国和奥地利的基督教民主党和社会民主党，英国的工党和保守党，以及加拿大的自由党和进步保守党，它们的意识形态色彩越来越淡，政策越来越相似。法国、意大利、瑞士及斯堪的纳维亚国家的政策倾向也普遍符合这种模式。美国的共和党和民主党之间在意识形态上的区别，甚至比两党内部总统和议员之间的差别还要小。曾经是意识形态差异较大的法国政党，1988 年和 1995 年曾两次出现左右翼政党共主政坛的局面。2002 年左右翼政党又联手对付极右翼势力的挑战。这种政党之间意识形态的中间化倾向在社会民主党中表现得则尤为明显。英国工党向来以工人政党自居，近年来也与工会拉开距离，声称工党不仅是工会和劳动者的政党，也是中间阶层的政党，是企业界和商业界的政党。1994 年，第三条道路的探寻者布莱尔担任工党领袖后，开始对工党进行改革，并修改党章，放弃了坚持 70 多年的国有化目标。他在一次大会上说：“要使工党变成一个开放的党，一个包括私营企业主和无产者、小商人和他们的顾客、经营者和工人、有房产者和住公房者、熟练的工程师以及高明的医生和教师的党。”②

2. 政党意识形态中间化的原因

在竞争性政党体制下，获得选民的选票并得以上台执政是政党的直接目的。应该说，政党意识形态的中间化与政党的生存策略直接相关。在第二章，我们曾讨论过全方位党出现的社会结构原因。政党意识形态的变化与社会结构息息相关。当一个社会更加趋向极化结构时，政党在意识形态和议程设置上自然会表现出截然对立的姿态；而当一个社会更均质、不具有很强的异质性时，政党在政纲上的独特性就不会那么明显。当然，除了社会结构的原因外，西方政党的“选票机器”特性则强化了它们“中间化”的策略选择。这种“中间化”策略的背后，是西方政党在竞争性民主中对选举逻辑的适应。随着普选权的普及和选民结构的日益复杂化，政党为了吸引更广泛的选民群体，逐渐趋向于在意识形态上削弱极端立场，寻求更加贴近社会中间地带的政策主张。换句话说，将选举奉为圭臬的政党必须在极化与中间化之间找到平衡，以避免因立场过于极端而丧失大多数选民的支持。特别是在两党制或多党制体制下，中间选民往往是决定选举胜负的关键力量，这进一步推动了政党在议程设置和政策表达上的中间化趋势。

1957 年，安东尼·唐斯在著作《民主的经济理论》中提出了政治竞争模型。

---

① 李普塞特．一致与冲突［M］．张华青，等译．上海：上海人民出版社，1995：121-122.

② 布莱尔．新英国：我对一个年轻国家的展望［M］．曹振寰，等译．北京：世界知识出版社，1998：26.

该模型是以霍特林在此之前对空间竞争做出的分析为依据的。安东尼·唐斯的政治经济模型的基本假设是在代议制民主中，选民追求效用最大化，政党追求选票最大化。唐斯对这一理论做了如下说明：

> 在我们的模型中，政党特别感兴趣的不是如何使社会资源的配置达到效率要求；相反，每个政党都努力最大化其选票以求重新当选。因此，政府即使有能力把社会推进到帕累托最佳状态，它也只是迫于和其他政党竞争的需要才这样做……可见，关键的问题在于党派之间的竞争是否总能迫使政府达到帕累托最佳状态。①

在唐斯看来，政党并非是为某种真理及理想而行动，而是谋求在选举中获胜以掌握政权进行活动的人的联合体，选民是指从政府实施的政策中能够有所获益的个人。中位投票人定理在公共选择学派的理论中占有很重要的地位。任何一个政治家或政客，要想获得大多数的选票，就必须使自己的方案与中位投票人的意愿相一致，这样才有可能在最后的竞选中获胜。

海滩占位博弈为我们提供了另一个视角。假设左中右是一条意识形态横轴，两个政党甲乙通过意识形态来争取选民的支持以竞取执政地位，选民是若干个*，具体如图 8-2 所示：

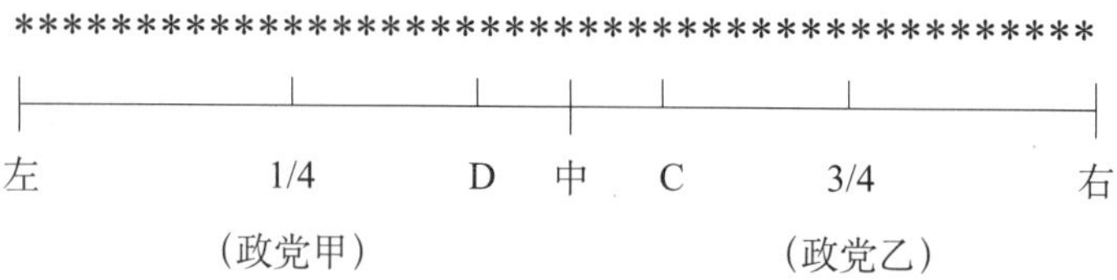

图 8-2 政党意识形态中间化的“海滩占位博弈”解读

在这种假定下，通常选民总是愿意选择意识形态与自己思想观念、信仰最接近的政党。根据这个原则，如果按人们所希望的那样“便于选民辨识”，甲乙两党分别把自己的意识形态定位于 1/4 与 3/4 点是最合理的，因为他们将获取几乎一样多的选民支持，得到同样多的执政机会。然而，政党都是由具有“个人理性”的人组成的一个人格化的组织，因而也是有“理性”的组织。只要手段合法，任何政党总是希望自己得到尽可能多的选民支持。出于这种理性，政党乙自然会产生如下想法：如果我们将意识形态取向定位从 3/4 点处向左移至 C 点，那么 C 点与 1/4 点之间的中点不再是整个意识形态轴的“中点”处，而是在“中点”左边的 D 点。也就是说，这一移位，政党乙将从政党甲那里抢走线段［D，中］内的选民支持。当然，政党甲也出于同样的考虑，将自己的意识形态定位从 1/4 点处向右移动以争取更多的选民。不难想象，双方博弈的结果将使他们的意识形态取向定位在中点附近，甲乙两党意识形态相依为邻且相安无事地竞争着执政地位。

① DOWNS A. An Economic Theory of Democracy [M]. New York：Harper and Row，1957：78.

因此，在竞争性政党体制中，政党意识形态出现中间化趋势，可以看作政党选票竞争的必然结果。这种结构也构成一个博弈论的“纳什均衡”，没有一个政党愿意主动偏离均衡状态而使得自己的利益受损。20 世纪 50 年代末，作为左翼政党的德国社会民主党转向中间立场，很快就通过选举取得执政地位；英国保守党采用了工党的一部分主张，使政权失而复得；法国戴高乐的政党弱化政党的意识形态方面，强调法兰西民族的共同利益和国家认同因素，也很快获得了上台执政的机会；等等。

3. 在选票与“认同”之间

政党意识形态“中间化”是政党尤其是执政党努力适应客观环境变化的一种尝试性结果，体现了政党自身与政治生态环境之间的一种互动，是政党在自身发展过程中的一种有针对性的变革和调整，从某种程度上而言为政党生存和发展拓展了新的空间和范围。但是，首先需要强调的一个事实是，意识形态的“中间化”或许可以意味着政治系统环境的改变，阶级、社会冲突的缓和，国家内政治文化的趋于同质化，但是绝不意味着“意识形态的终结”。只要存在着阶层的划分、区域的差异、亚文化的不同，就将存在不同的意识形态——尽管这种意识形态不再是白、黑、黄、红、绿等纯净颜色的划分，而成了橘黄、粉红、蓝绿、浅黑等混合色。

进一步而言，执政党意识形态中间化就像一把双刃剑，它在促进政党政治健康运行和国家政治生活稳定与繁荣的同时，也对政党的生存和发展以及未来的民主政治带来了新的问题。

执政党意识形态中间化使民众对政党的党派意识淡化，导致对政党的认同感和忠诚度下降。政党之所以成为政党，就在于它代表着一部分民众的利益。政党只有把所代表的民众的利益要求表达和反映出来，才能真正吸引民众，才能增强政党在民众中的认同性，从而使本党群众能够明确地选择这个党而不选择其他党。政党意识形态“中间化”使民众觉得政党的意识形态界限模糊，群众难以区分各政党的政策和主张之间的区别，更难以看到这种区别有什么意义。在一些选民的心目中，不论什么政党上台执政，其实都没有根本的区别，不会给普通民众带来多大的实际利益，只不过是定期轮换统治者罢了。

美国学者安格斯·坎贝尔和唐纳德·斯托克斯对于选民的投票选举行为进行了充分的研究，并试图建立一种选民个人决策过程的模型。根据这一模型，他们按照政党认同（这里的政党认同实际上是狭义的，主要指政党本身的意识形态特征）、候选人的号召力以及竞选运动中的争论问题等三个方面对 20 世纪 60 年代以前的美国总统选举进行调查分析，结果发现，政党意识形态在选民个人的选择中发挥了最有力的影响，而且远远大于争论问题或候选人的号召力的影响。该模型极其有力地显示了政党意识形态在选举决策过程中的重要性，而且它还说明选民选择的基础在很大程度上并不是理性思考的结果，而是根据政党意识形态进行政党选择的结果①。然而，自 20 世纪 60 年代开始，美国政治生活中的政党认同程度开始降低。据统计，从 1952 年 10 月到 1958 年 10 月，人们对两大政党的认同比率相对较高：有 30%的人明确自认是或强或弱的共和党人，有 50%的人自认是或强或弱的民主党人，也就是说，在这个时期基本上有 80%的美国民众认同民主党或共和党。然而，自 20 世纪 60 年代开始，这一现象开始改变。1972 年，美国公众中对民主党或共和党这两大政党的认同比率大大下降，仅为 62%，政党认同逐渐衰微。

独立选民人数日渐增多是政党认同衰落和政党意识形态“中间化”的消极后果的另一个显著标志。所谓独立选民，是指他并不固定投某一大党的选票，虽然可能在选举中投两大党提名候选人的票，但并不是因该候选人是属于该党而投票支持他，而是以是否赞成该候选人本人为基础的。据统计，在美国公众中独立派选民在选民总数中的百分比，由 1936 年的 16%上升到 1976 年的 35%，而且，这一比例仍在逐步上升。

政党意识形态“中间化”带来的另外一个消极后果，是投票中的党派一致性逐渐降低或者说分裂投票逐步增多。所谓投票中的党派一致性，是指自称为某一政党的成员在投票过程中始终支持本党候选人，在选举政治中，投票中的党派一致性既是该政党候选人当选的重要选票来源，也是衡量该政党组织凝聚力强弱的重要标志，是本党成员对该政党信任的重要体现。自 20 世纪 60 年代以后，美国选举中党派投票一致性逐渐降低。某党党员（或者说投某党票的选民）很可能在这次选举中投本党候选人的票，而在下次选举中支持其他党派的候选人。

因此，政党意识形态“中间化”，是在经济全球化的国际背景和经济、社会变革的国内背景下，为争取选票而进行的一种必然的选择，但是同时也酝酿着深刻的危机。因为，在这种情境下，政党更多地是获取选票，而非获得选民发自内心的对于政党意识形态的信仰和认同。从另一个角度而言，政党意识形态“中间化”并非巩固了政党的认同，而是削弱了政党认同。这是因为，政党意识形态是一个政党的灵魂，对于民众而言，灵魂的“丢失”或者“混淆”，造成了政党自身的定位性不足和重大资源基础的流失。选民只能以其他的要素，诸如领袖形象、执政绩效、政策议题等来区分和选择政党，而从长远看，这样的区分不足以产生持续、稳定的心理认同。

阅读与思考

一、阅读

1. 郑建君．政治心理学［M］．北京：北京师范大学出版社，2020.

---

① GUNTHER R，MONTERO J，LINZ J. Political Parties：Old Concepts and New Challenges［M］. Oxford：Oxford University Press，2002：29.

2. Goren P. Party Identification and Core Political Values [J]. American Journal of Political Science, 2005, 49 (4): 881－896.

3. DALTON R J. Party Identification and Its Implications [EB/OL]. Oxford Research Encyclopedia of Politics. (2021－12－22) [2024－04－06]. https://oxfordre.com/politics/display/10.1093/acrefore/9780190228637.001.0001/acrefore-9780190228637－e-72.

二、思考

1. 政党文化与政党类型的关系是什么？
2. 如何区分“左翼”与“右翼”？
3. 为什么对应意识形态图谱的人不一定会支持对应意识形态的政党？

第九章

中国新型政党制度与当代中国政党政治

> 政党是国家政治生活中的重要力量。世界政党数量繁多、类型多样，具有不同的历史渊源、阶级基础、价值追求和政治主张，在国家中的地位作用也各不相同。在中国，中国共产党和各民主党派都是在探索救国救民道路中产生和发展起来的，实现民族独立、人民解放和国家富强、人民幸福是中国新型政党制度中各政党的共同目标。
>
> ——中华人民共和国国务院新闻办公室《中国新型政党制度》白皮书

政党是现代政治活动的重要主体，政党制度是现代民主政治的重要实现形式。长期以来，西方政党政治理论将政党视作内生于国家结构的宗派性存在，并由此将政党制度视作国家结构下的一个子系统。随着世界各国政党政治实践的发展，先发内生式的政党生成论面临的挑战越来越严重。西方传统语境下的“政党”及“政党功能”所构成的西方政党政治理论体系的概括性、功能性、实践性大幅下降，与之相对应的是民粹丛生、政治极化与社会撕裂。而从中国式现代化的政党政治实践来看，“中国共产党领导的多党合作和政治协商制度”这种“新型政党制度”既是中国式现代化过程中社会主义政党政治实践的独特创造，也是世界政党政治发展历程中的一种崭新模式。

2018年3月4日，习近平总书记在看望参加全国政协十三届一次会议的民盟、致公党、无党派人士、侨联界委员并参加联组会，听取意见和建议时指出，中国共产党领导的多党合作和政治协商制度作为我国一项基本政治制度，是中国共产党、中国人民和各民主党派、无党派人士的伟大政治创造，是从中国土壤中生长出来的新型政党制度。说它是新型政党制度，新就新在它是马克思主义政党理论同中国实际相结合的产物，能够真实、广泛、持久代表和实现最广大人民根本利益、全国各族各界根本利益，有效避免了旧式政党制度代表少数人、少数利益集团的弊端；新就新在它把各个政党和无党派人士紧密团结起来，为着共同目标而奋斗，有效避免了一党缺乏监督或者多党轮流坐庄、恶性竞争的弊端；新就新在它通过制度化、程序化、规范化的安排集中各种意见和建议，推动决策科学化民主化，有效避免了旧式政党制度囿于党派利益、阶级利益、区域和集团利益决策施政导致社会撕裂的弊端。它不仅符合当代中国实际，而且符合中华民族一贯倡导的天下为公、兼容并蓄、求同存异等优秀传统文化，是对人类政治文明的重大贡献①。习近平总书记的这一论断，直接指出了"新型政党制度"的制度要素、生成土壤、作用条件和主要特征，开辟了政党政治理论研究的新领域，丰富了习近平新时代中国特色社会主义思想政治建设的政党内涵。

中国新型政党制度是中国共产党领导的多党合作和政治协商制度，作为中国的一项基本政治制度，它是在中国国情、历史传承、文化传统、经济社会发展的基础上建构、演化而来的，具有共产党领导、多党派合作、共产党执政、多党派参政的基本特征。这一制度旨在广泛代表和实现全国各族人民的根本利益，通过合作、协商和监督的方式促进政党团结与合作，避免社会撕裂，并通过制度化、程序化、规范化的安排推动决策科学化民主化。在政党体制上，它表现为共识型领导党制，是马克思主义基本原理同中华优秀传统文化相结合的产物，为实现中华民族伟大复兴提供了坚强领导和政治保障，同时为全球政党制度贡献了中国智慧和中国方案。

第一节 中国新型政党制度：历史与语义

1. 回顾：政党的概念与范畴

政党政治是现代政治的基本现象，历史地看，它产生于英国威斯敏斯特体制的议会实践。自美国学者谢茨施奈德以降，政党是"现代政治制度的核心"② 这一判断基本被西方政治学界所公认。从发生学来讲，在西方，政党一般被视作是内生于国家与社会之间的互动、以党间竞争为途径获取执政地位的法人团体。伯克和艾伦·维尔的描述是这类看法对政党的经典定义。伯克认为："政党是人们为通过共同努力以提高民族福利，并根据某种他们共同认可的原则而结成的组织。"③ 艾伦·维尔认为："政党是这样一个组织：它依靠占据政府中的职位寻求对政府的影响，并且通常不是代表社会的一个单一的利益，而是试图代表大多数的利益。"④ 然而，随着西方"自由民主制"的普遍确立，以选票为核心的选举制度简化了政党的存在

---

① 习近平．论坚持党对一切工作的领导［M］．北京：中央文献出版社，2019：242－243.

② 谢茨施耐德．政党政府［M］．姚尚建，沈洁莹，译．天津：天津人民出版社，2016：47.

③ 伯克．自由与传统［M］．蒋庆，等译．北京：商务印书馆，2001：148.

④ WARE A. Political Parties and Party System［M］. New York：Oxford University Press，1996：5.

形式、矮化了政党的内在价值追求，一些西方学者因此从微观的角度，用政治录用、狭义政治参与和政治竞争来描述政党①。例如，爱泼斯坦认为："政党是组织松散的，以政党名称，寻求选举政府官员为目标的组织。"② 杜鲁门（Truman）认为，"政党是为谋求官职而建立的政治组织"③。在这种自发性团体和机制解释的基础上，政党的概念很大程度上被工具化，加上政党被视作一种先天地附带宗派性的组织，多数政党政治研究都将政党作为制度结构中的行动者而不是制度本身，李普塞特和罗坎就认为，制度是一种"次要的因素"④。因而，可以发现，西方学界对政党的界定是与政党政治在西方政治现实中的演进相一致的。具体来说，西方政党观表现为三个方面：内生性、竞争性和宗派代表性。

（1）内生性是就西方政党的生成方式而言的。在西方政治的演进中，政党经历了一个由党（party）到政党（political party）的过程，在这个过程中，由政府或议会中的政治精英因为政治分歧或者立场不同而形成的党派逐渐在政治民主化的过程中将自身与政权的结合通过有正式组织体系和架构的政党来实现对政权的掌控和公共政策的制定。与此同时，政党运行的组织化和民主化还表现在国家和社会对政党的影响所造成的外界政党形塑和政党对国家和社会的控制所造成的简化性选择⑤。因此，在西方的政治环境下，作为组织的政党和作为执政主体或在野党的政党是内生的，在这个意义上，政党是社会倾向在某一方面上的聚合，政党本身代表了一种利益的集约⑥，甚至，政党就是社会团体的政治性上升。

（2）竞争性是就西方政党的存在状态而言的。诸多西方政党的研究都认为，在很大程度上，西方政党的存在就是为了选举⑦。由于政党的内生性，显然不可能只存在一个政党，但是，不同的国家存在着不同的现代工业社会状态，因而政党的数量和相互关系也当然不会是一种模式⑧。为了配合不同工业社会的各阶层或利益集团在政治层面的竞争，政党与政党之间应该是一种博弈状态。在这种博弈状态下，政治精英和社会精英之间不断发生着分化和聚合⑨。

（3）宗派代表性是就西方政党的本质而言的。在萨托利看来，"政党首先且最

---

① GUNTHER R，MONTERO R，LINZ J. Political Parties：Old Concepts and New Challenges［M］. Oxford：Oxford University Press，2002：14.

② EPSTEIN L. Political Parties in Western Democracies［M］. New York：Praeger，1967：9.

③ 杜鲁门．政府过程：公共利益与舆论［M］．陈尧，译．天津：天津人民出版社，2005：294.

④ LIPSET S M，ROKKAN S. Party Systems and Voter Alignments：Cross National Perspectives［M］. New York：Free Press，1967：35.

⑤ 米勒，波格丹诺．布莱克维尔政治学百科全书［M］．邓正来，等译．北京：中国政法大学出版社，1992：520.

⑥ 冈泽宪芙．政党［M］．耿小曼，译．北京：经济日报出版社，1991：3-7.

⑦ 林勋建．西方政党是如何执政的［M］．北京：中共中央党校出版社，2001：3-4.

⑧ 李普塞特．政治人：政治的社会基础［M］．张绍宗，译．上海：上海人民出版社，1997：207.

⑨ ABBOTT W. The Origin of English Political Parties［J］. The American Historical Review，1919：578-602.

主要的是表达的手段：它们是工具，是代理机构，通过表达人民的要求而代表它们”①。由于西方政党在很大程度上是社会派系在政治体系上的映射，因而西方政党从左到右的“光谱”本身就是这个社会政治“光谱”的写照。正是由此，迪韦尔热才认为，未来政党结构形态会出现“自左向右的蔓延”②，而这是因为“自由民主制”的偏好机制本身就已经在国家的代议制形式确定的情况下决定了政党体制。可见，在西方，如果从国家与社会关系的层面考量，政党的存在就是一种代表性的表达，无论这种代表或者表达是来自社会的还是来自国家的，政党都在国家与社会之间承载着这种联系。因而，在这个意义上讲，“政党既是民主的结果，又是民主的工具”③。

与西方视野不同，马克思主义的政党观坚持“政党本质上是特定阶级利益的集中代表者，是特定阶级政治力量中的领导力量，是由各阶级的政治中坚分子为了夺取或巩固国家政治权力而组成的政治组织”④。因此，“政党是一部分政治主张相同的人所结合的，以争取民众或控制政府的活动为手段，以促进国家利益实现共同理想的有目标、有纪律的政治团体。”⑤ 同时，“政党一旦被制度所规范，其功能和使命也会相应地发生转变，其中最根本的变化就是从‘宗派性的部分’角色向‘作为整体的部分’的角色转换，从分散性、甚至是分裂性的力量向表达性和整合性的力量转化”⑥。可见，“中国新型政党制度”的政党观表现在以下三个方面：外生性、统一性和整体代表性。

(1) 外生性是就中国政党的生成方式而言的。旧民主主义革命时期，《钦定宪法大纲》的颁行在形式上可以说产生了以清朝统治为根基的内生性宗派，但是很快，这些宗派就因为清王朝被革命推翻而失去了影响政治决策的环境。辛亥革命后，中国效仿西方国家实行议会政治和多党制，各类政治团体竞相成立，达 300 多个。中国的革命力量发现，照搬议会政党制度也无法生成有效的中央集权和国家能力，国会、执政党和中央政府本身只是作为形式存在。在这个背景下，孙中山领导的中国国民党和新成立的中国共产党以及其他对军阀割据不满的民间政治团体相继产生。正是在这个意义上，中国的政党是外生性的。

(2) 统一性是就中国政党的存在方式而言的。中国的政党是在近代中国陷入总体性危机的背景下产生的，一方面，政党作为组织需要嵌入社会进行尽可能广泛的社会动员以扩大自身的影响力，另一方面，政党还要在嵌入社会的同时形塑社会，因此，新民主主义革命以来，能够影响基层政权的进步政党都不仅仅是从社会中汲

---

① 萨尔托里，胡小君，朱昔群．政党的类型、组织与功能［J］．马克思主义与现实，2006（3）：66－72.

② DUVERGER M. Political Parties：Their Organization and Activity in the Modern State［M］. London：Methuen & Co. Ltd，1964：113－117.

③ 伯恩斯．民治政府［M］．吴爱明，李亚梅，译．北京：中国人民大学出版社，2007：174.

④ 王浦劬．政治学基础［M］．北京：北京大学出版社，2018：206.

⑤ 周淑真．政党和政党制度比较研究［M］．北京：人民出版社，2004：6.

⑥ 林尚立．新中国政党制度研究［M］．上海：上海人民出版社，2015：10.

取力量，这些政党本身还承担着社会建设或者国家建设的任务。因此，从政党组织目标来说，中国的政党趋向于一种统一，这种统一性规定了政党的存在形式。从这个意义上来说，中国共产党、中国国民党的革命实践都要求一个全面现代化的领导者作为“社会中心力量”①。

（3）整体代表性是就中国政党的本质而言的。由于外生性和统一性，新民主主义革命以来形成的进步政党和革命政党虽然从来源来说还保存着利益集团或者阶层团体的印记，但是在面对整体性危机这一总任务面前，“救亡图存”的泛民族（国族）主义能够团结一切以这个总任务为主要目标的政治和社会力量。如此，这些力量的集合在形式上构成“现代的整体”，同时，这些力量的领导者则意味着一个进步的方向。因此，在近代中国的特殊环境下，政党要想作为中国这个单一政治实体的政党存在，在意识形态和政治吸纳、政治团结的目标上，尽可能的大多数是它们逻辑上的最佳选择。

2. 何以为新？ 新型政党制度是如何 “长成” 的？

（1）旧民主主义革命时期的政党政治实践。

晚清时期，由于世界市场的普遍形成、工业力量和现代军事力量的崛起，中国古代帝制这一“超稳定机制”的内部出现混乱、衰落的特征，再加上外部力量的冲击，帝制中国逐渐走向崩溃，儒学和科举制颓势日显甚至难以为继，不同族群对汉民族的文化认同维系模式出现了裂痕并逐渐走向崩塌，帝制中国的叙事方式无力维持。清政府并非不想改变现状，甚至采取一定措施试图过渡到民族国家形态，改革政治制度的维新变法与“新政”、对政治结构的调适，都是其种种努力中的表现，然而，由于缺乏凝聚族群认受性与国家建构转型的内部动力，这种由帝制中国向民族国家的转型还未成功便由于革命风潮而终止。1911 年，孙中山先生领导的辛亥革命，推翻了统治中国两千多年的君主专制制度，推动了中国社会的变革。在这个时间节点前后，大量爱国的仁人志士自发地组成民间团体，用结社的方式拥抱共和。

然而，清末民初的多党制是西方现代政治价值理念与中国传统文化结合的产物，对它“移植”的过程也是“异化”的过程。首先，多党制从诞生之日起，就与宗派有着千丝万缕的联系。不管有多少派系，都朝着利益分化的方向发展。一是革命派，二是立宪派和地方势力，派系在很大程度上决定了多党制的运行方式和政党的分化与结合。其次，清末民初政党众多，各党派的学说、党纲、党章、党纪、党的构成、经费来源等各有千秋②。由于传统“匪帮”观念的影响，重党德轻党纲、群众基础薄弱、跨党派现象严重、党内领导人的绝对化权威，都是这一时期政党的特点。再次，由于政党组织不完善、制度不完善以及对现代民主精神缺乏认识，多

---

① 王续添，辛松峰．中心主义国家现代化的历史逻辑：以近代中国社会中心力量转换为中心的考察［J］．政治学研究，2021（6）：97－115.

② 张永．民国初年的进步党与议会政党政治［M］．北京：北京大学出版社，2008：9.

党制下的政党关系表现为零和的斗争关系，金钱和武力成了经常使用的手段①。1930年，宋教仁被刺意味着议会内部的政党政治无力解决民国初年地方势力、封建势力和买办势力脆弱联合下中国的统一问题，也证明渐进的改革手段已经失去了基本的土壤，国家建设的任务必须由当局以外的势力来完成。

（2）新民主主义革命：新型政党制度的开端。

在中华民族内忧外患、社会危机空前深重的背景下，1921年，中国共产党应运而生。随后，由于孙中山和部分国民党左派对救亡图存方案的反思，第一次国共合作开始了。在最一般的意义上，国共合作这一现象本身就是中国近现代史上一个潜在的政党制度要素。它意味着，在革命的目标、宗旨相近的情况下，现代化力量之间的联合是可能的。因而，“以党治国”的理念在其余的现代化方案被否定的时机愈发证明其正确性。此外，受苏俄成功经验的影响，孙中山不断确证“以党治国”的正确性，而在“以党治国”实行之前，首先要“有国可治”，因而必须完成“以党建国”，秉持这一思路并掌握了国家权力的国民党最终构建起了“党在国先、党在国上、党控一切、党即国家”② 的政党国家。需要指出的是，在国共分裂前，中国共产党与中国国民党的合作关系具有相当的意义。具体来说，这一核心价值是由毛泽东阐述的。毛泽东认为，“认清中国社会的性质，就是说，认清中国的国情，乃是认清一切革命问题的基本的根据”③。在此基础上，毛泽东分析了当时中国的各阶级情况，并根据这一阶级实际讨论了跨阶级联合的统一战线的可能。

然而，孙中山去世后，蒋介石和汪精卫控制的国民党右派不顾以宋庆龄为代表的国民党左派的坚决反对，宣布与共产党决裂，发动了“四一二”“七一五”反革命政变，公开叛变革命，致使第一次国共合作破裂。这意味着国共建立政党国家的方式和理念发生了分歧，而这种分歧主要是由于国民党自身保守势力的分化所导致的。尽管如此，党际联合或者说阶级联合的理念却被保存了下来，毛泽东发现，现代政治的关键就是多元的聚合，“任何政党的政策如果不顾到这些阶级的利益，如果这些阶级的人们不得其所，如果这些阶级的人们没有说话的权利，要想把国事弄好是不可能的”④。因此，在后来的抗日战争中，中国共产党在抗日根据地的政权建设中普遍采用了“三三制”，即“共产党员占三分之一，非党的左派进步分子占三分之一，不左不右的中间派占三分之一”⑤。这种现代民主政治的艰苦实践在政治上取得了巨大的成功，一方面，中国共产党通过“三三制”直接地建立起了各级（乡、区、县、边区）地方政权，完成了对革命区的基层政权建设；另一方面，“三三制”在团结数量上占绝对优势的下层民众的同时，还依靠民主理念争取到了革命

① 张玉法．民国初年的政党［M］．长沙：岳麓书社，2004：32.

② 任剑涛．从帝制中国、政党国家到宪制中国：中国现代国家建构的三次转型［J］．学海，2014（2）：76－94.

③ 毛泽东．毛泽东选集：第2卷［M］．2版．北京：人民出版社，1991：633.

④ 毛泽东．毛泽东选集：第3卷［M］．2版．北京：人民出版社，1991：808.

⑤ 同③742.

可团结的其他阶层。针对这一点，毛泽东认为，“只要共产党以外的其他任何政党，任何社会集团或个人，对于共产党是采取合作的而不是采取敌对的态度，我们是没有理由不和他们合作的”①。而“在政权问题上，我们主张统一战线政权，既不赞成别的党派的一党专政，也不主张共产党的一党专政，而主张各党、各派、各界、各军的联合专政，这即是统一战线政权”②。

可见，国共分裂后，在中国共产党扎根革命根据地建设的过程中，中国共产党自身发现了一套更广泛的“统一战线”机制，在这个机制下，“共产党的这个同党外人士实行民主合作的原则，是固定不移的，是永远不变的。只要社会上还有党存在，加入党的人总是少数，党外的人总是多数，所以党员总是要和党外的人合作”③。这是由于，“国事是国家的公事，不是一党一派的私事，因此，共产党员只有对党外人士实行民主合作的义务，而无排斥别人、垄断一切的权利”④。而中国共产党“不是一个自以为是的小宗派，我们一定要学会打开大门和党外人士实行民主合作的方法，我们一定要学会善于同别人商量问题”⑤。因此，“我党同党外民主人士长期合作的政策，必须在全党思想上和工作上确定下来”⑥。

(3)“五一口号”：新型政党制度的奠基。

如果说，“三三制”基础上的革命政府是中国共产党事实上承担国家建设中基层建设的职能，争取最广泛合法性的选择，那么，在抗日战争胜利后，国共实力对比日趋明显的情况下，发挥民主党派对中国共产党的监督作用，则是中国共产党“有意识地”⑦ 保留民主党派的重要原因。1945 年，毛泽东在《论联合政府》中再次指出：“中国现阶段的历史将形成中国现阶段的制度，在一个长时期中，将产生一个对于我们是完全必要和完全合理同时又区别于俄国制度的特殊形态，即几个民主阶级联盟的新民主主义的国家形态和政权形态”⑧，“这是一个历史法则，是一个必然的、不可避免的趋势，任何力量，都是扭转不过来的”⑨。在这个理念下，中国共产党与当时的国民党当局形成了鲜明对比，一种政治优势开始在其他党派和政治力量中形成。在这一背景下，1948 年，随着人民解放军在各个战场上继续发动攻势，并相继取得胜利，需要一个更明晰的建国方案提上日程，4 月 30 日，《中共中央纪念“五一”劳动节口号》通过陕北的新华社正式对外发布。口号一经发布，就得到了民主党派、无党派民主人士的热烈响应，他们发表宣言、通电和谈话，并接受邀请奔赴解放区，与中国共产党共商建国大计。在口号中“各民主党派、各人民团体、各社会贤达迅速召开政治协商会议，讨论并实现召集人民代表大会，成立

---

① 毛泽东．毛泽东选集：第 3 卷［M］．2 版．北京：人民出版社，1991：1062.

② 毛泽东．毛泽东选集：第 2 卷［M］．2 版．北京：人民出版社，1991：760.

③④ 同①809.

⑤ 同①810.

⑥ 毛泽东．毛泽东选集：第 4 卷［M］．2 版．北京：人民出版社，1991：1437.

⑦ 李维汉．回忆与研究：下册［M］．北京：中共党史出版社，2013：631.

⑧ 同①1062.

⑨ 同①1069.

民主联合政府!”的呼吁下，民主人士纷纷响应，表示“愿在中共领导下，献其绵薄，贯彻始终，以冀中国人民民主革命之迅速成功，独立、自由、和平、幸福的新中国之早日实现”①。

“五一口号”的发布和响应，标志着各民主党派、无党派人士自觉、郑重地选择了与中国共产党团结合作并接受中国共产党的领导的立场。如果说，革命时期的“各民主阶级、各民主党派、各人民团体的广泛的人民民主统一战线”是为了“安定各阶层，安定民族资产阶级和各民主党派，安定农民和城市小资产阶级”②。那么，“五一口号”以后，则意味着中国共产党领导的统一战线的公开化。针对这一点，毛泽东后来认为，“究竟是一个党好，还是几个党好？现在看来，恐怕是几个党好。不但过去如此，而且将来也可以如此，就是长期共存，互相监督”③。但是，这并不意味着党际关系是同一层次的，“中国的各种党派是有差别的，并不是在一个水平上，有领导和被领导的分别。中国各民主党派承认中国共产党的领导”④。

（4）政协召开：新型政党制度的确立。

“五一口号”后，国民党在政治、军事上的颓势愈加明显。与此同时，联合政府的筹备成为新中国建立的重要前提。1949 年 9 月 21 日至 30 日，中国人民政治协商会议第一届全体会议召开，会议通过了《中国人民政治协商会议共同纲领》，产生了中央人民政府委员会，标志着中国共产党领导的多党合作和政治协商制度正式确立。人民政协会议的成立和召开对新中国的成立有着宪制的意义，一方面，会议通过的《中国人民政治协商会议共同纲领》，在《宪法》起草前的一段时期内充当了宪制文件，是重要的宪法渊源；另一方面，人民政协的召开意味着一个在中国共产党领导下的统一战线政府在当时的条件下具有无可比拟的合法性和政治认同。因而，人民政协会议的成立和召开意味着一个可供既存政党之间互动的平台的产生，甚至，共和国的法理合法性是由这个平台的产生以及其中主体之间互动的可能而赋予的。在这个意义上，毛泽东后来说，“共产党和民主党派都是历史上发生的。凡是历史上发生的东西，都要在历史上消灭。因此，共产党总有一天要消灭，民主党派也总有一天要消灭。……我们的任务就是要促使它们消灭得早一点”⑤。周恩来则表示，中共“寿命有多长，民主党派的寿命就有多长”⑥。

（5）中国新型政党制度的发展与完善。

中华人民共和国成立后，中国共产党加强与各民主党派、无党派人士的团结合作，提出“长期共存、互相监督”的方针，1982 年进一步发展为“长期共存、互

---

① 人民政协重要文献选编：上［M］．北京：中央文献出版社，2009：6.

② 中共中央文献研究室．毛泽东文集：第 6 卷［M］．北京：人民出版社，1999：327.

③ 中共中央文献研究室．毛泽东文集：第 7 卷［M］．北京：人民出版社，1999：34.

④ 同②375.

⑤ 同③35.

⑥ 中共中央统一战线工作部，中共中央文献研究室．周恩来统一战线文选［M］．北京：人民出版社，1984：350.

相监督、肝胆相照、荣辱与共”的方针，确立了中国新型政党制度长期存在和发展的格局。对此，邓小平谈道，“共产党总是从一个角度看问题，民主党派就可以从另一个角度看问题，出主意。这样，反映的问题更多，处理问题会更全面，对下决心会更有利，制定的方针政策会比较恰当，即使发生了问题也比较容易纠正”①。可见，在邓小平看来，中国存在中国共产党和民主党派是一个既定事实，而如何在承认这一事实的前提下尽可能地发挥它们之间相互的作用才是关键。此外，邓小平还谈道，多党共存合作的制度设计相比于宗派式的政党竞争更具优势，因为“这种状况是它们的弱点而不是强点，这使它们每个国家的力量不可能完全集中起来，很大一部分力量互相牵制和抵消”②。江泽民直截了当地指出，“中国绝不允许搞议会党团。人民代表就是人民代表，不是代表哪个党派的，你就是人民选出来的人民代表，你对人大负责”③。因此“中国共产党领导的多党合作，是适合中国国情、具有中国特色的社会主义新型政党制度”④。

此外，中国新型政党制度的制度和法律建设也一直在推进。1989 年 12 月 30 日，中共中央发布《关于坚持和完善中国共产党领导的多党合作和政治协商制度的意见》，该意见指出，“长期共存、互相监督、肝胆相照、荣辱与共”是中国共产党同各民主党派合作的基本方针，要进一步加强中国共产党和各民主党派之间的合作与协商。2005 年 2 月 18 日，中共中央颁发《关于进一步加强中国共产党领导的多党合作和政治协商制度建设的意见》。2006 年 2 月 8 日，中共中央发布的《关于加强人民政协工作的意见》提出，要认真搞好人民政协的政治协商，积极推进人民政协的民主监督，深入开展人民政协的参政议政，切实抓好人民政协的自身建设，加强和改善党对人民政协的领导，努力创造全党全社会重视和支持人民政协工作的新局面⑤。2012 年，党的十八大报告提出了“社会主义协商民主是我国人民民主的重要形式”的新论断，为新型政党制度提供了功能指引。2017 年，党的十九大将协商民主列为政党协商、人大协商、政府协商、政协协商、人民团体协商、基层协商、社会组织协商等七种主要形式，其中新型政党制度为协商民主的展开提供了基本场所。2022 年，党的二十大强调，发挥我国社会主义新型政党制度优势，坚持长期共存、互相监督、肝胆相照、荣辱与共，加强同民主党派和无党派人士的团结合作，支持民主党派加强自身建设、更好履行职能。

3. 中国新型政党制度的基本内涵

中国新型政党制度是中国式现代化在政党政治领域的伟大创造，从概念上来说，中国新型政党制度包括三个部分：中国共产党领导下的中国政党政治实践，中国政党政治中的多党合作，中国政党政治的政治协商。从要素上来说，它包括中国

---

① 邓小平．邓小平文选：第 1 卷［M］．2 版．北京：人民出版社，1994：273.

② 邓小平．邓小平文选：第 2 卷［M］．2 版．北京：人民出版社，1994：267.

③ 中共中央统战部．中国共产党统一战线文献选编：第 13 卷［M］．内部发行，2005：5.

④ 中共中央文献研究室．十五大以来重要文献选编：中［M］．北京：人民出版社，2001：1030.

⑤ 中共中央文献研究室．十六大以来重要文献选编：下［M］．北京：中央文献出版社，2008.

共产党领导的多党合作和政治协商制度这一基本政治制度和全过程人民民主中公民以正式的或制度的行为进行政治参与的相关制度体系，具体表现为，中国共产党和民主党派的基层组织在党政体制内部的嵌入，人民政协对公共政策的制度性影响，人民政协对新时代统战工作的贯彻落实，等等。从学理上说，这一基本内涵表现为三个方面：党的领导原则在统一战线工作中的制度表征，马克思主义政党理论在中国实践的逻辑外化，党政体制处理党际关系的重要现实制度抓手。

（1）党的领导原则在统一战线工作中的制度表征。

中国共产党的领导是中国特色社会主义的最本质特征。党的十八大以来，以习近平同志为核心的党中央多次强调加强和改善党的领导。领导权问题是多党合作的核心问题，直接关系到多党合作的方向和前途。中国共产党的领导是包括各民主党派在内的全中国人民的历史选择，也是各民族人民的共同要求。2012 年 12 月 4 日，习近平在首都各界纪念现行宪法公布施行 30 周年大会上讲话强调，“我们要坚持党总揽全局、协调各方的领导核心作用”①。坚持党的领导，这是多党合作和政治协商的一项根本原则，政党协商是中国特色社会主义协商民主的重要形式。作为政党协商制度的领导力量，从党中央到地方各级党委都是通过领导这一形式保持各民主党派生存与发展的政治生态，从而发挥各民主党派的力量。换言之，党的领导原则在统一战线尤其是民主党派中的贯彻落实能够更好地利用制度优势发挥出党际间协商与合作的优势作用。在统战工作中加强和改善党的统一领导，展开政党协商的过程不仅是中国共产党广泛听取民主党派参政意见和建议的过程，也是各民主党派了解和接纳中国共产党的政治主张的过程。

（2）马克思主义政党理论在中国实践的逻辑外化。

中国新型政党制度既是从中国革命、建设、改革的土壤中“长”出来的，同时也是马克思主义基本原理同中国具体实际相结合的革命性产物。早在《共产党宣言》中，马克思和恩格斯就指出，为了使共产党人始终代表整个运动的利益，“只要资产阶级采取革命的行动，共产党就同它一起去反对专制君主制、封建土地所有制和小资产阶级”②。这意味着，共产党对革命运动的领导是可以以进步阶级的联合为形式的，更重要的是，“共产党人同其他无产阶级政党不同的地方只是：一方面，在无产者不同的民族的斗争中，共产党人强调和坚持整个无产阶级共同的不分民族的利益；另一方面，在无产阶级和资产阶级的斗争所经历的各个发展阶段上，共产党人始终代表整个运动的利益”③。马克思和恩格斯鲜明地指出了共产党人在革命和建设过程中应该把握历史的主动性，在这种阶级自觉和历史自觉的基础上，“共产党人到处都努力争取全世界民主政党之间的团结和协调”④。

---

① 中共中央文献研究室．十八大以来重要文献选编：上［M］．北京：中央文献出版社，2014：12.

② 马克思，恩格斯．共产党宣言［M］．北京：人民出版社，2014：65.

③ 马克思，恩格斯．马克思恩格斯选集：第 1 卷［M］．3 版．北京：人民出版社，2012：413.

④ 马克思，恩格斯．马克思恩格斯文集：第 2 卷［M］．北京：人民出版社，2009：66.

此外，在谈到巴黎公社的伟大斗争时，马克思评论道“公社完全是一个具有广泛代表性的政治形式”①。这说明，人类历史上第一个建立无产阶级政权的尝试证明了，一个在先进阶级领导下的广泛阶级联合的政治形式是可能的。巴黎公社的实践“在历史上破天荒第一次，小资产阶级和中等资产阶级公开地团结在工人革命旗帜下”②。

与马克思、恩格斯在《共产党宣言》中所提出的基本原理相一致，列宁创造性地指出，俄国革命的各方进步力量“都应当在我们党的领导下行动，都应当尽量紧密地靠近我们党”③，这是因为“在通常情况下，至少在现代的文明国家内，阶级是由政党来领导的；政党通常是由最有威信、最有影响、最有经验、被选出担任最重要职务而称为领袖的人们所组成的比较稳定的集团来主持的。这都是起码的常识”④。

（3）党政体制处理党际关系的重要现实制度抓手。

从结构和制度运行的视角来看，新型政党制度在既有政协制度的基础上将政治协商、多党合作和党的集中统一领导正式地联系了起来。从党的领导与党政体制的关系来看，党的领导原则的贯彻形塑了党政体制这种融动员型政治、整合型政治和全控型政治于一体的政治形态。在当代中国的政治约束下，集权是通过中国共产党的“集中统一”和“全面领导”体现和实现的，表现为对中国共产党领导制度的重申和强化、对中国共产党政治建设的强化和全力推进、对意识形态工作及其领导权的重视和掌握、对新型政党制度概念的论证和落实⑤。之所以要在党的建设的同样维度考虑新型政党制度，其关键就在于新型政党制度代表着新时代统一战线的基本尺度。从党的领导原则来看，“党是领导一切的”，但从统一战线的渊源来看，统战对象既是被领导的对象的同时又在坚持党的领导的前提下因党的领导而成为党政体制的组成部分。换言之，统一战线范围内的对象大多数都经过了体制性吸纳这一过程，而新型政党制度正是在这个意义上将这种吸纳的成本转化为国家治理体系的治理效能。这个过程表现为以强化国家治理能力为目标的体系能力建设，在此过程中，公共政策的合法性至关重要，而新型政党制度的作用就是在拥有既往宪制渊源的基础上对公共政策合法性的公开重赋。如此，中国共产党就通过领导的方式完成了统一战线工作中制度势能向制度效能的转化。

第二节　中国新型政党制度：结构与功能

1. 中国新型政党制度的基本结构

政党是国家政治生活中的重要力量。世界政党数量繁多、类型多样，具有不同

---

① 马克思，恩格斯．马克思恩格斯选集：第3卷［M］．3版．北京：人民出版社，2012：102.

② 同①149.

③ 列宁．列宁选集：第1卷［M］．3版修订版．北京：人民出版社，2012：473.

④ 列宁．列宁选集：第4卷［M］．3版修订版．北京：人民出版社，2012：151.

⑤ 陈明明．现代化进程中政党的集权结构和领导体制的变迁［J］．战略与管理，2000（6）：9-21.

的历史渊源、阶级基础、价值追求和政治主张，在国家中的地位作用也各不相同。在中国，中国共产党和各民主党派都是在探索救国救民道路中产生和发展起来的，实现民族独立、人民解放和国家富强、人民幸福是中国新型政党制度中各政党的共同目标。

中国新型政党制度中包括中国共产党和八个民主党派，以及无党派人士。八个民主党派是中国国民党革命委员会（简称民革）、中国民主同盟（简称民盟）、中国民主建国会（简称民建）、中国民主促进会（简称民进）、中国农工民主党（简称农工党）、中国致公党（简称致公党）、九三学社、台湾民主自治同盟（简称台盟）。中国共产党同各民主党派长期共存、互相监督、肝胆相照、荣辱与共，形成了“共产党领导、多党派合作，共产党执政、多党派参政”的政治格局①。

（1）中国共产党。

中国是世界上历史最悠久的国家之一，中华民族创造了光辉灿烂的文明。1840年鸦片战争后，由于西方资本主义列强的野蛮入侵和封建统治的腐朽衰败，中国逐渐成为半殖民地半封建社会。为了救亡图存，无数仁人志士进行了不懈探索，从太平天国运动到洋务运动，从戊戌变法到义和团运动，各种尝试都失败了。1911年，孙中山先生领导的辛亥革命，推翻了统治中国两千多年的君主专制制度，推动了中国社会的变革，但没有改变旧中国的社会性质，没有改变中国人民的悲惨境遇，没有完成实现民族独立、人民解放的历史任务。

在中华民族内忧外患、社会危机空前深重的背景下，1921年中国共产党应运而生。自诞生之日起，中国共产党就把为中国人民谋幸福、为中华民族谋复兴作为初心和使命，将马克思主义基本原理同中国具体实际相结合，团结一切可以团结的力量，组成广泛的统一战线，推动党和人民事业沿着正确方向胜利前进，取得了举世瞩目的辉煌成就。在百年奋斗历程中，中国共产党团结带领中国人民完成新民主主义革命，建立了中华人民共和国，彻底结束了旧中国半殖民地半封建社会的历史，实现了民族独立和人民解放；完成社会主义革命，确立社会主义制度，推进社会主义建设，实现了中华民族有史以来最为广泛而深刻的社会变革；进行改革开放新的伟大革命，开辟了中国特色社会主义道路，使人民生活显著改善，综合国力显著增强，国际地位显著提高；推动中国特色社会主义进入新时代，统筹推进“五位一体”总体布局、协调推进“四个全面”战略布局，党和国家事业取得历史性成就、发生历史性变革，中华民族迎来了从站起来、富起来到强起来的伟大飞跃，迎来了实现中华民族伟大复兴的光明前景。中国共产党的领导地位是在中国革命、建设、改革的实践中形成并不断巩固的，是历史的选择、人民的选择。截至2023年底，中国共产党党员总数为9 918.5万名。

---

① 为保持部分表述的权威性与固定性，本小节的表述与数据来源均为国新办《中国新型政党制度》白皮书及各党公开的党内统计年报。关于白皮书，详见：中华人民共和国国务院新闻办公室．中国新型政党制度［M］．北京：人民出版社，2021.

（2）各民主党派及无党派人士。

各民主党派是在中国人民反帝爱国、争取民主和反对独裁专制的斗争中产生和发展起来的，其社会基础是民族资产阶级、城市小资产阶级以及同这些阶级相联系的知识分子和其他爱国人士。在中国共产党领导下，各民主党派积极投身建立新中国、建设新中国、探索改革路、实现中国梦的伟大实践，共同致力于民族独立、人民解放和国家富强、人民幸福的宏图伟业。

1）中国国民党革命委员会（民革）。

民革是由原中国国民党民主派和其他爱国民主人士创建的政党。在反对蒋介石集团专制独裁统治的斗争中，国民党内部的爱国民主人士继承发扬孙中山先生爱国、革命、不断进步的精神，逐步发展和联合，于 1948 年 1 月在香港成立中国国民党革命委员会，提出“实现革命的三民主义，建设独立、民主、幸福之新中国为最高理想”，并制定了推翻国民党独裁政权、建立民主联合政府的行动纲领。目前，民革主要由同原中国国民党有关系的人士、同民革有历史联系和社会联系的人士、同台湾各界有联系的人士以及社会和法制、“三农”研究领域专业人士组成，截至 2023 年 6 月底，有党员 16.4 万余名。

2）中国民主同盟（民盟）。

民盟是由一批社会知名人士和追求民主进步的知识分子建立的政党。为争取抗战、团结、民主并保障自身生存权利，一些党派和团体决定联合起来，于 1941 年 3 月在重庆秘密成立中国民主政团同盟，提出“贯彻抗日主张”“实践民主精神”“加强国内团结”。1944 年 9 月，中国民主政团同盟改组为中国民主同盟，主张“反对独裁，要求民主；反对内战，要求和平”。目前，民盟主要由文化教育以及相关的科学技术领域高、中级知识分子组成，截至 2023 年 12 月底，有盟员 35.7 万余名。

3）中国民主建国会（民建）。

民建是由爱国的民族工商业者及有联系的知识分子发起建立的政党。抗日战争时期，一部分爱国的民族工商业者和所联系的知识分子开始由“实业救国”投身政治活动，积极参加抗日民主运动，要求实行政治民主和经济民主，于 1945 年 12 月在重庆成立民主建国会，主张“建国之最高理想，为民有、民治、民享”，提出“有民主的经济建设计划，与在计划指导下的充分企业自由”。目前，民建主要由经济界人士以及相关的专家学者组成，截至 2023 年 6 月，有会员 22.8 万余名。

4）中国民主促进会（民进）。

民进是由文化教育出版界知识分子及一部分工商界爱国人士发起建立的政党。抗日战争全面爆发后，一批文化教育界进步知识分子和工商界爱国人士坚持留在上海沦陷区进行抗日救亡斗争。抗战胜利后，他们利用掌握的报纸刊物，揭露控诉国民党反动政策，于 1945 年 12 月在上海成立中国民主促进会，以“发扬民主精神，推进中国民主政治之实践”为宗旨，提出结束一党专政、停止内战、还政于民等政治主张。目前，民进主要由教育文化出版传媒以及相关的科学技术领域高、中级知识分子组成，截至 2023 年底，有会员 20 万余名。

5）中国农工民主党（农工党）。

农工党是由坚持孙中山先生“联俄、联共、扶助农工”三大政策的国民党左派为主建立的政党。大革命失败后，为反抗蒋介石集团的迫害，国民党左派于 1930 年 8 月在上海成立中国国民党临时行动委员会，提出建立农工平民政权等政治主张。1935 年 11 月改名为中华民族解放行动委员会。1947 年 2 月改名为中国农工民主党，提出“全国同胞及民主党派共同推进团结，实现和平统一，建立独立富强之中国”的政治主张。目前，农工党主要由医药卫生、人口资源和生态环境以及相关的科学技术、教育领域高、中级知识分子组成，截至 2022 年 6 月底，有党员 19.2 万余名。

6）中国致公党（致公党）。

致公党是由华侨社团发起建立的政党。近代中国社会危机空前严重，许多中国人前往东南亚、美洲等地谋生，形成了众多华侨群体和社团组织。1925 年 10 月，华侨社团美洲洪门致公总堂在美国旧金山发起成立中国致公党，提出为争取国家独立、民族解放和维护华侨正当权益而奋斗的政治主张。1947 年 5 月，致公党在香港召开第三次代表大会，改组为新民主主义的政党。目前，致公党主要由归侨、侨眷中的中上层人士和其他有海外关系的代表性人士组成，截至 2022 年 11 月，有党员 6.9 万余名。

7）九三学社。

九三学社是由部分文教、科学技术界知识分子建立的政党。1944 年底，一批文教、科学技术界学者为争取抗战胜利和政治民主，继承和发扬五四运动的反帝爱国与民主科学精神，在重庆组织了民主科学座谈会。1945 年 9 月 3 日，为纪念抗日战争和世界反法西斯战争的伟大胜利，民主科学座谈会更名为九三座谈会，1946 年 5 月 4 日在此基础上建立九三学社，提出“愿本‘五四’的精神，为民主与科学之实现而努力”的政治主张。目前，九三学社主要由科学技术以及相关的高等教育、医药卫生领域高、中级知识分子组成，截至 2023 年 6 月，有社员 21.2 万余名。

8）台湾民主自治同盟（台盟）。

台盟是由从事爱国主义运动的台湾省人士为主建立的政党。抗战胜利后，台湾回到祖国怀抱。但国民党当局在台湾的专制统治和贪污腐败引起台湾人民强烈不满，1947 年台湾全省爆发“二二八”起义。起义失败后，起义领导人由台湾撤至香港，于同年 11 月成立台湾民主自治同盟，主张建立独立、和平、民主、富强和康乐的新中国，反对把台湾从中国分裂出去。目前，台盟主要由居住在祖国大陆的台湾省人士以及从事台湾问题研究的高、中级知识分子组成，截至 2022 年底，有盟员 3 400 余名。

9）无党派人士。

此外，还有一批具有较大社会影响的知名民主人士，他们虽然没有参加任何党派，但同样为民族独立、人民解放和国家富强、人民幸福作出了积极贡献。目前，把没有参加任何政党、有参政议政愿望和能力、对社会有积极贡献和一定影响的人士称为无党派人士，其主体是知识分子。

在长期的革命、建设、改革实践中，在为中国人民谋幸福、为中华民族谋复兴的伟大历史进程中，中国共产党历经重重考验，成为中国工人阶级的先锋队、中国人民和中华民族的先锋队，成为中国特色社会主义事业的领导核心。各民主党派逐步发展成为各自所联系的一部分社会主义劳动者、社会主义事业建设者和拥护社会主义爱国者的政治联盟，成为中国特色社会主义参政党。无党派人士成为中国政治生活中的重要力量。

2. 党和国家治理体系与新型政党制度

（1）与人大同调的政协：从中央到地方。

毫无疑问，人民代表大会制度与中国共产党领导的多党合作和政治协商制度是党政体制重要的制度构成。从民主的功能角度来看，人大是制度化的选举民主，而政协是制度化的协商民主①。前者赋予制度合法性，后者赋予具象政策合法性。从国家结构的视角来看，人大与政协也是法定权力机关的承载和延伸，因而，人大和政协在党政体制下处于一个同调的状态。党政体制是中国现代化的制度性工具，权力的集中统一是党政体制的基本特征，在执政过程中，这种权威的最终性表现在党组织和党员个人在党政体制内部的高度行政化。因此，无论是中央还是地方，人大的作用是在不影响中国共产党领导的因应管理政策体系的前提下，为长期性的法律、法规和政策赋予合法性，并同政协一道将这种长期性固定下来，使之成为治理体系的一部分。在这个意义上，人大是作为政府在国家机关层面的最后一道关卡，而以民主协商主体为代表的政协制度和政协要素是党的政策的又一层扩散维度②。具体来说，人大和政协在政策执行、扩散和溢出的意义上，所发挥的作用是承认性的，即通过表示同意获认可的形式来完成对政策内容本身的许可和认同。对于政协而言，无论是全国政协还是地方各级政协会议，《中国共产党统一战线工作条例》（简称《条例》）都是作为实际的行为规范发挥作用的。

《条例》规定了统一战线工作的基本对象和方式，强调在统一战线工作中坚持、加强并改善党的领导。“具体领导”主要体现为两方面：一是中共党委围绕当地中心工作对本级范围内的民主党派组织进行政治领导，使民主党派的履职行为紧紧围绕当地党委和政府的中心工作；二是中共党委支持和帮助民主党派开展具体的自身建设和履职活动③。针对统战工作的制度性内容，《条例》规定，党中央以及地方党委应当按照规定程序与民主党派和无党派人士开展政党协商。政党协商的内容包括中国共产党全国和地方各级代表大会、党中央和地方各级党委有关重要文件的制

① 董树彬．人大选举民主与政协协商民主的协同发展［J］．理论探讨，2015（6）：32－36.

② 柴宝勇，石春林．“党的领导体制”下的政策制定模式及其特征：基于主体、结构和层级的视角［J］．中国行政管理，2022（2）：100－108.

③ 肖存良．中国政治协商制度研究［M］．上海：上海人民出版社，2013：138－146.

定、修改；宪法的修改建议，有关重要法律的制定、修改建议，有关重要地方性法规的制定、修改建议；人大常委会、政府、政协领导班子成员和监察委员会主任、法院院长、检察院检察长建议人选；关系统一战线和多党合作的重大问题。而民主党派和无党派人士参政的主要内容是，参加国家政权，参与重要方针政策、重要领导人选的协商，参与国家事务的管理，参与国家方针政策、法律法规的制定和执行①。可见，制度化的政党协商、政府协商和政协协商在党的领导下与人大协商构成了体制内四个方面全面的协商民主体系。

（2）作为政策环节的政治协商：对议程设置、政策执行的影响。

新型政党制度不仅在制度层面与人大制度同调，还深刻地影响了党政体制运作过程中的治理效能，一方面，这种影响表现在对公共政策议程设置和政策执行的参与式影响。通常认为，政策制定主体并非总是主动地进入政策过程，而是通过议程向政策转化，从这个角度来说，甚至议程及其设置本身更具根本性意义；另一方面，公权力主体自身也会主动地出于某些目的、依照某些标准来制定政策并加以推行，这一点在中国更为突出。事实上，政治协商使得上述两种议程设置模式得以连接起来。以全国政协为例，高校、社会组织或者其他科研机构、智库经常通过全国政协委员递交阶段性的研究成果和研究报告，在政协委员自身的提案转化下，这些经过审议的意见就直接地进入了政策议程中。再加上政协委员往往具有一定的社会影响力和知名度，因此政协能够在较低成本的情况下将社会中发生的重要舆论问题和事件通过提案或者协商的方式转化到政策议程中去，甚至推动政策向法律法规的转化。其中，全国政协的协商是目前制度化程度最高的，全国政协在不断的实践探索中逐步形成了“1420”的协商格局，即每年 1 次全体会议，2 次专题议政性常委会会议、2 次专题协商会，大约 20 次双周协商座谈会②。

除此之外，政协还通过多种制度化的方式监督公共政策的执行和反馈。例如，全国政协经常会同相关职能部门就某一领域的问题或政策开展联合督导和调研工作。在这一过程中，“党委出题—党派调研—政府采纳—部门落实”的运行机制，保障了参政党的知情权和参与权，体现了合作型政党关系的运行效率③。政协既以政治协商主体的身份存在，也获得了党政体制自上而下的政治性权威，这种内部监督的外部化和外部监督的内部化相结合的形式使得这种联合督导成为巡视巡察制度的重要补充。此外，在立法转化上，政协也发挥着重要的审议功能。人大法制工作委员会或政府法制办直接与同级政协社会和法制委员会对接，委托同级人民政协就立法草案开展立法协商。人大或政府党组通过同级党委，将立法草案交由同级政协党组，由政协党组组织政协委员开展立法协商。人大和政府在对立法草案或征求意

① 中国共产党统一战线工作条例［M］．北京：人民出版社，2020：12－13.

② 陈家刚．推动专门协商机构建设向纵深发展［N］．人民政协报，2021－03－17（8）．

③ 谈火生，宋雄伟．中国共产党对社会主义协商民主的百年探索［J］．行政管理改革，2021（8）：13－21.

见稿进行讨论时，邀请具有相关背景的政协委员参加①。

（3）执政党与参政党：政治吸纳与政治录用。

从政党的视角来看，民主党派的基层建设远远比不上中国共产党的基层建设，尽管如此，新型政党制度从中央到地方的制度设计却给民主党派的生存、发展和延续提供了关键性的人才吸纳功能。一般来说，全国政协和地方各级政协会议通过制度化渠道，将社会各界代表人士和有影响力的统一战线对象吸纳到制度中来，这些对象被吸纳后，原来无党派的人士往往会参加民主党派，如此，民主党派就通过对政协委员的吸纳延续着组织和人事建设。此外，代表人士吸纳是前瞻性回应的人事前提②。《条例》对此明确指出，各级党委应当支持民主党派加强思想政治建设、组织建设、履职能力建设、作风建设、制度建设，支持无党派人士加强自身建设。帮助民主党派解决机构、编制、经费、办公场所、干部交流和挂职锻炼等方面的问题。为无党派人士履行职责提供必要保障。

可见，党政体制通过政协正式制度的身份赋予，完成了对具有知识上的专业优势、更为丰富的信息渠道和更为广泛的社会网络的社会各界代表人士的认同性建构和体制性依附，同时，通过这种方式对这些代表进行政治社会化，最后，再由民主党派或者中国共产党自身进行政治面貌的更新，在政治训练和政治录用中提供帮助。如此，党政体制就通过新型政党制度的制度结构和组成部分获得了对从中央到地方大多数政治和社会精英的整体性一致。

3. 中国新型政党制度的制度功能

（1）政党活动和政治参与的规范化。

政党制度的基本功能是为政党和其他有组织的政治参与提供基本的活动场域。新型政党制度对民主党派坚持长期共存、互相监督、肝胆相照、荣辱与共的基本方针，在《条例》的一般规定下，满足了民主党派参政议政的组织冲动，使得民主党派能够有序地进行参政议政、民主监督和参加中国共产党领导的政治协商。在政治吸纳和政治录用方面，通过政协制度及其衍生为相关民主党派人士提供了社会性卷入的契机和可能，最大可能地减少了有影响力的社会人士直接地寻求体制外的集体行动或抗争行为。此外，新型政党制度还避免了无效的政治结社，通过政治吸纳和政治协商避免了西式政治性的利益集团的产生。

（2）促进公共政策的科学化、民主化。

一般认为，协商民主（deliberative democracy）的一个弱点是协商和决策之间的联系③。然而，新型政党制度通过多个渠道将协商和与决策之间通过制度化的方

---

① 白帆，谈火生．人民政协参与立法协商：模式、特征和原则［J］．当代世界与社会主义，2018（2）：179－186.

② 谈火生．政策过程视角下的人民政协独特优势研究：以全国政协第21次双周协商座谈会为例［J］．中央社会主义学院学报，2021（6）：144－155.

③ DRYZEK J S. Foundations and Frontiers of Deliberative Governance［M］. Oxford：Oxford University Press，2010：170－174.

式创造性地联系了起来。在打破异体监督原则的基础上，民主党派通过以“协商式监督”① 为表现的附属性参与介入到党政体制中，不断开展建设性的监督、合作性的监督，与国家权力机关的监督以及共产党党内监督相结合，不断提升共产党科学执政、民主执政、依法执政的水平，促进党的政策和国家公共政策的科学化、民主化、规范化。此外，新型政党制度还为制度优势转化为制度效能提供了相应的体制机制，政协协商可以通过全国政协的信息类刊物直接报送到有关部门的决策中枢或者最高决策层。仅 2019 年一年，就有 1 300 多条情况反映和意见建议通过《政协信息》《政协信息专报》报送给有关决策部门②。

（3）充分发扬社会主义协商民主。

政党协商是中国新型政党制度体现社会主义协商民主的主要途径。政党协商是中国共产党同民主党派基于共同的政治目标，就国家重大方针政策和重要事务，在决策之前和决策实施之中，直接进行政治协商的重要民主形式，是社会主义协商民主体系的重要组成部分。无党派人士参加政党协商。

政党协商的内容。中国共产党同民主党派主要就中国共产党全国和地方各级代表大会、中共中央和地方各级党委有关重要文件的制定、修改；宪法的修改建议，有关重要法律的制定、修改建议，有关重要地方性法规的制定、修改建议；人大常委会、政府、政协领导班子成员和监察委员会主任、法院院长、检察院检察长建议人选；关系统一战线和多党合作的重大问题等，开展政党协商。

政党协商的形式。政党协商有会议协商、约谈协商、书面协商三种形式。会议协商包括专题协商座谈会、人事协商座谈会、调研协商座谈会以及其他协商座谈会等。约谈协商是中共党委负责同志不定期邀请民主党派负责同志就共同关心的问题开展小范围谈心活动，民主党派主要负责同志约请中共党委负责同志反映情况、沟通意见。书面协商是中共党委就有关重要文件、重要事项书面征求民主党派的意见建议，民主党派围绕重大问题以书面形式向中共党委提出意见建议。

政党协商的制度保障。政党协商基本形成了以相关法规为保障、以中共中央文件为主体、以配套机制为辅助的制度体系。中共中央每年委托民主党派中央就经济社会发展重大问题开展重点考察调研，支持民主党派中央结合自身特色开展经常性考察调研。有关部门向民主党派中央提供相关材料，组织专题报告会和情况通报会，邀请民主党派列席相关工作会议、参加专项调研和检查督导工作。

政党协商的显著成效。党的十八大以来，中共中央召开或委托有关部门召开政党协商会议 170 余次，先后就中国共产党全国代表大会和中央全会报告、修改宪法部分内容的建议、制定国民经济和社会发展中长期规划的建议、国家领导人建议人

---

① 宋雄伟，谈火生．政策执行视域下的协商式监督：认知、行动与支持［J］．科学社会主义，2021（1）：108－114.

② 汪洋．中国人民政治协商会议全国委员会常务委员会工作报告：在政协第十三届全国委员会第三次会议上［J］．中国政协，2020（10）：17－22.

选等重大问题同党外人士真诚协商、听取意见，确保重大问题决策更加科学、民主。各民主党派中央、无党派人士深入考察调研，提出书面意见建议 730 余件，许多转化为国家重大决策。中共各级地方党委结合实际，就地方重大问题同民主党派各级地方组织进行协商，积极推动了当地经济社会发展。

（4）深度开展社会主义民主监督。

民主党派、无党派人士对中国共产党进行民主监督，是发挥中国新型政党制度优势的重要方式，是实现国家治理体系和治理能力现代化的必然要求，在中国特色社会主义监督体系中具有独特的、不可替代的重要作用。

民主监督的内容。主要包括国家宪法和法律法规的实施情况，中国共产党和政府重要方针政策的制定和贯彻执行情况，中共党委依法执政及中共党员领导干部履职尽责、为政清廉等方面的情况。

民主监督的形式。主要是民主党派、无党派人士在政治协商、调研考察，参与国家有关重大方针政策、决策部署执行和实施情况的监督检查，受中共党委委托就有关重大问题进行专项监督等工作中，提出意见、批评、建议。具体实施中，民主党派成员和无党派人士中的人大代表参与各级人大组织开展的执法检查。最高人民法院、最高人民检察院每年召开党外人士座谈会，听取各民主党派、无党派人士的意见建议。行政机关、监察机关、审判机关、检察机关聘请党外代表人士担任特约人员，对有关工作进行监督。目前，共有 12 700 余名党外人士担任地市级以上有关部门特约人员。

民主监督的新实践。党的十八大以来，中共中央支持各民主党派加强对重大改革举措、重要政策贯彻执行情况和国家中长期规划中的重要约束性指标等的专项监督。自 2016 年起，中共中央委托各民主党派中央分别对口 8 个脱贫攻坚任务重的中西部省区，开展为期 5 年的脱贫攻坚民主监督工作，开辟了多党合作服务国家中心工作的新领域。各民主党派深入调研、坦诚建言，围绕贫困人口精准识别、精准脱贫等重点内容，提出一批有建设性的意见、批评、建议。据统计，各民主党派共有 3.6 万余人次参与脱贫攻坚民主监督工作，向对口省区各级中共党委和政府提出意见建议 2 400 余条，向中共中央、国务院报送各类报告 80 余份，为打赢脱贫攻坚战作出了重要贡献。

4. 中国新型政党制度的价值取向

（1）独立自主的价值前提。

中国式现代化之所以与西方现代化方案并驾齐驱，甚至在价值内涵上超越西方现代化，重要渊源在于，中国式现代化始终坚持道路的自主性①。习近平总书记指出，“政治制度是用来调节政治关系、建立政治秩序、推动国家发展、维护国家稳定的，不可能脱离特定社会政治条件来抽象评判，不可能千篇一律、归于一尊”②。

---

① 柴宝勇．现代性与中国共产党百年探索［J］．社会主义研究，2021（5）：1-8.

② 习近平．习近平谈治国理政：第 2 卷［M］．北京：外文出版社，2017：286.

因此，独立自主是中国政党制度之所以为“新”的价值前提，中国新型政党制度不是西方多党制或者苏联“一党制”的附属品或者衍生品，“几十年的实践证明，这个制度是适合我国国情的，已植根于我国土壤，构成了中国特色社会主义制度的一个鲜明特色。”① 我国社会主义民主政治在长期发展中找到了一条具有中国特色的民主政治道路，建立了中国特色社会主义制度体系。我国新型政党制度是我国民主政治制度的重要组成部分，在中国特色社会主义民主政治建设中发挥着重要作用。进入新时代，中国特色社会主义民主政治建设要求进一步完善我国新型政党制度，发挥社会主义协商民主优势，推进国家治理体系和治理能力现代化。

（2）人民民主的价值内核。

人民当家作主是中华人民共和国的价值底色，全心全意为人民服务是中国共产党的价值宗旨。毛泽东指出，共产党人把人民作为“上帝”，“这个上帝不是别人，就是全中国的人民大众”②。对此，习近平总书记也多次强调，“我国是工人阶级领导的、以工农联盟为基础的人民民主专政的社会主义国家，国家一切权力属于人民。我国社会主义民主是维护人民根本利益的最广泛、最真实、最管用的民主。发展社会主义民主政治就是要体现人民意志、保障人民权益、激发人民创造活力，用制度体系保证人民当家作主”③。中国新型政党制度坚持人民立场，在党的领导下通过多党合作和政治协商的主要形式促进公共政策的科学化、民主化、规范化，提高公共治理效能，把“人民当家作主”落到实处。因此，习近平总书记讲，“新型政党制度，新就新在它是马克思主义政党理论同中国实际相结合的产物，能够真实、广泛、持久代表和实现最广大人民根本利益和全国各族各界根本利益，有效避免了旧式政党制度代表少数人、少数利益集团的弊端”④。

（3）和而不同的价值状态。

中国新型政党制度是中国革命、建设、改革实践的产物，是历史的产物，因而受到这个历史时期内一定文化的影响。长期以来，共同体主义的和合文化就是中华优秀传统文化的底色。在人类文明的历史长河中，中国人民创造了源远流长、博大精深的优秀传统文化，倡导天下为公、以民为本，崇尚和合理念、求同存异，注重兼容并蓄、和谐共存，为中华民族生生不息、发展壮大提供了强大精神支撑，也为中国新型政党制度的形成发展提供了丰富文化滋养。和合思想，其本质在于承认差异、寻找共识。因此在党际关系上，中国共产党与民主党派之间的关系是多党合作、共商国是。中国共产党领导、执政和多党派合作、参政已经形成了中国政党制度中“一体两翼”的结构，而“两翼”的平衡对“一体”的正常运行是不可或缺

① 中共中央党史和文献研究院．习近平关于尊重和保障人权论述摘编［M］．北京：中央文献出版社，2021：19.

② 毛泽东．毛泽东选集：第3卷［M］．2版．北京：人民出版社，1991：1102.

③ 习近平．决胜全面建成小康社会 夺取新时代中国特色社会主义伟大胜利：在中国共产党第十九次全国代表大会上的报告［M］．北京：人民出版社，2017：35-36.

④ 习近平．论坚持人民当家作主［M］．北京：中央文献出版社，2021：229.

的。对此，习近平总书记谈道，“马克思主义政党理论同中国实际相结合的产物”，“它不仅符合当代中国实际，而且符合中华民族一贯倡导的天下为公、兼容并蓄、求同存异等优秀传统文化”，“是从中国土壤中生长出来的新型政党制度”①。

第三节　中国新型政党制度：比较与挑战

1. 世界政党政治的多样性和形成的历史性

政党政治是当今世界一种普遍的政治现象。世界各国的政党政治，按照不同的标准可以进行不同类型的区分。从社会形态上，可以分为资本主义政党政治和社会主义政党政治；从政党的本质属性上，可以分为资产阶级政党政治和无产阶级政党政治；从政党的数目和掌权形式上，可以分为“一党制”政党政治、两党制政党政治和多党制政党政治；从党际关系和参与政权的方式上，可以分为竞争性政党政治、垄断性政党政治和合作性政党政治。

一个国家的政党政治与政党制度的产生和确立，是特定政治、经济、文化环境下，社会和思想进程的历史产物。关于政党政治与政党制度是“长成的”，还是“做成的”，是国内外政治学界争论不休的一个话题，其凸显的是唯物史观和唯心史观在这一问题上的不同主张。

唯心史观坚持一种历史的或然决定论，指出虽然我们后来看到历史是单线发展的，但是在当时的情景下历史却有诸多的选择，或许是一个偶然事件塑造、主导了历史。但是，我们可以看到，偶然中有着必然。任何历史人物都不可能脱离当时的历史情境和本国的历史文化传统做出选择。自由主义思想家哈耶克用“自发秩序原理”来诠释这一问题。近代西方民主理论家密尔也明确指出：“政府不是靠预先的设计来建立，他们不是‘做成的，而是长成的’。”②

从中国和西方政党政治产生的历史背景和形成的过程中，我们也可以验证这一点。在辛亥革命胜利和中华民国临时政府刚刚建立后，出现了政党林立的局面，当时一些理想主义者却认为政治竞争的理想模式是两党竞争。为形成两大政党，各派政治力量进行了频繁的分化组合，但结果却未遂人愿。虽然众多的、良莠不齐的政党参加了国会竞选，但由于中国的经济发展还不足以使资产阶级的力量对抗封建阶级的反扑，袁世凯利用政治和军事上的力量强迫国会议员修改宪法，登上终身总统的宝座，并随即复辟帝制，竞争性的政党政治也随之破产。在抗战期间及胜利后的一段时间，一些中间党派积极推行所谓中间路线，试图实现竞争性政党政治，最后亦以破产而告终，中间党派自身也发生分化。历史证明，竞争性的多党政治道路在近代中国是走不通的。在历史千回百转之后，最终确立了中国共产党领导的多党合

---

① 习近平．论坚持人民当家作主［M］．北京：中央文献出版社，2021：229-230.

② 密尔．代议制政府［M］．汪瑄，译．北京：商务印书馆，1982：3.

作和政治协商制度。

在西方发达国家形成的竞争性政党政治，大多是在资产阶级革命成功后在议会和总统选举的过程中形成并逐步发展成熟的。先是新兴资产阶级与旧的封建贵族进行政治博弈，而后是不同的资产阶级政党之间进行利益竞争，都需要一种规范性的表达途径和争夺利益的工具，使他们在一定的政治框架内和平竞争而非暴力相向，以此避免国家分裂，这样就形成了竞争性的政党政治。

简而言之，中国的政党是先于近代国家而出现的，它的目的在于改造国家和社会；而西方国家的政党则是在近代国家建立后出现的，它们才是也仅仅是“沟通国家与社会的桥梁”。不同的历史，不同的政治任务，不同的发展过程，决定了不同的政党政治与政党制度。如果试图以个人或某个集团的力量来逆历史潮流而动，忽视本国的国情，必定会受到历史的惩罚。

2. 中国新型政党制度的民主意涵

自雅典民主制以来，在世界政治的发展史上出现过林林总总、种类繁多的民主制度。在当今世界，由于建立了以竞争性政党政治为基础的民主制的西方国家往往是经济强国、政治大国，它们借助经济实力、军事实力和政治影响推行文化扩张。在它们主导的文化价值观下，以竞争性政党政治为基础的民主制似乎成为当今各国发展民主的普遍的、唯一的标准。一些西方国家别有用心地利用民主输出进行文化扩张，妄图搞和平演变。这一点，就连美国学者威亚尔达也不得不承认，“在民主、民主的含义以及达成民主的最佳途径等问题上的争论，并不仅仅是一种学术或知识争论。在后冷战时代的对外政策中，很大一部分与民主这个要素有关”。① 不容否认的是，认为竞争性政党政治才是民主政治唯一实现形式的观点有一个很明显的谬误——用形式来衡量内容，以特殊来衡量一般。

那么，衡量一种政党制度是不是民主政治实现形式的标准是什么呢？我们认为，其关键不在于政党政治自身的形式是不是竞争性的，而在于它是否反映并实现了民主的价值，也就是说要用价值和内容来衡量形式。一种事物可以有不同的形式，但是关键的价值和内容却只能有一个，它决定着事物的本质，民主也是如此。

因此，这里的关键是民主政治的实质内涵和核心价值是什么的问题。“民主”的原义是“人民的权力”，“人民当家作主”便是最通俗的表达。“人民的权力”是民主的愿景和蓝图，但在政治实践中，事情没有那么简单，它需要诸多的中间环节来实现。任何国家都是需要治理的，全体公民一起来管理国家，在当代社会是不可想象的。

合作性政党制度虽然不存在多党的竞争，但是它的价值也在于追求公民的自治与参与，最终实现人的自由和全面发展。中国共产党领导的多党合作和政治协商制度，通过各种渠道来吸收民意，反映民情，最大限度地实现公民的自治和参与。中国的各个民主党派，作为参政党，通过参政议政、政治协商、民主监督等各种形

① 威亚尔达．民主与民主化比较研究［M］．北京：北京大学出版社，2004：122.

式，成为实现公民自治与参与的一种方式和途径。

邓小平指出，“在中国共产党的领导下，实行多党派的合作，这是我国具体历史条件和现实条件所决定的，也是我国政治制度中的一个特点和优点”①。与世界其他国家的政党政治相比，中国共产党领导的多党合作和政治协商制度是一种新型政党制度。它的显著特点在于，中国的党际关系不是竞争的，而是共同协商的合作关系。中国的政党制度将民主的普遍性和具体性完美地结合在一起，既体现了政党制度的民主性，也顺应了我国政治民主化发展的需要。

“中国共产党领导”有利于政治运作的稳定性和政策执行的高效性。虽然中国的政党制度只能由一个政党即中国共产党长期执政，表面上看这种体制类似于一些国家的“一党制”，事实上并不相同。无论苏联还是现实的一些“一党制”国家，从名义到实际决不允许其他政党的存在，严格实行“党外无党”的政党制度。而西方政党大多是为了夺取政权而组党，在党际竞争中获胜一方称为执政党，未能执政的一方称为在野党或反对党。再次经历大选时，又要重新进行选举，前一任执政党如果落选就会沦为在野党，执政纲领和施政方针都会随之发生重大转变甚至逆转。而在我国，中国共产党始终作为执政党处于政治生活的核心地位，与其他党派为着共同的政治目标而奋斗，其他各民主党派都是辅佐执政党执好政的参政党。这样，执政主体的稳定势必会给民主政治生活的稳定与发展带来好处，更有利于执政党在稳定的政局中集中精力，负起责任，抓好每个历史时期社会各项事业的建设工作，从而提高执政效率，切实解决好人民关心的根本问题。

“多党合作和政治协商”有利于政治运作的民主性和政治决策的科学性。合作性政党制度的首要特点就是通过一种新的民主形式——协商民主，避免了政党间的“恶性互斗”，实现了执政党与参政党的良性互动，建构了政党政治的新形式。合作性政党制度体现了一种“和谐”的政治伦理和政治思维，它更加有利于整合全社会的力量进行经济、政治、文化和社会建设。如果政党的最终目标是实现社会正义、追求世界大同的话，那么合作性政党制度最有利于实现这一点，因为这种政党制度具有竞争性政党制度不可能具有的凝聚全社会力量的能力。制度价值上的优越性体现在政治实践中，我们看到的是，中国的政党之间很少出现西方国家所存在的那种恶性的互斗，而是执政党与参政党各安其位，各守其责，和谐共处，共同为中国式现代化建设不遗余力地奋斗。

合作性政党制度通过协商民主的方式，在做出决策之前，充分听取各民主党派的意见，能够保证国家政策的一贯性和较高的决策效率。所以，在凝聚各阶层智慧，科学民主决策，并保证政策的连续性方面，合作性政党制度具有竞争性政党制度不可比拟的优越性。当然，合作性政党制度也存在一些弊端，如在大党执政、小党参政的情况下，参政党对于执政党的监督往往有限。如果执政党犯错误，那将会给整个国家和社会带来极其严重的危害。所以，合作性政党制度更加需要加强参政

① 邓小平．邓小平文选：第2卷［M］．2版．北京：人民出版社，1994：205.

党对执政党的监督。实际上，竞争性政党制度与合作性政党制度并非发展阶段的差异，也并非民主与专制的差异，而只是民主政治的实现形式的差异，因此并不存在也不应该存在谁取代谁的问题，它们可以在一定限度内通过吸收对方有益之处来完善自己。

3. 当今世界政党政治发展的新趋势

随着经济全球化和政治多极化趋势的发展，世界政党政治也随之发生了新的变化，给各国执政党的建设和各国政党政治的发展都提出了许多新的课题。纵观世界范围内政党政治所发生的变化，可以概括为以下几方面特点：

（1）政党格局多元化。

经济的全球化导致国家的产业结构调整，传统工业削弱，中产阶级成为一些国家社会阶级结构的主体，多数国家的共产党、社会党和保守党等主流政党的传统社会基础有所削弱。一些长期执政的大党、老党在近些年的大选中纷纷被淘汰出局，如墨西哥革命制度党、印尼专业集团等。与此同时，一些民族主义政党、宗教主义政党的力量有所增强。近年来，一些与传统政党有着显著差异的新型政党开始出现，比如意大利力量党、泰爱泰党等，这些政党在产生基础、运作模式、组织形态和经费支持等方面都不同于传统政党，表现出一些新特点。这些新政党、新力量的出现，打破了世界政党政治原有的格局，使其变得更为丰富多元。各国各类政党代表着不同的意识形态和价值观念，通过执政或参政议政的形式活跃在政治舞台上，为各国政治生活的发展带来动力。

（2）党际关系国际化。

世界政党的国际化、区域化趋势日益明显，政党之间的交流与合作关系成为当代国际关系及地区关系中的新热点。一些意识形态相同或相近的政党，组成了国际性或地区性的政党组织，在欧洲表现得更为典型。例如，国际性的政党组织有社会党国际、基民党国际、自由进步党国际和保守党国际等；地区性的有欧洲社会党、欧洲人民党、美洲基民组织等。这些政党组织经常就共同关心的政治、经济和社会问题进行商讨，促进了各国政党间的联盟与合作，对国际事务产生着重要影响。

（3）党群关系中间化。

看一个政党能否获得执政地位并维持长期的执政地位，最重要的指标就是要看它是否有广大公众的支持，这无疑需要政党重视亿万民众的力量，不断扩大群众基础，这也是政党政治的核心。经济全球化和科学技术的迅猛发展，导致西欧发达国家的社会阶级结构呈现多元化和复杂化态势，传统工人阶级和资产阶级人数大幅缩减，中产阶级人数增加。这样，政党为了扩大党的社会基础，就不得不更加重视中产阶级的利益诉求，出现群众基础中间化的倾向。有些政党为争取社会中间力量、扩大自己的选民，把代表和体现社会中间阶层的利益作为参加竞选、上台执政的基本出发点。

（4）意识形态兼容化。

意识形态是政党用来凝聚民心、整合社会资源、争取认同的重要工具。二战前，政党意识形态更多地呈现一种多极化态势，各类政党相互之间尖锐对立，刻意拉大意识形态的距离，以保持自己的意识形态特色以及政纲、主张的相对独立性。但在战后，由于社会背景的变革和时代的变迁，这种状况开始出现新的变化，西方国家的各类政党之间不再刻意宣扬意识形态的差异和对立，而是逐步淡化体现政党特色的政党意识形态和阶级本质，不断地相互吸收、借鉴，意识形态的对立被阶级合作与政治共识所取代。表现在实际政治活动中，就是政党本身的纲领和政策显示出越来越强的包容性，政党之间某些政策的趋同性日益明显，左翼、右翼政党的政策都向中间靠拢。西方政党意识形态的兼容化，既是在经济全球化的国际背景和经济、社会变革的国内背景下，为争取选票而进行的一种必然选择，同时也酝酿着深刻的危机。因为，在这种情境下，政党获取更多的是选票，而非选民出自内心的对于政党意识形态的信仰和认同。

（5）政党形象传播网络化。

网络几乎是21世纪的代名词。信息技术的推广给媒体带来了巨大变化，相应地，政党运作、传播的方式也随之发生转变，打破了传统意义上单纯依靠报纸、广播、电视等媒介向公众传达政党信息的局面，一种更便捷、更高效的网络信息技术被应用到政党政治中。因此，越来越多的政党利用现代信息手段扩大政党对社会的政治影响，利用互联网同各方面选民联络感情。总之，新的大众传媒形式一方面扩大了政党与民众沟通的渠道，政党领袖利用网络媒介可以更快更好地宣传本党的政治主张，树立政党形象，来自民众和社会的各种舆论压力也使政党受到了更多的党外监督；另一方面，过分地依赖政党领袖的个人魅力和网络等传媒的宣传也使得政党本身的组织能力下降。

4. 中国新型政党制度运行过程中的现存问题

（1）相关法律法规还有待完善和落实。

从政治协商的内容和保障来看，人民政协履行职能制度化建设的进程与协商民主制度发展要求还不相适应：比如，哪些问题协商而哪些不协商（随意性大），《条例》中所规定的协商程序是否严格地被执行等问题。可以说，改革开放以来，有关统一战线、人民政协和协商民主的相关法律法规和党内法规已经相继出台了很多。比如，1982年的《中国人民政治协商会议章程》、1989年的《政协全国委员会关于政治协商、民主监督的暂行规定》和《中共中央关于坚持和完善中国共产党领导的多党合作和政治协商制度的意见》、2006年的《中共中央关于加强人民政协工作的意见》、2015年《关于加强社会主义协商民主建设的意见》《关于加强政党协商的实施意见》，以及在2015年《条例》（试行）的基础上出台的《统一战线工作条例》。《条例》和相关法律法规的落实可能还有待进一步观察。

（2）政治协商与基层协商之间沟通不畅。

从现有的制度设计和安排来看，信息公开、听证会、座谈会、恳谈会、信访、双周协商座谈会、民主党派大调研等是主要形式。但是这些形式关注的更多的是制度性的或者常规性的以参与为核心的政治协商形式，这种非常正式的方式的有效性或者规范程度往往随着召集单位位阶和等级的提高而提高，换句话说，在更广大的实践中，这种既存的制度设计往往是作为形式被使用的。更值得关注的是一些新出现的新的政治协商行为或者载体。如果按照广义的政治协商来考虑，那么比较典型的新政治协商行为有：网络问政、上书、政协提案、舆论监督、内参、行政诉讼或行政复议、协商民意测验。这些新行为往往是以具体的事件或者利益诉求为对象的，它们直接与社会力量和广大人民群众的切身体会密切相关。可见，在当下政协的政治实践中，以基层自治民主为重要力量，基层党组织和政府为核心的新政治协商在生长和发展，新型政党制度必须加快步伐，把这些新实践纳入新时代协商民主的讨论范畴里。

（3）政治协商对公共政策的影响还没有被普遍制度化。

多项既有研究都证明，民主党派参政的实际效果主要来源于两个方面：一个是代表人士自身的知名度和影响力，另一个是作为组织的民主党派在制度环节上的意见建议①。此外，从政治协商的构成来看，政协的界别设置还不甚合理，部分政协委员缺乏参政议政的动力和能力。一些代表界别的政协委员，不了解界别实际情况。另外，荣誉委员、明星委员、官员委员的比例较高，虽然这样有利于政协形成影响力，但却不利于政协委员整体的参政议政能力提升，影响协商民主的实际效力。因此，如果把广义的政治协商作为一种追求的话，那么新政政党制度本身就必须更加关注那些非正式渠道中的以协商这种基本形式为载体的政治行为，其中最重要的就是不同主体对政策施动者的游说。否则，政治协商的概念就不能完整地概括中国政治的现实，而现实政治中就会出现更多非制度化的因素，寻租、腐败和官商勾结的现象就会较多，政治协商制度本身也会浮于表面，中国特色社会主义的协商民主也就无从谈起。如果从政治协商的运行机制来看，新型政党制度可能更多地要向人大制度学习，多一些专门委员会，那么各种更深层次，更有现实效力的各种机制才有可能建立的起来。在这个基础上，加强协商同党委和政府工作的有效衔接，在纵向范围内，把中央版的双周协商座谈会和地方版的双周协商座谈会整合起来，使之构成一个资源共享、信息互通的系统；在横向范围内，在进一步加强和改善党的领导下，使得每一个层级的人大、政协和政府能够在本层级范围内产生合力。

第四节　中国新型政党制度的话语分析与话语体系建构

1. 话语、话语权与话语分析

“话语”（discourse）并不是政治学的传统研究对象，相对于国家、权力等范畴，话语的重要性更多表现在意识形态的表征上。因此话语更多作为一种过程性概念被运用在意识形态因素的作用方式和作用效果的阐释中。就我国范围内而言，对

---

① 黄天柱．当代中国的民主党派：以政策过程为视角［M］．上海：上海人民出版社，2020：173－179.

话语的关注仍始于文艺理论，在要素不同但范式甚至形式一致的情况下，文艺理论强调话语在范式意义上对自我主体性的某种肯定："话语是指在一定文化传统和社会历史中形成的思维、言说的基本范畴和基本法则，是一种文化对自身的意义建构方式的基本设定。"① 当然，这种对话语的关注并没有脱离布尔迪厄（Bourdieu）的影响："判断一种话语在某种社会文化系统中是否已经处于支配地位的标准，不应当只看文化活动的表层，而应当深入到文化体制以及更大的权力系统，尤其是政治权力系统（文化场域始终无法脱离权力场域的牵制与支配）。"② 因而，尽管关于话语的论争起源于某种现实关切，但学界对于话语的讨论并没有脱离这一概念的演进过程。如此，回到话语及其作用机制似乎是建构对象话语体系的显然进路。

如前所述，话语的根本性作用与意识形态相捆绑。微观来看，一方面对话语本身的讨论是一种摆脱偏见的尝试，因为"话语指向的最根本目的是增强人们对某一问题对话的自我意识，反思主体性和意识形态争斗，反思那种使人变得自我中心、个人种族主义和热衷于互相倾轧的意识模式"③。另一方面，话语又是"影响和决定社会运动（或革命）之产生和发展的宏观结构"的三个因素之一，它"包括社会运动的意识形态、参与者的认同、口号或话语策略、行动过程中的突生规范（emergent norm）以及塑造运动话语的文化，等等"④。可见，话语概念很容易导向一种批判和解构，这对于观察某一政治社会现象有着穿透性效果，而这也是批判话语分析（critical discourse analysis，CDA）的重要作用，但是，这种实践导向的属性或成分分析并非建构性因素，利用话语概念建构有话语权的话语体系的关键在于摆脱低劣的恶意归因或选择性忽视。

因此，从形式来看，话语是意识形态的外在表征，它以特定的语言、策略或样式来突出某一意象，是一种特定的表达方式，这种表达方式往往会塑造出一种认知模式，表现在对常识等基本价值的确定上。所以，话语的结构作用是在意识形态和社会认知之间形成一种关系，在这种关系下，同意（consent）与权威相结合产生偏向稳定性和长期性的那部分合法性。在这个意义上，话语权就是一种正义意义上的合法性解释，它代表了意识形态对某一个特定对象或领域的领导权。正因如此，话语权往往与意识形态领导权保持某种同步，这种基本价值的确定会显著地降低社会整合成本，对此，一个十分有力的证明是："如果一国能够建立与其社会一致的国际规范，它就有可能更少改变自己，而且无需使用强制性的硬权力从而降低自己的代价。"⑤ 从这个角度来说，也无怪批判话语分析对于话语本身具有那样强大的敌意——话语本身就是政治秩序的一部分。

---

① 曹顺庆，李思屈．重建中国文论话语的基本路径及其方法［J］．文艺研究，1996（2）：12-21.

② 陶东风．文化研究：西方话语与中国语境［J］．文艺研究，1998（3）：22-31.

③ 胡春阳．传播的话语分析理论［D］．上海：复旦大学，2005：151.

④ 赵鼎新．西方社会运动与革命理论发展之述评：站在中国的角度思考［J］．社会学研究，2005（1）：168-209+248.

⑤ 奈．硬权力与软权力［M］．门洪华，译．北京：北京大学出版社，2005：118.

在批判话语分析中，元话语（meta-discourse）是一个对话的导向部分，它一般具有四种功能：表明话题结构、建构对话的次序（turn-taking）、表达认知状态和检验沟通的可能性①。元话语是话语的基础，而话语则是“特定语境（context）中的一种言语行为，其意义取决于语言的使用方式”②。通常而言，话语会在规模的意义上形成一种叙事（narrative），而叙事则会在结果上建构一种动态的身份（identity）③。批判话语分析是通过元话语—语境—话语—叙事—身份的机制来说明语言是如何在社会身份的意义上表现社会权力的分布样态的，这种分析非常有力地说明了个人意义上个体权力与个体主体性的叠加状态，它很成功地描绘了一种身份秩序，更形象地说，是一种场域的变体。具体见图 9－1。

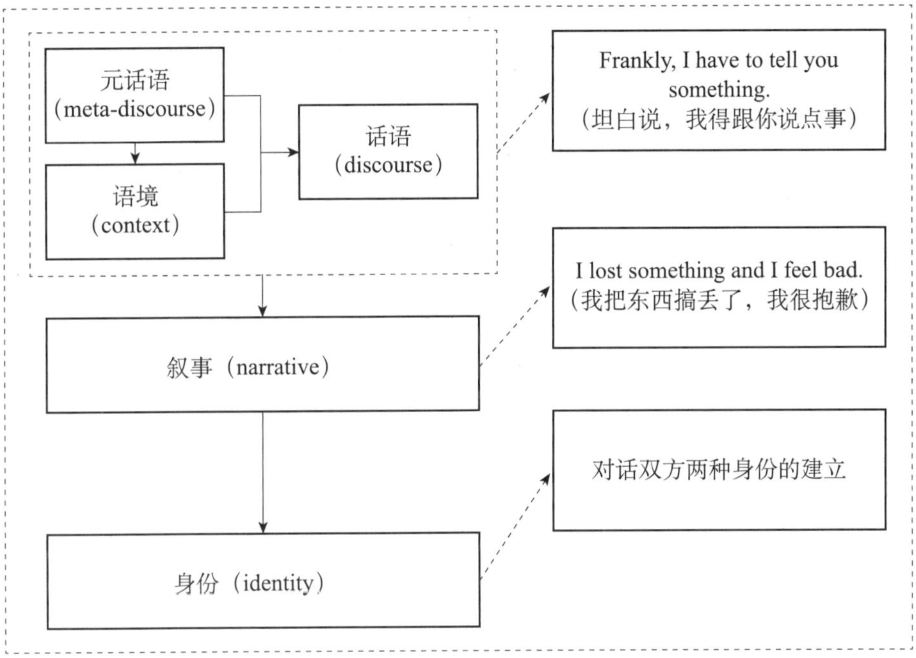

图 9－1　批判话语分析中的话语机制

注：这幅图是为了说明元话语对于可能话语的锚定作用。Frankly（坦白说）往往用于表达事实，随后，发言者需要在叙事部分根据“表达事实”这一层意思进行一个叙事情况的描绘，而这种叙事往往会在结果上导致对话双方的身份对比发生改变。如图中所示，因为“我把东西搞丢了”并且“很抱歉”，所以在“丢东西”这个意义上，话语机制通过对话确定了一种可能的权力关系（负责和问责）。当然，图中仅仅是一个例子，在叙事里，当然也可以以另一种情景表达导致相反的身份对比塑造。

但是，在政治秩序的结构里，这种机制会表现得更加复杂。元话语演变成为一

① KELLER E. Gambits：Conversational Strategy Signals [J]. Journal of Pragmatics，1979，3（3－4）：219－238.

② JØRGENSEN，MARIANNE W，LOUISE J P. Discourse Analysis as Theory and Method [M]. London：Sage，2002：96－97.

③ FIVUSH，et al. Autobiographical Memory and the Construction of a Narrative Self：Developmental and Cultural Perspectives [M]. New York：Psychology Press，2003：149.

个个共识性价值或公理，这些不同的共识性价值的排列组合形成某些基本的思潮取向，这些取向在集合的意义上表现为语境，在不同的思潮语境下有着不一样的价值阐释话语，这些价值阐释与意识形态对象一同构成的集合就是政治话语的叙事，这些叙事往往表现为公认的历史、民族情感或者集体记忆，依靠这些叙事，这一集体能够建构一种身份认同，并根据这种身份认同形成一种权力关系。一般来说，身份是合法性权力依附于现实性存在的载体，而政治秩序就依靠形成的一种或多种权力关系而被确定下来。因此，政治秩序的话语作用机制是元话语—语境—话语—叙事—身份—权力—秩序的过程（见图 9 - 2）。而“文字既构造主体又干扰主体”①，话语也使得主体的建构是自我性的，这样就会形成福柯所言的秩序中的一种“排斥”(exclusion)，这种排斥指“为控制和限定话语的一种程序”，这种程序分为三种系统，“禁律（prohibition)、区别和鄙弃、真理和谬误之对立，旨在说明话语的禁止、理性与疯狂的区分和需要机构支持和分布的真理意志”②。这种排斥，在权力的意义上是与秩序同构的，因为在话语和意识形态一同构建的这种秩序下“存在着一个从属垂直序列，即：所有主体的位置、所有陈述间并存的类型、所有话语的策略并不都是可能的，只有被前面的层次允许的那些才是可能的”③。

也即，话语与意识形态建构的权力结构在核心意义上是排他的，尽管可以存在不同的话语（因为元话语并不是唯一的)，但多重话语表达的叙事却是要根据身份进行统一的，这一过程类似于传统的发生学逻辑，一旦发生，便逆向作用。如此，秩序的稳定就必然要求话语权的单一，这种单一并不必然地意味着消极意义上的话语管控或“一言堂”，而是一种自然垄断或规模经济的表现。甚至，在话语秩序的“排斥”中，本身就存在着这样一个悖论：一方面，话语机制的产生是无限可能的，其结果却是单一的，另一方面，在话语的序列中，新话语的生成无时无刻地不影响着这一秩序的稳定性，但话语秩序往往很难受到经常性的挑战和威胁。

那么，根据上述分析，意识形态本身必然要求着对于自我话语权的建构，其中最重要的是对于葛兰西意义上“话语权高地”的争夺④。具体到中国而言，这一过程就表现为改革开放以来与西方对话过程中对于本土哲学社会科学的某些坚守和改良，再具体一些，对于政治学而言，这一过程就是一种以传统的规范方式为核心方法论的“中国学派”的建构。

2. 既有新型政党制度话语建构的尝试

自改革开放以来，中国政治学在对话中建构自我主体性话语进行了诸多尝试。具有代表性意义的有以下四种进路：以灌输论为基础的思想政治教育方式、以“回

---

① 德里达．论文字学［M］．汪堂家，译．上海：上海译文出版社，1999：97.

② FOUCAULT M，SHAPIRO M. Language and Politics［M］. Oxford：Basil Blackwell，1984：113 - 114.

③ 福柯．知识考古学［M］．董树宝，译．北京：生活・读书・新知三联书店，2007：9.

④ GRAMSCI A. Selections from the Prison Notebooks［M］. London：Lawrence and Wishart，1971：171 - 177.

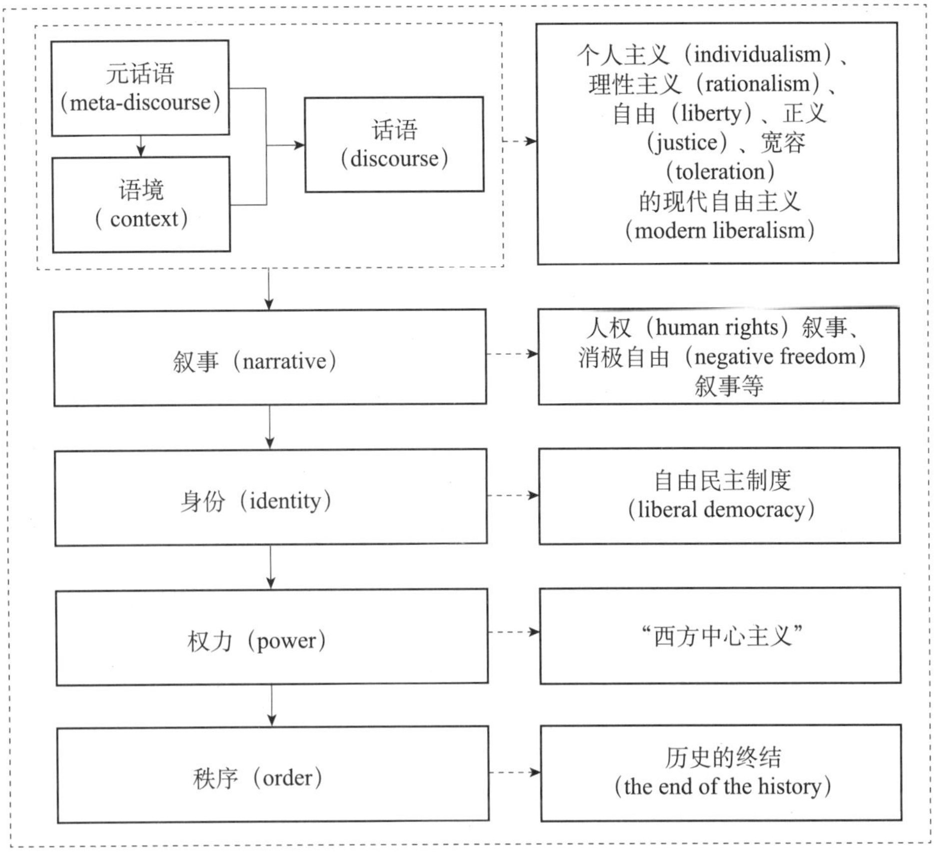

图 9-2　政治秩序中的话语机制：以自由主义为例

注：在右边栏的第一个文本框中，若干现代自由主义的基本原则和价值是单独的元话语，这些元话语不同数量的排列组合形成了现代自由主义的语境，在这些基本价值的交织中，现代自由主义的话语形成了，随后，由这些基本价值展开的一系列要素成为现代自由主义的叙事，这些叙事构成了现代自由主义的制度外壳——自由民主制度，而这种制度在全球范围内要求一种类似于帝国主义圈层理论的“西方中心主义”，这种权力关系背后蕴含着政治秩序的最终话语权归属。

到古代”为特征的寻根方式、以“追求平等的话语权”为内容的对话方式、以“中国特色与西方话语的双重极化”为结果的并行方式。当然，从话语权争夺的结果而言，这些进路大都失败了。从类型学的角度来考量，这四条进路可以在两个维度上被归纳成一个相互贯通的谱系，而这个谱系本身则证明了，抽象地谈论话语的提振而忽视新型政党制度概念与范畴下的构成型要素是无法从现实层面提振话语权的。

如图 9-3 所示，这里使用“自我性-普适性”和“本土性-外来性”两个维度来度量传统政治学在话语框架下构建话语权的尝试。其中，“自我性-普适性”描述的是话语的指向，即建构话语的目的是形成一种与其他话语相交融的话语还是仅仅为了追求自我话语体系的完备性；而“本土性-外来性”维度描述的是建构话语的质料来源，中国固有的政治文化或现象属于本土性的范畴，而非中国固有的文化因素则属于外来性的范畴。可以看到，在相当长的一段时间内，由于意识形态载体的对立，传统构建话语的尝试完全忽视了普适性取向，因而，一味地强调政治社会化意义上的灌输和从传统文化中寻找本源就成了两种自然而然的尝试。后来，随着普适性需要的增长，话语建构先是将自身放入统治性话语的中心圈层体系中，随后又强调跳脱出来，而达成一种似是而非的对话。

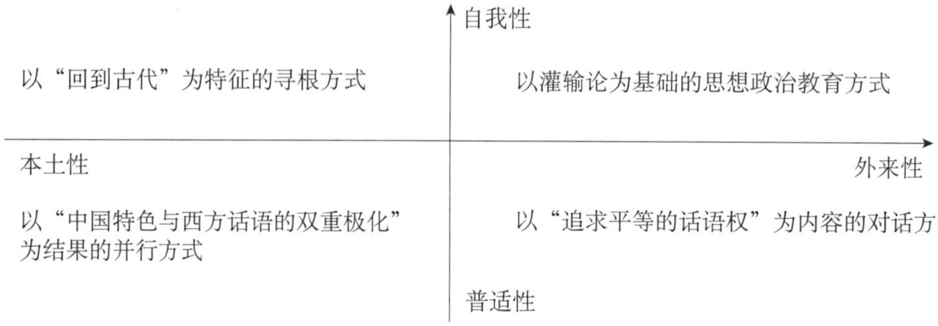

图 9-3　既有研究构建话语权的尝试的类型学划分

值得注意的是，在这个二维谱系中，传统的尝试已经占满了四个可能的逻辑余项，但是话语建构仍然是失败的。这一点似乎可以达成对话语本身无效性的证成，即依靠再完备的话语体系本身也不能建构话语，因为话语是无法证伪的，而政治过程的现实性因素会在现实层面完全地击穿话语的面纱。所以，话语在建构自身后必须在相当的程度上与检验它自身的科学方法相结合，这样才能形成话语的更新和迭代，而政治运行的过程也会由于这种检验随着话语一同更新，从而达到一个交互作用下的相互促进状态。

(1) 以灌输论为基础的思想政治教育方式。

“灌输论”作为无产阶级从自在走向自为的关键方法论是马克思主义的重要原理，马克思、恩格斯、考茨基在领导工人运动过程中初步形成了这一看法，列宁比较系统地阐述了它。列宁认为，工人的“自发因素”本身就是自为的“萌芽状态”，但是“各国的历史都证明：工人阶级单靠自己本身的力量，只能形成工联主义的意识”①，而由于意识形态根源上的二元性所导致的“问题只能是这样：或者是资产阶级的思想体系，或者是社会主义的思想体系。这里中间的东西是没有的”②，因而无产阶级政党就必然要“从外面灌输给工人，即只能从经济斗争外面，从工人同厂主的关系范围外面灌输给工人”③。

一直以来，灌输论都是思想政治教育的核心基础理论，但是，在我国长期的思政实践中建立起来的并不是一个牢固的话语体系，而是一种对于特定规律和特征的反复强调，加上思想政治教育长期停留在一个不太注重方式方法的阶段，思政实践的结果就是在对象和意识形态之间建立了一种简单的有效性归因：它没有也无法将

① 列宁．列宁全集：第 6 卷［M］．2 版．北京：人民出版社，1986：29.
② 同①38.
③ 同①76.

科学社会主义以及马克思主义中国化的成果以一种全貌的形式进行现实的灌输，因而这种灌输带来的更多是一种宣教，从而也就形成了一种“简单话语权”。当社会经济发展和建设成果能够汇集每一个灌输对象的时候，灌输的内容就会起到一种解释作用；当社会经济发展出现波动时有效性的丧失则会加速简单话语权的解构。另外，由于自由主义展现出了某种“普世性”，在“简单话语权”解构的过程中，对立话语极大地强化了这一进程：“意识形态本质上是集团性话语，它并非个人从生活实践中自发形成的，从这个意义上说，其本质确实是‘灌输’。但是，最佳的‘灌输’是使国家的需要转化为公民个人的追求。……另一方面，意识形态虽然实际上是一定利益集团的观念表达，然而其最具渗透力和影响力的方式却是让思想穿上‘普遍性’外衣，才能获得更广泛的认同。人类性、全民性诉求形式下的集团性思想和利益表达，是意识形态的基本特征。”①

因此，这种方式虽然能够在一个比较普遍的尺度上实现一种“简单话语权”的秉有，但并不能在话语的碰撞中牢固地掌握话语权。灌输不是简单地隔绝一切进行内部的自上而下、自科学到自发的宣教，而是在与对立话语的斗争中不断发展的话语权实现路径。

（2）以“回到古代”为特征的寻根方式。

“回到古代”则是一种对于历史的不自觉的路径依赖。在以时间和空间为基本维度的中国历史叙事中，一直有着一条近乎线性的主线，这条主线代表着历史意义上的主导话语。由于这种线性史观的存在，中国政治学往往带有最强大和最广阔的经验集合，在这一集合中存在着很多表现为规律性的特征，但是，这些特征往往是以遗产的形式被规范地认知的，当这些特征真正要与现代中国政治的要素发生联系时，这一联系的作用过程和机制一般是缺失的。在话语权的建构中，这一行为表现得十分明晰：中国古代的某些观念、思想和主张在价值取向上与现代政治体系要素的趋同的弱一致性使得它们之间建立了线性的强联系。这种联系在宏观的抽象层面可能表现为与现代性相对立的，作为“新白话语文、经济重质主义、异品同韵审美、超构思维方式和外分内合伦理”的“中华性”②，具体到微观制度层面，古典时代的某些原则甚至可能成为比政治有效性更有效的解释项，例如，有学者认为，“中国新型政党制度，更是继承和吸收了这些优秀政治文化中的某些方面，熔铸于一以贯之的中华民族优秀政治文化”③。

显然，这种超验主义的解释方式是19世纪末以来存留历史主体性的普遍方式，而这也恰恰解释了历史主体性在逐步散失这一现状。必须指出的是，这种方式无法在话语机制的意义上建构有效的话语，因为元话语是不能脱离中间的结构层次直接

① 侯惠勤．我国意识形态建设的第二次战略性飞跃［J］．马克思主义研究，2008（7）：5－11＋17.

② 张法，张颐武，王一川．从“现代性”到“中华性”：新知识型的探寻［J］．文艺争鸣，1994（2）：10－20.

③ 崔建西．中国新型政党制度蕴含的“中国逻辑”论析［J］．湖北社会科学，2018（12）：18－23.

与秩序层面的现实制度相互作用的。要证明一个古典原则与某个现代制度相适应，并不是叙述这一原则或概念的发展史，然后用似是而非的论证证明这一现代制度“蕴含”这一原则，而是以基于这一原则的制度演变探寻结构或要素的历史的和经验的变迁。

因此，任何“回到古代”说，目前来看都只是有历史抱负的假设。当然，这并不意味着“回到古代”说是必然错误的，认知层面的影响当然会对政治合法性乃至意识形态的态度产生重要影响，而关键是寻找这一影响的现实机制，否则，这一猜想就是用一种超时空的历史作用，以发生学的方式对制度功能因素的荒谬归因。这种归因略去了话语机制的中间过程，使得话语甚至无法与权力建立联系，那么它也就更难撼动主导话语权的对立话语了。

（3）以“追求平等的话语权”为内容的对话方式。

所谓“追求平等的话语权”，实际上是一种话语的“民主化”（democratization）尝试，这种倾向不仅出现在我国政治学话语建构的过程中，也是西方话语理论的一个重要流派，当然，在应用上，中西则完全是从两个截然相反的出发点进行的。由于话语机制的层次和结构的影响，似乎这一系统必然导致不同话语之间产生某种对立甚至是相互攻讦，因此有学者认为，话语的“民主化”是一条可行进路：“在我看来，话语的‘民主化’意思是消除话语权利和语言权利、义务和人类群体声望方面的不平等和不对称。”① 当然，这一观点是自由主义对于后现代理论的又一种修补，所谓话语的“民主化”不过是去意识形态化，将话语场域视作自由竞争市场，以此达成与自由主义权力关系相一致的话语-权力关系。这种观点忽视了葛兰西对于意识形态领导权的判断，而其所宣称的话语民主化，不过是“普世价值”的同义反复罢了。

话语的生成和作用机制已经表明了，话语必然导向话语权。反观国内，在中国哲学社会科学解释力最弱的阶段里，有学者从另一个角度强调了“话语平等”，他们认为，“话语权是平等的，是一视同仁的”②，或者认为，“现实的选择是在既有的制度框架范围内逐步改良，通过对话与西方就一些基本价值观达成一定程度的妥协，进而以此作为修正各种不合理安排的突破口，以推进国际秩序的公正合理化”③。这种观点是从一个话语权的弱者地位出发的，是对话语侵蚀的一种抗议，但是它并没有看到话语场域是现实主义的，甚至哪怕是理想主义的话语进入了话语场域中，也需要以现实主义的原则在这个场域中争夺话语权。因此，平等的话语权，不过是话语的理想主义，它实现的唯一可能在于话语的道义现实主义掌握主导权。

（4）以“中国特色与西方话语的双重极化”为结果的并行方式。

“中国特色与西方话语的双重极化”既是结果，也是一个总特征，是中国政治

---

① 费尔克拉夫．话语与社会变迁［M］．殷晓蓉，译．北京：华夏出版社，2003：7.

② 冯广艺．论话语权［J］．福建师范大学学报（哲学社会科学版），2008（4）：54－59.

③ 阮建平．话语权与国际秩序的建构［J］．现代国际关系，2003（5）：31－37＋59.

学追求话语权过程的弱有效性和自我主体性维持状态双重作用的一个结果性特征。在严格的话语机制中，某一话语一旦失去了话语权，就要让位于另一个话语，但是，在当下我国的话语场域中，现实的话语权并没有掌握在应然掌握话语权的话语手中，这是多因素造成的：行政力量、路径依赖等因素发挥了重要的作用。简言之，资本逻辑在我国的话语场域中无法完全展开，是“中国特色”和“西方话语”并存的根本原因，因而，这更类似于一种机遇和迟滞，中国政治学话语内容、结构和体系应该抓住这个机会。

最典型的双重极化表现在一种二元话语中，在这种二元话语里，中西是截然对立的，对象的归属属性决定了对象的性质和评价。比如，在现今的中西政党和政党制度对比的叙事中，“一党制、两党制或多党制”是“旧式政党制度”①，并且，“由于没有一个总揽全局的政治权威，其政党制度无法避免政治运行恶性竞争、自由散漫的弊端，以致斗争不断、制度体制僵化，决策质量与效率低下”②。而反观中国政党和政党制度则是“新型政党制度的形成具有深刻的历史必然性，是近代中国政治发展自然选择的必然结果，具有坚实的政治共识基础”③。“这一论断的提出彰显了新时代中国和中国共产党人坚定的制度自信，也开启了中国建构新型政党制度话语权的自觉，而这正是准确地看待、评价、打破西方的政党制度话语霸权的基础。”④ 可见，在上述的二元话语中，中国新型政党制度的话语被简化为一元话语，与最一般意义上的西方政党话语相对立，表达了绝对的价值取向。其结果是，中国特色话语和中国特色话语中的西方话语的合一，消解掉了现实的西方话语，将西方话语单纯的当作中国特色话语的对立面，以反题的形式存在。

这样的极化使得话语建构和理论研究陷入了一种悖谬境地，“在发展中国家中却因为对程序技术的片面强调，使这些程序技术从来没有真正成为一种‘程序技术’。……由于缺乏来自抽象价值方面的多元化张力，这些国家在围绕政治经济法律方面的公共话语空间，从未真正发育成熟”⑤。究其原因，我们忽视了“‘结构-制度分析’和‘过程-事件分析’其实不过是两种同样具有价值的研究策略。……在它们的引导和约束之下，我们能够采用不同的话语策略，对社会现实做出不同的话语建构”⑥。具体而言，这实际上是话语与社会科学研究的一种割裂，这种割裂与实证的和规范的割裂相类似：话语代替了社会科学，几乎没有留给社会科学检验话语的空间，话语与社会科学的互动是缺位的。因此，有大量的好的经验研究成果被

---

① 任世红．中国新型政党制度的价值功能与治理效能［J］．中央社会主义学院学报，2018（5）：29－35.

② 邓晶艳，代金平．中国新型政党制度的比较优势［J］．探索，2018（6）：88－94.

③ 朱昔群．新型政党制度的优越性及其发展完善［J］．人民论坛·学术前沿，2018（7）：20－25.

④ 朱虹．突围与形塑：中国新型政党制度话语权生成进路［J］．江苏省社会主义学院学报，2019（4）：24－28.

⑤ 李猛．论抽象社会［J］．社会学研究，1999（1）：3－30.

⑥ 谢立中．结构-制度分析，还是过程-事件分析?：从多元话语分析的视角看［J］．中国农业大学学报（社会科学版），2007（4）：12－31.

束之高阁，这些经验研究无法作为话语的质料，另外，话语与经验研究之间有着非常深的隔阂，经验研究又以一种鄙夷的态度看待话语，在这种鄙夷下，本土话语的现实失位就会在现实性上给对立话语留出空间，这种空间使得经验研究的基本价值和规范发生动摇①，从而导致经验研究与话语的矛盾无法消解。如此就形成了话语建构和社会科学研究之间的难以弥合的巨大张力。

（5）对既有尝试的评述。

有论者认为，"所谓政党制度话语权，是指对政党制度的解释权、表述权，人们对某种政党制度有了科学、理性的解释和表述，并且得到了普遍的认同，就是取得了话语权。必须指出的是，话语权是一种软权力，是被认同、被接受的结果。因此，话语权不是讲出来的，更不是争夺来的，而是通过科学理性的解释和表述后得到人们从内心认同的结果"②。有论者认为，"中国新型政党制度话语权，就是对中国新型政党制度的实践（道路）、理论、制度、文化的解释权、表达权和引导权"③。亦有论者从制度优势的角度丰富这一话语权的内容要素："中国新型政党制度创建了新型的政党关系"④，"中国新型政党制度遵循制度化、程序化和规范化机制"⑤。

更有论者从"话语权"概念本身进行探讨，将话语权做类型学区分，并内化为意识形态建设和思想领导的关键概念。如提出所谓"文化话语权"，其内容分为"表达权、创造权、传播权、设置权、主导权"等⑥，而"文化话语权的本质是利益表达权，是特定利益主体借助承载特定价值观的文化话语来实现利益表达的权利和权力的统一"⑦，如"国际话语权"，"（国际）话语权就是对国际事务、国际事件的定义权，对各种国际标准和游戏规则的制订权以及对是非曲直的评议权、裁判权"⑧。又如"学术话语权"，学术话语权是学术话语权利和学术话语权力的统一。其中，权利包括"创造更新权""意义赋予权""学术自主权"，权力包括"指引导向权""鉴定评判权""行动支配权"⑨。"话语权是思想领导权的实现路径"，话语权包括"提问权、论断权、解释权和批判权等"⑩，"任何思想创新都意味着话语更

---

① 比如，对于"民主"（democracy）这一概念的操作化，中国情景和西方情景的取向是完全不一致的。

② 虞崇胜．主持人语：亟待构建中国新型政党制度话语权 [J]．云南行政学院学报，2018，20 (5)：41-42.

③ 杨松禄．中国新型政党制度话语权构建的四重维度 [J]．中央社会主义学院学报，2018 (5)：42-47.

④ 田改伟．中国新型政党制度的形成与发展：纪念新中国成立70周年 [J]．中国特色社会主义研究，2019 (3)：51-59.

⑤ 穆艳杰．中国新型政党制度的特色与优势分析 [J]．人民论坛·学术前沿，2018 (7)：40-43.

⑥ 骆郁廷，史姗姗．论意识形态安全视域下的文化话语权 [J]．思想理论教育导刊，2014 (4)：66-73.

⑦ 骆郁廷，魏强．论大学生思想政治教育的网络文化话语权 [J]．教学与研究，2012 (10)：74-81.

⑧ 梁凯音．论国际话语权与中国拓展国际话语权的新思路 [J]．当代世界与社会主义，2009 (3)：110-113.

⑨ 郑杭生．学术话语权与中国社会学发展 [J]．中国社会科学，2011 (2)：27-34+4+220.

⑩ 侯惠勤．意识形态话语权初探 [J]．马克思主义研究，2014 (12)：5-12+157.

新，意识形态的变革当然也包含一定的话语转换”①。

亦有论者指出，在中-西二元框架下，这种对于话语权的强调本身可能会在形式上削弱话语权的作用，因为“在西方的文化-心理结构中，潜在的中国形象的原型，比任何客观经验或外在经验都更坚定稳固，更具有塑造力与包容性。20世纪西方的中国形象，实际上是近千年历史中无数次典型经验的积淀和浓缩。其中有一些客观的知识，但更多的，尤其是在情感领域中，都是那些产生自独特的心理原型的幻想。西方人正是根据西方精神或文化传统无意识中的原型来规划世界秩序‘理解’或‘构筑’中国形象的。这种原型是具有广泛组织力与消化力的普遍模式，任何外部知识都必须经过它的过滤与组构，变成可理解的形象。对于西方人来说，中国形象这一在长期历史积淀中形成的异域经验模式，使任何中国的‘事实’本身都失去自足性，必须在既定原型框架中获得改造与装扮，以充分西方化的、稀奇古怪的形象，滋养西方人的想象以及他们对世界的理解系统。中国，这个飘浮在梦幻与现实之间的‘他者’形象或异域，只有在为西方文化的存在提供某种参照意义时，才能为西方人所接受”②。

因此，综上所述，对于话语权重要性的论争似乎并不能直接地强化自我的主体性话语能力，也无法现实地增强其对话性，而增强现实话语权的唯一方法，是构建与政治现实相一致的政治理论体系，并与现实政治系统一道表现出有效性。正如“衡量一种政党制度是不是一种民主政治的实现形式，关键不在于政党制度自身的形式是不是竞争性的，而应看它是否反映并实现了民主的价值和内容”③ 一样，话语权在话语概念的外延中更多的是形式意义的，而其价值和内容则应该体现在话语对象的话语体系中。综合前述的分析框架可见，从知识生产的目的即理论争辩与创设而言，既有研究在“提振话语权”自我性与普适性之间没有达成一个适度的平衡。从知识生产的来源的角度看，学界目前对新型政党制度的解释偏向本土性并且在很大程度上忽视了外来性④。

此外，从内容上来讲，既有的研究收缩了“新型政党制度”这一概念的范围，从而将新型政党制度的研究限定在了统一战线和协商民主的视角下，这种收缩没有给“党的领导”这一最本质特征留下空间。重新回顾习近平总书记的讲话可以发现，习近平总书记对新型政党制度的描述是要素判定而不是同一判定：“中国共产党领导的多党合作和政治协商制度作为我国一项基本政治制度，是中国共产党、中国人民和各民主党派、无党派人士的伟大政治创造，是从中国土壤中生长出来的新

① 侯惠勤．意识形态的变革与话语权：再论马克思主义在当代的话语权［J］．马克思主义研究，2006（1）：45－51.

② 周宁．西方的中国形象史：问题与领域［J］．东南学术，2005（1）：100－108.

③ 柴宝勇．在比较中理解和坚持新型政党制度［N］．中国纪检监察报，2018－03－15（5）．

④ 例如，在700余篇文献中，共被引文献频数排在前三的分别是《邓小平选集》（176 300次）、《毛泽东选集》（87 498次）和《习近平谈治国理政》（77 332次）。可见，对新型政党制度的研究大多是解释性或阐释性的。

型政党制度。”[①] 从语句分析来看，习近平总书记强调的是“中国共产党领导的多党合作和政治协商制度”是“新型政党制度”，其原因是“中国共产党领导的多党合作和政治协商制度”是“我国一项基本政治制度”、是“中国共产党、中国人民和各民主党派、无党派人士的伟大政治创造”。因此，中国共产党领导的多党合作和政治协商制度是新型政党制度，但新型政党制度并不只具有中国共产党领导的多党合作和政治协商制度这一个子要素。

从概念上来说，中国新型政党制度的主成分是“政党制度”，即对一种政党政治模式在结构上的确定性描述。中国新型政党制度当然包括中国共产党领导的多党合作和政治协商制度这一基本政治制度，但同时也涉及中国共产党对民主党派的领导、统一战线工作、人民政协协商民主建设等方面。此外，如果从微观来看，中国共产党和民主党派的党员吸纳、社会嵌入等问题也是新型政党制度的组成部分和结构性要素。因此，如果从党的建设和党政体制的角度来看，中国新型政党制度的制度根基恰恰在于如何在统一战线工作（党际关系）中加强和改善党的领导，而不是将认为中国共产党和八个民主党派具有同样属性和作用的那种多元主义政党制度的结构倾向引入新型政党制度的基本价值取向。

3. 作为话语的 “中国新型政党制度”

（1）“中国新型政党制度”话语建构的前提。

中国政治学话语建构的经验和教训归纳起来只有一条：建构话语与遵循社会科学研究的基本规律是并行不悖的。但是，中国政治学界往往有一种倾向，这种倾向认为，美国政治学的发展经验证明了社会科学研究的科学化是一条弯路，其秉有者往往将达尔在《现代政治分析》中对于科学化的抵抗奉为圭臬：“某个政治‘事实’的相对重要性，通常在很大程度上取决于人们所使用的规范标准。”[②] 这句话成了拒绝方法和范式进步的重要理由。甚至，在中国政治学界，社会科学的基本逻辑是因果推断（causality inference）可能还不是一个共识。

因此，必须承认，我们正处在列宁的那段经典论述的情况下：生产者“苦于资本主义生产的发展，而且又苦于资本主义生产的不发展”[③]。美国的教训是，在结构中忽视了历史，或者说，试图用大样本相关性来证明一种如达尔所言的伪因果性[④]。这一点十分重要：在话语建构之初必须留给科学以足够的空间，这类似于在议程设置（agenda building）的研究中存在的双重话语空间（dual discourse context）。其中，当权威主体在议程设置中表现出权威力量时，往往会出现对于权威的抵触，

① 习近平．论坚持人民当家作主［M］．北京：中央文献出版社，2021：229.

② 达尔．现代政治分析［M］．王沪宁，陈峰，译．上海：上海译文出版社，1987：197.

③ 列宁．列宁选集：第1卷［M］．3版修订版．北京：人民出版社，2012：238.

④ 目前而言，解决这一问题的可能进路是历史政治学方法，更具体地说，是质性研究和定量研究相结合的集合论因果推断，认识到充分必要条件所蕴含的三种逻辑条件之外，还存在打破单一因果的条件，诸如INUS条件与SUIN条件。当然，这超出了本文的任务，本文要完成的任务是对于“中国新型政党制度”的话语建构，这一任务既不是用话语建构来完整的代表“中国新型政党制度”研究的全貌，也不是用话语建构本身来规避实证研究阶段。

如对于封闭的揭露和对于宣教的抵触。要形成有力量的话语，必然要形成有对话性的话语空间，因此，一种“双向沟通”和“肯定补充”的模式或许是可行的进路①。

(2)“中国新型政党制度”话语建构的内容与结构。

第一，话语层面。确定了上述原则，对于中国新型政党制度研究的话语部分就可以有的放矢地进行了。按照政治秩序中的话语机制，首先需要确定的是中国新型政党制度的基本价值与元概念，以组成元话语和语境，进而构成最基本的话语集合。组成元话语和语境的基本要素必须是构成中国新型政党制度的直接价值，即在价值层面上失去了这些因素，新型政党制度就没有了它自身的那些因素。然而，早在建党初期，中国共产党就面临着“核心革命话语建构中的多维论争”②，因而，对于统一战线工作在很长时间内并没有一致性的认识。从中国共产党的统一战线工作发展历程来看，“长期共存、互相监督、肝胆相照、荣辱与共”的十六字方针能够历史地代表这一制度从初创到成长的共识性价值。

“长期共存”，指的是中国共产党与民主党派长期合作的原则。1949 年 3 月，毛泽东在中国共产党第七届中央委员会第二次全体会议上指出：“我党同党外民主人士长期合作的政策，必须在全党思想上和工作上确定下来。我们必须把党外大多数民主人士看成和自己的干部一样，同他们诚恳地坦白地商量和解决那些必须商量和解决的问题，给他们工作做，使他们在工作岗位上有职有权，使他们在工作上做出成绩来。”③

“互相监督”，指的是长期共存状态下中国共产党与民主党派的关系原则。1956 年 6 月，李维汉在一届人大三次会议上的发言中提道：“共产党和各民主党派长期共同存在，互相监督，首先是对共产党起监督作用的方针。……这个方针的提出，同时就是再一次地宣告，同党外人士实行民主合作，是共产党的一条‘固定不移’和‘永远不变’的原则。”④ 在同年 9 月的党的八大上，“长期共存，互相监督”就作为共产党同民主党派关系的基本方针被正式确立起来。同样，这一原则在改革开放以来仍是一项基本共识，邓小平认为，由于民主党派“已经成为各自所联系的一部分社会主义劳动者和一部分拥护社会主义的爱国者的政治联盟，都是在中国共产党领导下为社会主义服务的政治力量”⑤，所以，“中国的社会主义现代化建设事业，继续需要政协就有关国家的大政方针、政治生活和四个现代化建设中的各项社会经济问题，进行协商、讨论，实行互相监督，发挥对宪法和法律实施的监督作用”⑥。

---

① 何舟，陈先红．双重话语空间：公共危机传播中的中国官方与非官方话语互动模式研究［J］．国际新闻界，2010，32（08）：21－27.

② 徐立波．建党初期中国共产党核心革命话语的建构及当代启示［J］．江苏社会科学，2021，（01）：222－230.

③ 毛泽东．毛泽东选集：第 4 卷［M］．2 版．北京：人民出版社，1991：1437.

④ 李维汉．统一战线问题与民族问题［M］．北京：人民出版社，1982：160－161.

⑤ 邓小平．邓小平文选：第 2 卷［M］．2 版．北京：人民出版社，1994：186.

⑥ 同⑤187.

"肝胆相照，荣辱与共"是改革开放以来社会主义协商民主发展的真实写照。这一原则规定了中国共产党领导的多党合作和政治协商制度下政治主体的运行是以协商为形式的共识型民主决策方式，它蕴含着对否决政治（vetocracy）这种内生性损耗的价值鄙夷。习近平总书记讲，"社会主义协商民主是中国社会主义民主政治的特有形式和独特优势"①。因此，概括了中国共产党领导的多党合作和政治协商制度特征的"长期共存、互相监督、肝胆相照、荣辱与共"的十六字方针与和否决政治相对应的协商主义在一个立体的维度上构成了中国新型政党制度的基本话语。

第二，叙事层面。叙事层面所要厘清的内容是基于基本价值而进行的描述性的主体间相互作用，叙事往往是一个时空序列，一般表现为元话语生成的历史土壤，元话语排列组合的集合能够成为其某一尺度的抽象。因而，叙事往往是大规模的，它可能表征为某一历史阶段中的人物群像或集体叙事，这里仅选择若干有代表性的中国新型政党制度叙事作为例证。

最具有标志性特征的历史叙事莫过于 1948 年 4 月中国共产党发布的"五一口号"。有学者认为，"'五一口号'的发布，确立了中国共产党在多党合作中的领导地位，构筑了多党合作长期稳定全面发展的基本格局，开创了中国政治协商的新境界"②。另外，2018 年 4 月 19 日，中央统战部组织各民主党派中央负责人和无党派人士代表赴西柏坡、李家庄参观学习并举行座谈会，纪念中共中央发布"五一口号"70 周年，这从一个侧面反映了"五一口号"的重要作用至今仍被强调。

在党间关系方面，以合作为核心的统一战线叙事表现在民主党派对于中国共产党的认同上。自"五一口号"发布后，民主党派和无党派人士纷纷团结到中国共产党周围，其中，中国致公党公开发表宣言表示："中共在中国革命艰苦而长期斗争中，贡献最大而又最英勇，为全国人民起了先导和模范作用，因此，这次新政协的召开，无疑我们得承认它是领导者和召集人。"③ 此外，在民主党派章程中可以发现，民主党派与中国共产党的关系往往是以文本形式所确定的，如在《中国农工民主党章程》中规定："中国农工民主党是以医药卫生、人口资源和生态环境领域高中级知识分子为主，由一部分社会主义劳动者、社会主义事业建设者和拥护社会主义的爱国者组成的，具有政治联盟特点的中国特色社会主义参政党，是中国共产党领导的多党合作和政治协商制度中，同中国共产党通力合作的亲密友党。"④ 可见，这一叙事能够有力地支撑"新型政党制度的思想根基是建立在拥有共同的思想政治基础之上的一种合作制度"⑤。

---

① 习近平．习近平谈治国理政：第 2 卷［M］．北京：外文出版社，2017：291.

② 张献生．"五一口号"为中国新型政党制度奠基［J］．党史文苑，2018（6）：63－64.

③ 五星红旗从这里升起［M］．北京：文史资料出版社，1984：172.

④ 中国农工民主党章程［EB/OL］．（2018－01－22）［2024－04－06］．http：//www.ngd.org.cn/gs/lcdz/53689.htm.

⑤ 潘信林，陈思琪．新型政党制度的历史发展、时代内涵与实践探索［J］．党政研究，2018（4）：101－107.

第三，身份、权力与秩序层面。身份层面的核心内容是对于这一话语形成一个具有概括性的指称，往往以专名的形式出现，并与其相近话语叙事的其他身份有着密切联系。“国家的发展必然与话语方式的形成相融和，话语方式建构性地塑造了国家权力。”① 而身份是权力的附着点，秩序又依照权力的体系进行搭建，所以，中国新型政党制度的身份话语需要结合党政体制以及其他政治运行过程中的某些具体特征，放在当代中国政府与政治的框架下，与权力和秩序一同讨论。显然，对于中国新型政党制度而言，其身份有多个层次，首先，能够与这一概念互换的一个指称——中国共产党领导的多党合作和政治协商制度是一个当然的层次；其次，在其运行过程中，与“两会”制度相互作用的政协制度体系是另一个层次。这两个层次在中国共产党领导和执政、民主党派和无党派人士参政的多党合作与政治协商的统一战线上结合了“两会”机制表现为中国新型政党制度的静态和动态两个侧面。

静态侧面所指的是中国新型政党制度的基本架构，即在执政与参政秩序意义上的领导与被领导的关系与其他准则：“中国共产党的领导是中国新型政党制度的基本前提和核心内容、协商和监督是新型政党制度的主要内容、宪法和法律是政党活动的基本准则。”②

动态侧面所指的是中国新型政党制度的功能结构，即中国政党通过何种途径参与中国政治过程，每一个政治主体又依据其身份发挥出何种功能。一般认为，“中国共产党领导的多党合作和政治协商制度作为中国新型政党制度，创造了新的政党制度类型、新的执政和参政方式、新的政党关系、新的民主实现形式和新的现代治理方式”③。具体表现在，“互动性建设中的政治稳定功能”④，“新型政党制度能够通过政治参与的制度化和规范化，规范社会成员的政治行为，实现有序的政治参与，有效解决了发展中国家因政治参与迅速扩大和政治参与渠道不畅而给政治体系带来的巨大压力，保证国家政治发展过程的有序展开，推进社会主义民主稳步发展”⑤，“从民主质量来看，中国新型政党制度坚持了选举民主与协商民主的有机统一，有效避免了美国两党制中‘精英政治’的弊端，开创了实现实质民主的新路径”⑥，“政党与政权、政党与政党、政党与社会”三个方面的创造性变革⑦，“在现代国家，政党的功能之一就是作为社会整合器，使社会一体化。……对中国的这种新型政党制度来说，这种高度的整合性体现在制度本身所具有的较强的吸纳能力、

① 吉登斯．民族—国家与暴力［M］．胡宗泽，等译．北京：生活·读书·新知三联书店，1998：254.

② 郭道久．中国新型政党制度创造性的理论分析［J］．统一战线学研究，2018，2（3）：13－18.

③ 杜俊奇，张献生．中国新型政党制度：人类政治文明的重大创制［J］．统一战线学研究，2018，2（3）：5－12.

④ 魏晓文，苏杭．新时代我国新型政党制度建设及功能优势［J］．理论探讨，2018（6）：43－49.

⑤ 孙信．马克思主义多党合作理论中国化最新成果：学习习近平总书记关于新型政党制度的论述［J］．人民论坛·学术前沿，2018（7）：14－19.

⑥ 何旗．论中国新型政党制度的优势与自信：基于美国政党政治的比较分析［J］．科学社会主义，2019（1）：154－160.

⑦ 周淑真．论我国新型政党制度的独特优势：基于内涵要义、演进逻辑与结构关系的分析［J］．人民论坛·学术前沿，2018（7）：6－13.

协商能力和参政议政能力，它们分别对应着社会整合、意见整合和参与整合”① 等方面。

可见，中国新型政党制度是通过常规的静态秩序和制度性的动态过程的结合来实现其作为中国政治体系的政党制度功能的。由于其基本价值的预设，这些功能充分表现在稳定的政治秩序、有序的政治参与、实质的政治议程贡献和一种特殊的政党—社会关系维持的尺度上。而在更高的层面上，这些功能的持续作用又使得新型政党制度成为作为党政体制重要组成部分的政治秩序要素。

其中，需要特别指出的是中国新型政党制度的一个核心特征。通常认为，中国共产党领导的多党合作和政治协商制度的主要特征是“平等但不对等、参政但不分权、监督但不制衡、合作但不同一”②。这是从前文的静态角度所概括的，这种概括会忽略在动态意义上中国新型政党制度对于中国党政体制的重要贡献。中国新型政党制度兼具传统的政党和政党制度的核心功能。传统的国家—政党—社会关系理论认为，政党是有序政治参与的产物，而政党制度是政党有序参与政治体系的产物。但中国新型政党制度并不是单纯地这样发挥功能的，一方面，中国共产党与民主党派仍然发挥着政治吸纳的作用；另一方面，中国共产党领导的多党合作和政治协商制度能够以一种“非权力平台”的方式吸引无党派人士制度化地参与广义的政治决策，如此，在代表性的意义上，中国人民政治协商会议可以最大限度地解决垄断政治。此外，由于代表性的多元，政协会议就失去了进行否决政治的土壤——二元或有限元的对立。因此，从这个意义上来说，中国新型政党制度创建了与中国党政体制相适应的新型党政关系。图 9－4 展现了中国新型政党制度在政治秩序中的话语机制。

4. 提振 “中国新型政党制度” 话语的现实进路

话语是自在的而不是自为的，即使是能够与社会科学相互作用的话语也不会自然地拥有话语权，说到底，话语权作为一种意识形态领导权的表征并不能独自“掌握群众”。因此，中国新型政党制度的话语体系的建构更依赖于更高层次的话语有效性，即“能否讲好中国故事”这个关键问题。从这个意义上来说，提升“中国新型政党制度”话语权的现实进路就在于增强我国政治效能的现实性、增进我国政治学研究的有效性、注重对于本土共识型价值的强调（基本价值与概念的重塑）三个方面。

（1）政治效能的现实性。

话语是获取合法性的重要途径，因而也必然地与有效性相关联，这种关联往往表现为政治有效性对于话语的社会化作用上。因此，外在形式表现为话语的话语往

① 罗峰．新型政党制度的优势及其发挥：人民政协视角的分析［J］．马克思主义与现实，2020（1）：177－184.

② 黄天柱．参政党视角下中国新型政党制度的主要特征［J］．中央社会主义学院学报，2018（5）：10－17.

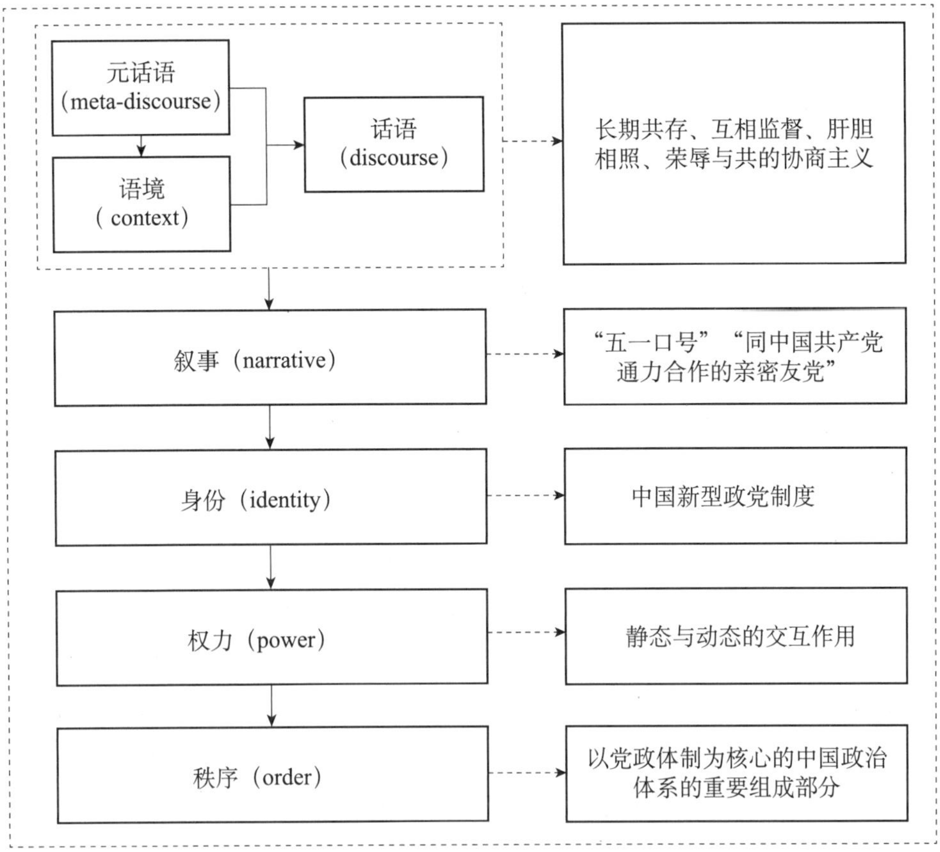

图 9-4　政治秩序中的话语机制：中国新型政党制度

往是现实的制度话语，外在话语与有效性决定了政治话语整体的解释度和接受度。对于“鞋子好不好，穿上才知道”的这一道理，中国政治体系是完全明白的：“衡量我国的政治制度和政党制度，最根本的是要从我国的国情出发，以能否促进社会生产力持续发展和社会全面进步，能否保持和发挥社会主义制度的特点和优势，能否实现和发展人民民主、增强党和国家的活力，能否保持国家政局的稳定和社会安定团结，能否实现和维护最广大人民的根本利益为标准。”故而，中国新型政党制度话语的最终有效性在于新型政党制度推进国家治理现代化的若干路径是否合适：这一制度是否能够增强国家治理现代化的多元主体力量建设，是否能够制度化地细化人民政协职能，是否能够有序地扩大国家治理的公共参与，以及是否能够在政治体系的意义上实现国家治理制度化等问题，都是政治效能的现实性要素，它必须与话语一同发挥作用。

（2）政治学研究的有效性。

话语在二元（观念与现实）的意义上仍是更偏向观念层面的存在，而社会科学研究的有效性则决定了这一层话语的意义。因而，要想取得在可对话性这个意义上的话语权，就要承认并践行话语建构的前提，重视社会科学的因果机制和因果联系。其中，特别需要注意的是，应该在固定结构的不同时间尺度的不同内涵下解读不同的历史性存在，只有这样，才能不仅仅将历史视作可摆弄的背景材料，才能讲清楚历史和现实中中国政治秩序构建的时间性，才能准确判断秩序与时间的因果关系，才能明确制度和观念之间的内在张力。

从倾向性来说，这种要求似乎直接否定了规范研究，或者仅仅是将规范研究视作经验研究的一种回顾和反思，并认为这种反思会在基本价值和取向上再次作用于经验研究①。因此，在相反的意义上，社会科学研究也必须承认话语的某种现实作用以及其在研究设计之初对研究者施加的潜在影响。话语规定着主流研究议程和基本价值，而抛弃本土话语的价值和精神的经验研究对于本土政治学来说是水土不服的，甚至，可能因为主导话语权的偏误影响到科学研究的现实信度。

（3）基本价值与概念的重塑。

对于最终这一点的强调是对话语的某种回归，也是话语和社会科学良性互动的一个规范。基本价值与概念的重塑意味着话语的更新，也意味着社会科学在实证的角度对于一些常识性认知有了显著突破，因而，话语的更新可能是一个社会哲学社会科学进步的某种标志。如果说，在 20 世纪，中国共产党领导的多党合作和政治协商制度的基本特征是“民主、合作、协商”②，而“从中国政党制度历史的起源和发展分析可见，政治制度既是‘长成’的，也是‘做成’的”③，那么现今的中国新型政党制度的话语就必然要随着中国党政体制的成熟而发生改变，而这是中国新型政党制度对中国式现代化与中国现代性的重要贡献④。

在对话性的意义上，基本价值与概念的重塑更要求对此者和他者进行一个有联系地区分，通常西方话语的主要特征被总结为“功能主义、个人主义、二元对立和语言中心论”⑤，那么在政治文化的意义上，中国政治话语能否区分并厘清当下中国政治文化的组成部分，并在现实话语的基础上改进元话语的代表性则是一个非常有时代意义的命题。当然，话语权的提升并不是单靠一种基础性构建的尝试就能够

---

① 对于这一点，本书有必要进行说明。在本书的行文中，有着以下几个维度的区分：观念的和现实的（制度的），话语的和科学的，规范的和实证的（经验的）。在这几个维度中，虽然部分维度可能存在两两之间的部分包含关系，但是在这三对范畴中，前者维度与后者维度是有着直接相关性的，甚至可以进行某种相互解释。因此，似乎政治哲学和思想史的研究天然地就在这个框架中跑到了科学的对立面，当然，如果从这个角度批评本文有矮化规范研究并将之与话语研究等同之嫌，本书接受这一批评。问题在于，我们究竟是正苦于“发展”还是苦于“不发展”？本书认为，规范研究的应然性并不能脱离逻辑存在，但是大多数规范研究形成的概念本质上仍是一个模糊的因果解释，这种解释借助自然语言的多元特征使得一个概念内嵌了多个变量（解释项），而这种模糊的因果解释并不符合模糊集的设定，同样，也不符合分析哲学的抽象逻辑方法。因而，一个应然的理论框架往往都会形成一种复杂的循环论证式的多重解释机制，其根本原因就在于大多数应然的理论框架的基础概念是非经验的。一个非常有说服力的例子就是谢茨施耐德在介绍自己的政党政治哲学时援引米歇尔斯的“寡头统治铁律”来说明古典的民主政体是一种妄想。

② 孙存良．新型政党制度：中国国家治理能力的制度逻辑［J］．湖北省社会主义学院学报，2019（1）：17－20.

③ 周淑真．新型政党制度：中国共产党领导力的重要体现［J］．中国领导科学，2018（5）：26－30.

④ 柴宝勇．现代性与中国共产党百年探索［J］．社会主义研究，2021（5）：1－8.

⑤ 施旭．话语分析的文化转向：试论建立当代中国话语研究范式的动因、目标和策略［J］．浙江大学学报（人文社会科学版），2008（1）：131－140.

提升了的，只有说真话，发现真问题，确立真价值，在话语和社会科学的双重意义上把中国政治的运行过程从现实对象转置为知识对象，中国政治学可能才需要思考“苦于发展”的问题，中国学派才有可能。

阅读与思考

一、阅读

1. 黄天柱．当代中国的民主党派：以政策过程为视角［M］．上海：上海人民出版社，2020.

2. 郭定平．政党政治与国家治理［M］．上海：复旦大学出版社，2021.

3. 郭定平．政党政治研究手册［M］．上海：上海人民出版社，2023.

二、思考

1. 中国新型政党制度“新”在何处？

2. 如何通过政党政治学的进路研究中国政治？

3. 如何理解“把参政党摆进来”？

4. “五一口号”是什么？有什么历史性作用？

结　语

提倡概念、话语的本土化，本质是通过自我来建构自我，从而使得自我性在对话中得以彰显。而这种彰显的目的在于对中国政治运行的解释，并且根据这种解释对现状做出相应的评价，以使得政治过程更加完善，从而达到一种“好的治理”。因此，解释视角就应该做些许调整，通常，对于政治行为的分析起源于政治现象，政治现象由一个个现实的时空序列组成。在这些序列中，研究者们往往先考察其中的行为者，即政治主体，通过政治主体之间的关系分析，来确定相应的政治实体，并且，之后的政治过程都是围绕着这个政治实体进行的。随后，确认政治实体的内部结构，厘清实体内政治主体之间相互作用的逻辑，再按照这种逻辑将时空序列重新组合，编排为可认识的逻辑序列，并通过逻辑的基础和作用条件来确定各主体的政治功能。如此，一段政治过程就被描述出来了。然而，必须指出的是，这种描述看上去是严格的实证主义（positivism），但结果是实证主义所追寻的普遍性被隔离在不同的政治实体中，甚至是其内部结构中的若干主体群间。因此，如果此种知识的目的不仅仅是解释，那么解释知识的知识就必须要有足够的主观性，否则这样的解释与观察者之间会形成巨大的疏离，这种解释也就停留在解释上。

故而，“可为的解释”似乎指向解释主义（interpretivism）。那么，在政治过程的描述中，就必然地要找到主体间相互作用的实体，这种实体可能是主体创造的，也可能是主体间作用的一种途径。所以，在易变性上考察或者说动态地考察中国的政治过程，应该关注中国政治运行的作用机制，显然，这种机制并不指向政治主体。那么，这种指向应该是一种过程的指向，其突出表现就是过程的结果，这就要回到政治过程的逻辑序列上去。很显然，政治主体间的政治互动是靠逻辑链所连接的，而连接政治主体的，在结果上表现为政治效能，在过程中表现为政治政策。可见，似乎是“治理”使得政治过程得以运动起来。这有些类似于一条由自身发出而返回自身的矢量线，动力来源于议程，而复归于治理主体的选择——政策。

普特南说：“一个地区的历史土壤越肥沃，那里的人们从传统中汲取的营养就越多；而如果历史的养分贫瘠，新制度就会受挫。”① 这样的治理逻辑，在中国的政治土壤上早已扎根，中国政治对于议程和政策的关注，与西方政治对于政治主体和利益诉求的关注是迥乎不同的。因此，西方人往往会基于主体进行功能性的区分，并以此来否定主体。有些学者鉴于“中国执政党所拥有的政治和行政上的主导地位以及国家政策决定过程中的主导作用”，将“基于宪法和法律形成的政府称为‘形式的政府’”，而将“执政党内部组织化的领导和决策体系称为‘实质的政府’”②。而有些学者则认为：“国家的长远目标通过自上而下与自下而上的程序形成，政府制定优先政策和优先发展重点，而人民各尽其责，在保持和谐与秩序的同时允许多样性的存在。”③

因此，在追求中国善治的过程中，强调主体建设而忽视过程，尤其是忽视政治过程的作用机制是无法在政治科学上给予善治一条现实进路的。但是，这并不是说，追求善治就应该放弃传统的基于主体的思考，而更应该将这样的主体建设放到过程中去，在动态中达成治理目标。

基于上述回顾和分析，可以发现在不同的政治研究中，不同的政治实践和政治体制却引向了具有共性的关系目标。因此，明显的是中国正在践行的中国道路并非自言自语，反而是在比较研究中结合中国的政治现实和西方的理论传统而形成的一条集现代性和适应性于一体的道路。对于“在政党内并没有过多行为主体，再由于意识形态的集中垄断，政党有着一个强大的中央权威，因而政党可以在政治、经济、文化和社会生活的各个方面完全控制着政府”④ 的政治现象，中国政治学研究必须以理性的眼光来看待，而非站在固有的倾向上对于政治过程的现实解读有所偏见。要做到这一点，关键是使得一些描绘中国政治图景的概念和范畴在中国脱敏，同时，也要重新审视一些因历史原因而富有负面色彩的概念。因为概念就是描绘现实的，政治学的概念就是描绘政治现实的，而中国政治学的概念则是描绘中国政治现实的，如果概念失去了对于现实理论总结的意义，那么概念本身一无是处，无论它具有何种性质的价值附加。

---

① PUTNAM R D. Making Democracy Work: Civic Traditions in Modern Italy [M]. Princeton: Princeton University Press, 1994: 216.

② SHARKANSKY I. What a Political Scientist Can Tell a Policymaker about the Likelihood of Success or Failure [J]. Review of Policy Research, 1992, 11 (3-4): 406-422.

③ NAISBITT J. China's Megatrends: The 8 Pillars of a New Society [M]. New York: HarperCollins, 2009: 61.

④ 裴晓云．论一党制框架内的“政党—政府”关系 [J]. 社会科学论坛（学术研究卷），2008，(11)：50-54.

中国新型政党制度是一个经验现象，对经验现象的总结，初步目的是了解并解释之，但更重要的是，从不同的视角使用不同的方法对这一现象进行立体性的描述，才是科学地在中国国家建构的进行时中完善现有中国新型政党制度体系的关键，才能真正在中国特色社会主义制度和国家治理体系与治理能力现代化的广义规范角度重新审视政党中心主义治理这一现象在政治发展上的未来意义。

参考文献

一、 英文原著

1. ALDRICH J. Why Parties [M]. Chicago: University of Chicago Press, 1995.

2. ALEXANDER H E, SHIRATORI R. Comparative Political Finance Among the Democracies [M]. Boulder, CO: Westview Press, 1994.

3. ARISTOTLE. Nicomachean Ethics [M]. London: Hackett Publishing, 1999.

4. AXFORD B. Politics: An Introduction [M]. New York: Routledge, 2002.

5. BRUNNER O. Geschichtliche Grundbegriffe: Historisches Lexikon zur politisch-sozialen Sprache in Deutschland [M]. Stuttgart: Klett-Cotta, 1978.

6. BUDGE I, CREWE I, FARLIE D. Party Identification and Beyond: Representations of Voting and Party Competition [M]. New York: John Wiley and Sons, 1976.

7. BURIN F S, SHELL K L. Politics, Law and Social Change: Selected Essays of Otto Kirchheimer [M]. New York: Columbia University Press, 1954.

8. BURKE E. The Works of Edmund Burke, Volume I [M]. Boston: Little Brown, 1839.

9. CAESAR. C Iuli Caesaris Commentariorum, Pars Posterior [M]. Oxford: Scriptorum Classicorum Bibliotheca Oxoniensis, 1901.

10. CASTLES F, WILDENMANN R. Visions and Realities of Party Government [M]. Berlin and New York: Walter de Gruyter, 1986.

11. CHADWICK A. The Hybrid Media System：Politics and Power [M]. Oxford：Oxford University Press，2017.

12. CHICKERING R. Imperial Germany：A Historiographical Companion [M]. Westport：Greenwood Press，1996.

13. COLLIER D，GERRING J. Concepts and Method in Social Science：The Tradition of Giovanni Sartori [M]. New York and London：Routledge，2009.

14. COX G. The Efficient Secret [M]. Cambridge：Cambridge University Press，1987.

15. DAALDER H，MAIR P. Western European Party Systems：Continuity and Change [M]. London：Sage，1983.

16. DAHL R A. Political Oppositions in Western Democracies [M]. New Haven，CT：Yale University Press，1966.

17. DAHL R A. Polyarchy：Participation and Opposition [M]. New Haven：Yale University Press，1971.

18. DALTON R J. Citzen Politics：Public Opinion and Political Parties in Advanced Industrial Democracies [M]. Chatham：Chatham House/ Seven Bridges，2002.

19. DALTON R，WATTERBERG M P. Parties without Partisans：Political Change in Advanced Industrial Democracies [M]. Oxford：Oxford University Press，2000.

20. DOWNS A. An Economic Theory of Democracy [M]. New York：Harper and Row，1957.

21. DRYZEK J S. Foundations and Frontiers of Deliberative Governance [M]. Oxford：Oxford University Press，2010.

22. DUVERGER M. Political Parties：Their Organization and Activity in the Modern State [M]. London：Methuen，1954.

23. EPSTEIN L. Political Parties in Western Democracies [M]. New Brunswick，NJ：Transaction，1980.

24. FIVUSH，et al. Autobiographical Memory and the Construction of a Narrative Self：Developmental and Cultural Perspectives [M]. New York：Psychology Press，2003.

25. FOUCAULT M，SHAPIRO M. Language and Politics [M]. Oxford：Basil Blackwell，1984.

26. GERRING J. Case Study Research：Principles and Practices [M]. Cambridge：Cambridge University Press，2007.

27. GRAMSCI A. Selections from the Prison Notebooks [M]. London: Lawrence and Wishart, 1971.

28. GUNTHER R, MONTERO J, LINZ J. Political Parties: Old Concepts and New Challenges [M]. Oxford: Oxford University Press, 2002.

29. HARMEL R, JANDA K. Parties and Their Environments: Limits to Reforms [M]. New York: Longman, 1982.

30. HARRINGTON J. The Commonwealth of Oceana [M]. New York: Kessinger Publishing, 2007.

31. HART C. The Works of Lord Bolingbroke, Volume II [M]. New York: Frank Cass and Company Limited, 1967.

32. HAYWARD J. Elitism, Populism, and European Politics [M]. Oxford: Clarendon Press, 1996.

33. HOBBES T. Behemoth or The Long Parliament [M]. London: Simpkin, Marshall, 1889.

34. HOLCOMBE A. Parties, Political, Encyclopedia of the Social Sciences [M]. New York: Macmillan, 1933.

35. JØRGENSEN M, PHILLIPS L. Discourse Analysis as Theory and Method [M]. London: Sage, 2002.

36. KATZ R S, CROTTY W J. Handbook of Party Politics [M]. London: Sage, 2006.

37. KEY V O. Public Opinion and American Democracy [M]. New York: Knopf, 1961.

38. KING A. The New American Political System [M]. Washington: American Enterprise Institute, 1978.

39. KORNHAUSER W. The Politics of Mass Society [M]. New York: Free Press, 1959.

40. KOTHARI R, WIATR J. Party Systems and Political Pluralism: Comparisons between India and Poland [C]. The VI World Congress of Sociology, Evian, France, 1966.

41. LAPALOMBRA J G, WEINER M. Political Parties and Political Development [M]. Princeton, NJ: Princeton University Press, 1966.

42. LAWSON K, POGUNTKE T. How Political Parties Respond: Interest Aggregation Revisited [M]. London and New York: Routledge, 2004.

43. LEDUC L, NIEMI R G, NORRIS P. Comparing Democracies: New Challenges in the Study of Elections and Voting [M]. London: Sage, 2002.

44. LEVITSKY S, WAY L. Competitive Authoritarianism: Hybrid Regimes after The Cold War [M]. Cambridge: Cambridge University Press, 2010.

45. LIPSET S M, ROKKAN S. Cleavages Structures, Party Systems and Voter Alignments: Cross National Perspectives [M]. New York: The Free Press, 1967.

46. MACKENZIE G C. The In-and-outers: Presidential Appointees and Transient Government in Washington [M]. Baltimore: Johns Hopkins University Press, 1987.

47. MACRIDIS R C. Political Parties: Contemporary Trends and Ideas [M]. New York: Harper & Row, 1967.

48. MAGALONI B. Voting for Autocracy: Hegemonic Party Survived and Its Demise in Mexico [M]. New York: Cambridge University Press, 2006.

49. MAINE H S. Popular Government [M]. Indianapolis, IN: Liberty Classics, 1976.

50. MANSFIELD H. Statemanshio and Party Government: A Study of Bruke and Bolingbroke [M]. Chicago: The University of Chicago Press, 1965.

51. MICHELS R. Political Parties: A Sociological Study of the Oligarchic Tendency of Modern Democracy [M]. New York: Free Press, 1958.

52. NAISBITT J. China's Megatrends: The 8 Pillars of a New Society [M]. New York: HarperCollins, 2009.

53. NASSMACHER K H. Foundations of Democracy: Approaches to Comparative Political Finance [M]. Baden-Baden: Nomos Verlag, 2001.

54. NEUMANN S. Modern Political Parties: Approaches to Comparative Politics [M]. Chicago: University of Chicago Press, 1956.

55. NISHBET R A. Community and Power [M]. Oxford: Oxford University Press, 1962.

56. OSTROGORSKI M. Democracy and the Organization of Political Parties [M]. New Brunswick, NJ: Transaction, 1982.

57. PINTO-DUSCHINSKY M. British Political Finance, 1830 - 1980 [M]. Washington, DC: American Enterprise Institute, 1981.

58. BARTHOLOMEW, BLYTHE J M, AQUINAS T. On the Government of Rulers: De Regimine Principum [M]. University of Pennsylvania Press, 1997.

59. PUTNAM R D. Making Democracy Work: Civic Traditions in Modern Italy [M]. Princeton: Princeton University Press, 1994.

60. QUAGLIONI D. Politica e diritto nel Trecento Italiano: con l'edizione critica dei trattati "De Guelphis et Gebellinis", "De regimine civitatis" e "De tyranno" [M]. Florence: Leo S. Olschki, 1983.

61. RABINOW P, SULLIVAN W M. Interpretive Social Science: A Reader [M]. Berkeley, CA: University of California Press, 1979.

62. RAE D, TAYLOR M. An Analysis of Political Cleavages [M]. New Heave, CT: Yale University Press, 1970.

63. ROKKAN S. Citizens, Elections, Parties [M]. New York: McKay, 1970.

64. SAINT JEROME. Delphi Collected Works of Saint Jerome [M]. East Sussex: Delphi Classics, 2022.

65. SALLUST. The Jugurthine War [M]. Rev. JOHN SELBY WATSON, M. A. New York and London: Harper & Brothers, 1899.

66. SARTORI G. Comparative Constitutional Engineering: An Inquiry into Structures, Incentives and Outcomes [M]. London: Macmillan, 1994.

67. SARTORI G. Parties and Party Systems: A Framework for Analysis [M]. Colchester: ECPR Press, 2005.

68. SAVILE G. The Complete Works of George Savile, First Marquess of Halifax [M]. Oxford: Clarendon, 1912.

69. SCHIER S. By Invitation Only: The Rise of Exclusive Politics in the United States [M]. Pittsburgh: University of Pittsburgh Press, 2000.

70. SCOTT R K, HREBENAR R J. Parties in Crisis: Party Politics in America [M]. New York: John Wiley & Sons, 1984.

71. SEIDLE L F. Comparative Issues in Party and Election Finance [M]. Toronto: Dundurn Press, 1991.

72. SHILS E. The Torment of Secrecy [M]. London: Heineman, 1956.

73. SKOCPOL T. States and Social Revolutions: A Comparative Analysis of France, Russia, and China [M]. Cambridge: Cambridge University Press, 1979.

二、中文译著

1. 阿奎那．阿奎那政治著作选 [M]. 马清槐，译．北京：商务印书馆，1982.

2. 奥古斯丁．上帝之城 [M]. 王晓朝，译．北京：人民出版社，2006.

3. 奥斯特罗果尔斯基．民主与政党组织 [M]. 黄浩，王漪清，译．杭州：浙江人民出版社，2023.

4. 伯恩斯，佩尔塔森，克罗宁．美国式民主 [M]. 谭君久，等译．北京：中国社会科学出版社，1993.

5. 布莱尔．新英国：我对一个年轻国家的展望 [M]. 曹振寰，等译．北京：世界知识出版社，1998.

6. 布隆代尔，科塔．政党政府的性质：一种比较性的欧洲视角 [M]. 曾淼，林德山，译．北京：北京大学出版社，2006.

7. 达尔．多头政体：参与和反对 [M]. 谭君久，刘惠荣，译．北京：商务印书馆，2003.

8. 达尔．现代政治分析［M］．王沪宁，陈峰，译．上海：上海译文出版社，1987.

9. 德里达．论文字学［M］．汪堂家，译．上海：上海译文出版社，1999.

10. 费尔克拉夫．话语与社会变迁［M］．殷晓蓉，译．北京：华夏出版社，2003.

11. 福柯．知识考古学［M］．董树宝，译．北京：生活·读书·新知三联书店，2007.

12. 冈瑟，戴蒙德．政党与民主［M］．徐琳，译．上海：上海人民出版社，2012.

13. 冈泽宪芙．政党［M］．耿小曼，译．北京：经济日报出版社，1989.

14. 戈定，波瓦克斯，斯托克斯．牛津比较政治学手册［M］．唐士其，等译．北京：人民出版社，2016.

15. 戈斯内尔，斯莫尔卡．美国的政党和选举［M］．复旦大学国际政治系，译．上海：上海译文出版社，1980.

16. 格林斯坦，波斯比．非政府的政治学［M］．台北：台湾幼狮文化业公司，1984.

17. 葛兰西．狱中札记［M］．葆煦，译．北京：人民出版社，1983.

18. 海伍德．政治的密码［M］．吴勇，译．北京：中国人民大学出版社，2016.

19. 海伍德．政治学［M］．张立鹏，译．北京：中国人民大学出版社，2006.

20. 海伍德．政治学核心概念［M］．吴勇，译．天津：天津人民出版社，2008.

21. 赫尔德．民主的模式［M］．燕继荣，等译．北京：中央编译出版社，2004.

22. 亨廷顿．变化社会中的政治秩序［M］．王冠华，刘为，等译．上海：上海人民出版社，2008.

23. 吉登斯．民族—国家与暴力［M］．胡宗泽，等译．北京：生活·读书·新知三联书店，1998.

24. 卡茨，克罗蒂．政党政治研究指南［M］．吴辉，译．南京：江苏人民出版社，2020.

25. 李普塞特．一致与冲突［M］．张华青，等译．上海：上海人民出版社，1995.

26. 马斯泰罗内．欧洲政治思想史［M］．黄华光，译．北京：社会科学文献出版社，1992.

27. 曼斯菲尔德．政治家才能与政党政府［M］．朱欣，译．北京：生活·读书·新知三联书店，2022.

28. 梅里亚姆．美国政治思想［M］．朱曾汶，译．北京：商务印书馆，1984.

29. 米勒，波格丹诺．布莱克维尔政治学百科全书［M］．邓正来，等译，北京：中国政法大学出版社，1992.

30. 米歇尔斯．寡头统治铁律：现代民主制度中的政党社会学［M］．任军锋，等译．天津：天津人民出版社，2003.

31. 密尔．代议制政府［M］．汪瑄，译．北京：商务印书馆，1980.

32. 奈．硬权力与软权力［M］．门洪华，译．北京：北京大学出版社，2005.

33. 奈斯比特．大趋势：改变我们生活的十个新方向［M］．梅艳，译．北京：中国社会科学出版社，1984.

34. 帕尼比昂科．政党：组织与权力［M］．周建勇，译．上海：上海世纪出版集团，2013.

35. 普沃斯基．民主与市场［M］．包雅钧，等译．北京：北京大学出版社，2005.

36. 乔纳蒂．自我耗竭式演进：政党—国家体制的模型与验证［M］．李陈华，许敏兰，译．北京：中央编译出版社，2008.

37. 萨托利．民主新论［M］．冯克利，阎克文，译．上海：上海人民出版社，2008.

38. 萨托利．政党与政党体制［M］．王明进，译．北京：商务印书馆，2006.

39. 施莱辛格．美国民主党史［M］．复旦大学国际政治系，译．上海：上海人民出版社，1977.

40. 邓津，林肯．定性研究：解释、评估与描述的艺术及定性研究的未来［M］．风笑天，等译．重庆：重庆大学出版社，2007.

41. 唐斯．民主的经济理论［M］．姚洋，邢予青，赖平耀，译．上海：上海世纪出版集团，2010.

42. 威亚尔达．民主与民主化比较研究［M］．榕远，译．北京：北京大学出版社，2004.

43. 韦伯．经济与社会：下卷［M］．林荣远，译．北京：商务印书馆，1998.

44. 谢茨施耐德．政党政府［M］．姚尚建，沈洁莹，译．天津：天津人民出版社，2016.

45. 修昔底德．伯罗奔尼撒战争史：上［M］．谢德风，译．北京：商务印书馆，1985.

46. 伊格尔顿．论文化［M］．张舒语，译．北京：中信出版社，2018.

三、 中文著作

1. 程汉大．英国政治制度史［M］．北京：中国社会科学出版社，1995.

2. 邓初民．政治科学大纲［M］．北京：中国社会科学出版社，1984.

3. 郭定平．政党与政府［M］．杭州：浙江人民出版社，1998.

4. 郭定平．政党政治与国家治理［M］．上海：复旦大学出版社，2021.

5. 郭定平．政党政治研究手册［M］．上海：上海人民出版社，2023.

6. 黄天柱．当代中国的民主党派：以政策过程为视角［M］．上海：上海人民出版社，2020.

7. 李景鹏．权力政治学［M］．哈尔滨：黑龙江教育出版社，1995.

8. 李维汉．统一战线问题与民族问题［M］. 北京：人民出版社，1982.
9. 梁启超．饮冰室文集：29［M］. 林志钧，编．北京：中华书局，1936.
10. 梁琴，钟德涛．中外政党制度比较［M］. 北京：商务印书馆，2000.
11. 林尚立．政党与社会：从组织整合到政治整合［C］// 冯小敏．党建研究内部文稿：2000－2004. 上海：上海交通大学出版社，2004.
12. 刘开寿．现代世界政党和政党制度比较研究［M］. 重庆：重庆出版社，2002.
13. 刘小枫．现代性社会理论绪论［M］. 北京：生活·读书·新知三联书店，1998.
14. 马岳，蔡子强．选举制度的政治效果：港式比例代表制的经验［M］. 香港：香港城市大学出版社，2003.
15. 孙林．国际比较视野中的政党经费研究［M］. 北京：中共中央党校出版社，2015.
16. 王邦佐，等．中国政党制度的社会生态分析［M］. 上海：上海人民出版社，2000.
17. 王邦佐，李惠康．西方政党制度社会生态分析［M］. 上海：学林出版社，1997.
18. 王建华．美国历届总统就职演说精选［M］. 南昌：江西人民出版社，1989.
19. 王浦劬．政治学基础［M］. 北京：北京大学出版社，2005.
20. 王韶兴．政党政治论［M］. 济南：山东人民出版社，2011.
21. 中国人民政治协商会议全国委员会文史资料研究委员会．五星红旗从这里升起［M］. 北京：文史资料出版社，1984.
22. 肖存良．中国政治协商制度研究［M］. 上海：上海人民出版社，2013.
23. 谢彬，戴天仇．民国政党史·政党与民初政治［M］. 北京：中华书局，2007.
24. 熊复．世界政党辞典［M］. 北京：红旗出版社，1986.
25. 徐大同，高建．中西传统政治文化比较研究［M］. 天津：天津教育出版社，1997.
26. 习近平. 论坚持党对一切工作的领导［M］. 北京：中央文献出版社，2019.
27. 习近平. 习近平谈治国理政：第1卷［M］. 2版. 北京：外文出版社，2018.
28. 习近平. 习近平谈治国理政：第2卷［M］. 北京：外文出版社，2017.
29. 一国两制重要文献选编［M］. 北京：中央文献出版社，1997.
30. 俞新天．在和平、发展、合作的旗帜下：中国战略机遇期的对外战略纵论［M］. 北京：中央党校出版社，2005.
31. 张永．民国初年的进步党与议会政党政治［M］. 北京：北京大学出版社，2008.
32. 中国共产党章程［M］. 北京：人民出版社，2022.

33. 周淑真．世界政党政治发展研究报告：2021—2022 [M]. 北京：当代世界出版社，2022.

34. 周淑真．政党和政党制度比较研究 [M]. 北京：人民出版社，2001.

35. 周淑真．政党政治学 [M]. 北京：人民出版社，2011.

后　记

我曾在 2016 年出版的《政党政治的概念、框架与实践——建构有中国特色的政党政治学》后记中写道："写一本具有自己风格和体系的政党政治学著作一直是我的一个夙愿。"8 年前的那本书，从政党概念、政党关系、政党制度、政党文化、政党功能、政党发展 6 个维度确立了我理想中的政党政治学学科框架。

时光荏苒，在这 8 年间，中国政党政治的实践不断深化，中国政党政治理论也不断走向深入，尤其是习近平总书记提出的"建构中国特色哲学社会科学学科、学术、话语体系"的命题更是指引着中国政党理论朝着真正建构中国政党政治"三大体系"的目标不断前进。在这 8 年里，我也围绕政党理论、新型政党制度、全过程人民民主等领域发表了一些文章，尤其是对中国共产党的领导体制和领导力等方面有了更为深入的理解。

但接到中国人民大学出版社的邀约之后，我还是有些忐忑。一是有一些大家（比如我的导师周淑真教授、山东大学的王韶兴教授、复旦大学的郭定平教授等）已经有了较为权威和全面的论著，二是自己能否在 2016 年版本的基础上更进一步。但转念想到教材、论著是时代的回响，在以前的基础上能够力所能及地更新出版，是对自己学术的督促和交代，也是对政党政治学界的责任和担当。出于这些考虑，我最终还是接受了这份沉甸甸的邀请。

写作的过程也是一波三折，本想约请一些青年才俊共同完成，但由于种种原因最后还是由我和我的博士生石春林来共同完成。这些年我围绕政党政治研究的成果不少，但为了本书的系统性、知识性和自认的权威性，没有往政党政治个人文集的路上走。细心的读者也会发现，对照 2016 年的版本，本版实际上已经完全改头换面，本想做成加强版，可最终做成了替代版。确实如此，作品是时代的先声。本书也没有面面俱到，力图先把基本理论讲清楚，有一些国外政党制度的内容以待后来慢慢补充吧。

感谢中国人民大学出版社郭晓明先生、徐小玲女士的青睐和督促，使我在繁重的行政工作之余能够再认认真真捡起自己的老本行，重新检视政党政治的基础理论研究，为中国政党政治学的发展贡献自己的一点绵薄之力。

感谢一直支持我走到今天的师友，感谢中国政治学界和政党政治学界各位前辈一直以来对我的提携和关爱。文中定有不当之处，也请各位不吝指正。

柴宝勇

2024 年 4 月 7 日

教学支持说明

（教学课件）

中国人民大学出版社政法分社秉承“出教材学术精品，育人文社科英才”的出版宗旨，多年来，出版了大批高质量的法学、教育学、政治学、政治理论公共课教材和学术著作。

我们为本教材制作了相应的PPT教学课件，任何一位采用本书作为授课教材的教师均可免费获得该课件。为了确保该课件仅为授课教师获得，烦请您填写如下材料，并将相关信息发送给我们，我们将在收到相关信息后给您发送该课件。欢迎您加入我们的QQ群（全国政管教师交流二群，群号为648117133），或登录我社官方网站（www.crup.com.cn），注册并认证成为教师会员，以获得更好的服务。

我们的联系方式：

地址：（100872）北京市中关村大街甲59号文化大厦1202室

中国人民大学出版社政法分社

电话：（010）62515383　62514775（传真）

兹证明__________大学/学院__________院/系__________专业__________学年第__________学期开设的__________课程，采用中国人民大学出版社出版的____________________（书名、作者）作为本课程教材。授课教师为__________，授课班级共______个、学生______人。授课教师需要与本书配套的教学课件。

联 系 人：____________________

通信地址：____________________

邮　　编：____________________

电　　话：____________________

E-mail：____________________

系/院主任：__________（签字）

（系/院办公室章）

______年____月____日